문법 10회 독해 10회 청취 5회

내 점수를 빠르고 확실하게 올려주니까!

3

내 예상 점수를
빠르고 정확하게 알려주는
무료 자동 채점 및 성적 분석 서비스

4

명쾌한 정·오답 해설로
내 점수를 확실하게 올려주는
약점 보완 해설집

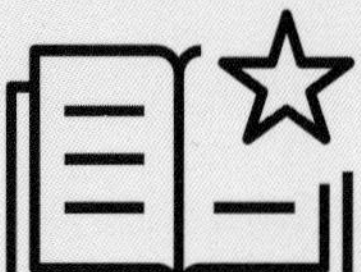

해커스 지텔프 LEVEL 2 실전모의고사 청취 5회

200% 활용법

무료 문제풀이 MP3

해커스인강(HackersIngang.com) 접속 ▶
상단 메뉴의 [G-TELP → MP3/자료 → 문제풀이 MP3] 클릭 ▶
본 교재의 [문제풀이 MP3] 클릭하여 이용하기

[문제풀이 MP3]
바로가기 ▶

무료 지텔프 기출 단어암기장 (PDF)

해커스인강(HackersIngang.com) 접속 ▶
상단 메뉴의 [G-TELP → MP3/자료 → 무료 MP3/자료] 클릭 ▶
본 교재의 [지텔프 기출 단어암기장] 클릭하여 이용하기

[무료 MP3/자료]
바로가기 ▶

무료 자동 채점 및 성적 분석 서비스

교재 내 수록되어 있는 모의고사의 채점 및 성적 분석 서비스를 제공합니다.

[무료 자동 채점 및 성적 분석 서비스]
바로 이용하기 ▶

G-TELP 무료 학습 콘텐츠

지텔프 정답
실시간 확인

지텔프 단기 고득점
비법강의

해커스 지텔프
무료 모의고사

매일 지텔프
문법 풀기

이용방법 **해커스영어**(Hackers.co.kr) 접속 ▶ **[공무원/지텔프]** 메뉴 클릭하여 이용하기

* QR코드로 [해커스영어] 바로가기 ▶

해커스 지텔프 LEVEL 2 실전모의고사 청취 5회

문제집

실전모의고사 + 정답 한눈에 보기

(OMR 답안지 수록)

해커스 어학연구소

해커스 지텔프 LEVEL 2 실전모의고사 청취 5회

문제집

실전모의고사 + 정답 한눈에 보기

(OMR 답안지 수록)

해커스 어학연구소

해커스 지텔프 실전모의고사
청취 5회 (Level 2)

실전완성

문제집

LISTENING SECTION

DIRECTIONS:

There are four parts in the Listening Section. Each part includes a spoken passage and several questions about the passage. You will hear the questions first, and then you will hear the passage. Select the best answer from the four choices provided for each question. Then, fill in the correct circle on your answer sheet.

You will now hear an example question followed by an example passage.

Now listen to the example question.

(a) San Francisco
(b) Los Angeles
(c) London
(d) Detroit

Brenda Kenwood was born in Detroit, so the best answer is (d). As the correct answer is (d), the circle for this answer has been filled in.

ⓐ ⓑ ⓒ ●

TURN THE PAGE TO BEGIN
THE LISTENING SECTION

01회 실전모의고사

문제풀이 음성 바로 듣기 ▶

시험 시간: 약 30분 시작: ___ 시 ___ 분 ~ 종료: ___ 시 ___ 분

정답·스크립트·해석·해설 p.60

***PART 1.** You will hear a conversation between a man and a woman. You will hear questions 27 through 33 first, and then you will hear the conversation. Select the best answer to each question in the given time.*

27. (a) by planning an upcoming camping trip
(b) by taking a trip to a public forest
(c) by looking over environmental studies
(d) by volunteering to clean up a local park

28. (a) destruction that resulted from forest fires
(b) people making noise around the city's landmarks
(c) trash dumped by people in a natural area
(d) extra work that needed to be done during his break

29. (a) They are not careful when they do their work.
(b) They are only able to work for a limited time.
(c) There are not enough workers taking part.
(d) There are too many people visiting.

30. (a) because it remains in the ground for centuries
(b) because it can degrade easily
(c) because it falls apart if not handled properly
(d) because it comes wrapped in plastic

31. (a) a refillable lighter
(b) some safety equipment
(c) disposable products
(d) a recyclable meal kit

32. (a) visit areas that have recycling facilities
(b) purchase supplies that are reusable
(c) sign up for an all-natural meal service
(d) ask camping stores for their support

33. (a) search for a deserted camping area
(b) invite like-minded friends on a trip
(c) place an order for a laptop computer
(d) look for people with similar interests

PART 2. *You will hear a presentation to a group of people. You will hear questions 34 through 39 first, and then you will hear the talk. Select the best answer to each question in the given time.*

34. (a) opening a new branch of a publishing company
    (b) releasing a new e-book model
    (c) introducing a recently opened local bookstore
    (d) promoting a new online service

35. (a) to make the process of buying books more convenient
    (b) to reduce the cost of shipping books ordered online
    (c) to spotlight the work of authors from around the world
    (d) to provide Internet access to people across the globe

36. (a) uploading reviews about some books
    (b) getting first-hand experience in making books
    (c) finding background information about books
    (d) reading the opinions of other users about specific titles

37. (a) by participating in real-time group chats
    (b) by linking their account with other social media accounts
    (c) by giving assessments of books they read
    (d) by recommending the service to a friend

38. (a) by leaving comments for others
    (b) by sending back books they have read
    (c) by registering before a certain date
    (d) by exchanging points for coupons

39. (a) preview books from new authors
    (b) access some features in advance
    (c) receive a complimentary membership
    (d) get some books before they are released

PART 3. *You will hear a conversation between a man and a woman. You will hear questions 40 through 45 first, and then you will hear the conversation. Select the best answer to each question in the given time.*

40. (a) how to exercise effectively at home
    (b) what kind of workout program to join
    (c) which personal trainer to hire
    (d) where to purchase fitness equipment

41. (a) by allowing him to lose more weight
    (b) by encouraging him to make new friends
    (c) by helping him to avoid future surgeries
    (d) by enabling him to relieve some stress

42. (a) because the temperature might not be comfortable
    (b) because the weather may cause class cancellations
    (c) because the instructor might not motivate the students
    (d) because the schedule would not be convenient

43. (a) use both indoor and outdoor facilities
    (b) take part in a free session with a professional
    (c) join a wide variety of exercise classes
    (d) spend more time exercising each day

44. (a) He should rent some equipment.
    (b) He has to pay to use the shuttle bus.
    (c) He should purchase an access pass.
    (d) He has to take multiple classes.

45. (a) participate in the outdoor class
    (b) earn money by working part-time
    (c) find a new workout partner
    (d) enroll in an indoor exercise program

***PART 4.** You will hear an explanation of a process. You will hear questions 46 through 52 first, and then you will hear the explanation. Select the best answer to each question in the given time.*

46. (a) how to write contracts for freelance jobs
    (b) how to redesign traditional offices
    (c) how to be successful as a freelancer
    (d) how to find good job opportunities

47. (a) advertise services to businesses
    (b) obtain certificates in a related field
    (c) organize events for industry experts
    (d) contact former college classmates

48. (a) They reveal a person's sense of humor to companies.
    (b) They draw customers searching for advertising agencies.
    (c) They show that one has a large number of business contacts.
    (d) They make information more accessible on social media.

49. (a) by setting up an office in a convenient location
    (b) by adapting services to the needs of a specific field
    (c) by continually outperforming a client's expectations
    (d) by utilizing the services of a professional staffing agency

50. (a) if their pay is similar to what others receive
    (b) whether their abilities are being reflected
    (c) if their pay will increase on an annual basis
    (d) whether their employer is in a competitive market

51. (a) so they can easily change their jobs
    (b) so they can transition to a permanent position
    (c) so they have safeguards for their employment
    (d) so they have better conditions than office workers

52. (a) to develop the skills companies value
    (b) to learn about new education trends
    (c) to help reduce business expenses
    (d) to attract investment in their brands

정답·스크립트·해석·해설 p.60

자동 채점 및 성적 분석 서비스 ▶

02회 실전모의고사

문제풀이 음성 바로 듣기 ▶

시험 시간: 약 30분 시작: ___ 시 ___ 분 ~ 종료: ___ 시 ___ 분

정답·스크립트·해석·해설 p.79

***PART 1.** You will hear a conversation between a man and a woman. You will hear questions 27 through 33 first, and then you will hear the conversation. Select the best answer to each question in the given time.*

27. (a) She went to a ballroom in the main plaza.
    (b) She visited another city to celebrate.
    (c) She enjoyed the festivities on television.
    (d) She attended a public celebration.

28. (a) that its preparation takes the city many months
    (b) that its wait time before the start is tiring
    (c) that it requires people to go there in advance
    (d) that it is held during the coldest time of the year

29. (a) tote bags from a cosmetics chain
    (b) a raffle ticket to win a new TV
    (c) snacks from a local supermarket
    (d) a VIP pass to an upcoming concert

30. (a) because it had a great view of the shows
    (b) because multiple stages were within sight
    (c) because famous celebrities interviewed her friends
    (d) because she could play games near the main stage

31. (a) by watching fireworks go off in the air
    (b) by talking about their favorite songs
    (c) by dancing to the musical performances
    (d) by counting down until the ball dropped

32. (a) the lineup of talented singers
    (b) the beautiful sight of the confetti
    (c) the pleasant mood of the crowd
    (d) the fresh air from the night sky

33. (a) He will show Sarah his phone.
    (b) He will take a look at some images.
    (c) He is going to take his glasses off.
    (d) He is going to meet Sarah's friends.

PART 2. *You will hear a presentation to a group of people. You will hear questions 34 through 39 first, and then you will hear the talk. Select the best answer to each question in the given time.*

34. (a) to explain the business goals of Home Fit
(b) to introduce a brand-new fitness machine
(c) to discuss the difficulty of exercising regularly
(d) to give people motivation to get healthy

35. (a) when he got tired of using traditional step machines
(b) when he received a university degree in industrial design
(c) when he was bothered by the travel time to the gym
(d) when he no longer wanted a career as an engineer

36. (a) those who have trouble concentrating during lessons
(b) those who require encouragement from a professional
(c) those who only have time for the 10-minute classes
(d) those who want to be entertained while they work out

37. (a) It suggests personalized exercise programs.
(b) It recommends a qualified personal trainer.
(c) It provides customized advertisements online.
(d) It analyzes how many calories one should consume.

38. (a) They are delivered completely assembled.
(b) They are made to be space-efficient.
(c) They use materials imported from overseas.
(d) They tend to be wider than they are tall.

39. (a) by renting the device in advance
(b) by booking a trial at Home Fit's booth
(c) by signing up on Home Fit's website
(d) by visiting a Home Fit store

PART 3. *You will hear a conversation between a man and a woman. You will hear questions 40 through 45 first, and then you will hear the conversation. Select the best answer to each question in the given time.*

40. (a) implementing a new management consulting system
    (b) allowing workers to schedule their own work hours
    (c) setting up a day-care center for employees with children
    (d) giving more remote work opportunities to younger workers

41. (a) They can reduce the time spent on commuting.
    (b) They can take time for personal matters.
    (c) They will allot more time to increasing productivity.
    (d) They will treat each other with more respect.

42. (a) They work fewer hours than before.
    (b) They develop better attitudes toward their jobs.
    (c) They learn better time management skills.
    (d) They are more likely to take training courses.

43. (a) It will cause difficulty in scheduling meetings.
    (b) It will require using new productivity software.
    (c) It will increase the cost of finding new employees.
    (d) It will necessitate more customer service staff.

44. (a) because they cannot monitor their employees directly
    (b) because they cannot do fair performance evaluations
    (c) because they cannot form good professional relationships
    (d) because they cannot transfer workers between departments

45. (a) that there is too much tension between her workers
    (b) that she hopes to improve the company's image
    (c) that her employees do not stay with the company long
    (d) that her company needs more young workers

PART 4. *You will hear an explanation of a process. You will hear questions 46 through 52 first, and then you will hear the explanation. Select the best answer to each question in the given time.*

46. (a) the materials used in commercial facial masks
(b) how to properly care for the skin
(c) different kinds of facial masks
(d) how to create a beauty product at home

47. (a) buying the appropriate chemicals
(b) determining what skin-care treatment is desired
(c) finding ingredients that offer hydration
(d) curing some skin ailments

48. (a) those who need hydrated skin
(b) those with an allergy to ointments
(c) those whose skin types are oily
(d) those who experience acne breakouts

49. (a) recycle remaining cosmetic products
(b) check in their medicine chests
(c) look around in the kitchen
(d) visit a shop that sells vinegar

50. (a) by not moving until the mask is set
(b) by using a chunky base of citrus
(c) by adding in an adhesive substance
(d) by soothing the skin beforehand

51. (a) It should not be done to sensitive areas.
(b) It should be done with gloves.
(c) One can use a makeup brush.
(d) One can spread it using the hands.

52. (a) free samples of homemade facial masks
(b) registration forms for the next seminar
(c) a printout of the presentation transcript
(d) directions to follow at home

정답·스크립트·해석·해설 p.79

03회 실전모의고사

문제풀이 음성 바로 듣기 ▶

시험 시간: 약 30분　시작: ___ 시 ___ 분 ~ 종료: ___ 시 ___ 분

정답·스크립트·해석·해설 p.99

***PART 1.** You will hear a conversation between a man and a woman. You will hear questions 27 through 33 first, and then you will hear the conversation. Select the best answer to each question in the given time.*

27. (a) because he is transferring to a different department
(b) because he is planning to speak at a food convention
(c) because he is running an event management company
(d) because he is preparing for an industry workshop

28. (a) It will have fewer attendees.
(b) It will feature more presenters.
(c) It will offer plenty of drinks.
(d) It will last for twice as long.

29. (a) how to successfully sell produce
(b) how to network with professionals in the food industry
(c) how food moves from farms to grocery stores
(d) how the food chain works in nature

30. (a) participants from last year's event
(b) the CEO of Matthew and Jennifer's
(c) managers of grocery store chains
(d) experts in the nutrition field

31. (a) one dedicated to eliminating food waste
(b) one pushing for sustainable agricultural practices
(c) one focused on selling nutritional supplements
(d) one specializing in food distribution services

32. (a) because consumer prices are higher this year
(b) because company profits rely on event ticket sales
(c) because the prizes are not cheap to make
(d) because participants receive many advantages

33. (a) let Jennifer know his email address
(b) review an essay from a student
(c) share information about a writing task
(d) visit a niece living in Greenport City

PART 2. *You will hear a presentation to a group of people. You will hear questions 34 through 39 first, and then you will hear the talk. Select the best answer to each question in the given time.*

34. (a) produce excellent wedding planners
    (b) give certifications to diverse florists
    (c) sell flowers in a wholesale market
    (d) manage flower shop franchises

35. (a) It guarantees individuals receive floral arrangement certifications.
    (b) It provides beginners in floristry with an intermediate level of knowledge.
    (c) It helps students develop into qualified instructors in three months.
    (d) It fosters an environment of learning for industry professionals.

36. (a) how to use general floral design techniques
    (b) how to make a choice of flowers
    (c) how to take care of flowers
    (d) how to maintain a profitable flower shop

37. (a) to provide them with a chance to meet potential employers
    (b) to introduce them to a range of clients
    (c) to help them discover where their interests lie
    (d) to assist in finding teachers who suit them best

38. (a) by offering chances to meet teachers in person
    (b) by having fewer spots than the offline class
    (c) by delivering materials one day before class
    (d) by providing written transcripts of each class

39. (a) It will offer a reduced price to some enrollees.
    (b) It will answer questions for a limited time.
    (c) It expects the class to reach capacity quickly.
    (d) It needs to purchase supplies as soon as possible.

PART 3. *You will hear a conversation between a man and a woman. You will hear questions 40 through 45 first, and then you will hear the conversation. Select the best answer to each question in the given time.*

40. (a) whether to repair a broken machine
    (b) which electronic appliance to buy
    (c) how to install his new dishwasher
    (d) what to do about a kitchen renovation

41. (a) because they both were used by Jane
    (b) because they both have high evaluations
    (c) because they both were rated as the most costly
    (d) because they both have unique wash settings

42. (a) It allows the machine to be built-in.
    (b) It matches the interior of the kitchen.
    (c) It makes the removal of rust easier.
    (d) It keeps the washer from corroding.

43. (a) by featuring stronger sprayers
    (b) by running longer than competitors
    (c) by using harder scrubbing brushes
    (d) by heating water to higher temperatures

44. (a) It requires overpriced water filters.
    (b) It has higher ongoing operating costs.
    (c) It needs expensive repairs frequently.
    (d) It has a larger upfront expense than similar products.

45. (a) look for an apartment with a larger living room
    (b) seek out some other alternatives from McGuffin
    (c) call someone to repair his current dishwasher
    (d) purchase the Jet Spray model from Giddora

PART 4. *You will hear an explanation of a process. You will hear questions 46 through 52 first, and then you will hear the explanation. Select the best answer to each question in the given time.*

46. (a) to give tips on securing a home mortgage loan
    (b) to explain how to negotiate a real estate deal
    (c) to show how to choose an ideal home
    (d) to point out some problems that new houses have

47. (a) consider if it is necessary to possess their own home
    (b) analyze how much they can pay based on their budget
    (c) visit open houses in neighborhoods they are interested in
    (d) select a financial institution for their mortgage needs

48. (a) a one-bedroom condo with a workspace
    (b) a home with a large backyard
    (c) a small home needing little maintenance
    (d) a condo with room for their family members

49. (a) the ability to get around on foot
    (b) admittance to free cultural events
    (c) the low number of dangerous animals
    (d) access to exclusive communities

50. (a) because they are familiar with the market
    (b) because they have a limited budget
    (c) because they are skilled negotiators
    (d) because they have overpaid previously

51. (a) They can connect buyers to banks with lower interest rates.
    (b) They reduce the time needed to complete a purchase.
    (c) They only get paid if they secure the best possible price.
    (d) They may know about properties that are not being marketed.

52. (a) that the home has been thoroughly examined
    (b) that the home has no mortgage debt
    (c) that the water pressure is adequate
    (d) that the inspectors they use are licensed

정답·스크립트·해석·해설 p.99

자동 채점 및 성적 분석 서비스 ▶

04회 실전모의고사

문제풀이 음성 바로 듣기 ▶

시험 시간: 약 30분 시작: ___ 시 ___ 분 ~ 종료: ___ 시 ___ 분

정답·스크립트·해석·해설 p.119

***PART 1.** You will hear a conversation between a man and a woman. You will hear questions 27 through 33 first, and then you will hear the conversation. Select the best answer to each question in the given time.*

27. (a) the most effective way to conduct a language exchange
    (b) the difficulties Brittney faced learning French
    (c) the French class Doug and Brittney took in high school
    (d) the language exchange program Brittney participates in

28. (a) It was a language she learned in high school.
    (b) It has a high number of global speakers.
    (c) It is considered the language of love.
    (d) It is easy for her to pronounce.

29. (a) speak with every person in the group at least once
    (b) use their second language at all times
    (c) spend equal time speaking both languages
    (d) talk about what they heard at the French lectures

30. (a) that she does not make mistakes
    (b) that her pronunciation has improved
    (c) that she is speaking French confidently
    (d) that her feedback is valuable

31. (a) They participate consistently from week to week.
    (b) They frequently travel to different countries.
    (c) They come from different French-speaking countries.
    (d) They don't feel embarrassed when they make mistakes.

32. (a) by watching more French films
    (b) by conversing with French scholars
    (c) by joining a similar language program
    (d) by taking a trip to another country

33. (a) buy a gift during her travels
    (b) take some pictures of France
    (c) give advice on visiting Luxembourg
    (d) provide a brochure for tourists

PART 2. *You will hear a presentation to a group of people. You will hear questions 34 through 39 first, and then you will hear the talk. Select the best answer to each question in the given time.*

34. (a) those who applied through an online form
    (b) those who seek a career in the development center
    (c) those who responded to a recent employment survey
    (d) those who would like to boost their career opportunities

35. (a) It features a presentation by engineering students.
    (b) It takes place outside of the university.
    (c) It lasts for a period of six hours.
    (d) It includes booths made by the student body.

36. (a) by providing information about student loans
    (b) by informing students about jobs they did not consider before
    (c) by giving tips on the most promising occupations in the future
    (d) by notifying students about financial compensation

37. (a) to identify potential employers
    (b) to prepare for job interviews
    (c) to learn how to write a résumé
    (d) to develop additional work skills

38. (a) sign in to get a name badge
    (b) introduce themselves to a representative
    (c) help themselves to the free food
    (d) find a seat in the auditorium

39. (a) They should bring their recommendation letters.
    (b) They should wear professional clothes.
    (c) They should register for a training workshop.
    (d) They should come early to the dining hall.

PART 3. *You will hear a conversation between a man and a woman. You will hear questions 40 through 45 first, and then you will hear the conversation. Select the best answer to each question in the given time.*

40. (a) the restaurant's proximity to entertainment venues
    (b) the automated order-processing system
    (c) the authentic Thai dishes included on the menu
    (d) the kitchen's ability to produce many dishes

41. (a) because an owner can hire fewer staff members
    (b) because an owner can monitor restaurant expenses
    (c) because customers order certain menu items often
    (d) because customers return less food due to fewer errors

42. (a) It requires a technician to be available at all times.
    (b) It prevents customers from selecting costly options.
    (c) It involves a significant investment to set up.
    (d) It stops functioning regularly for maintenance.

43. (a) It enables special products to be promoted.
    (b) It makes customers more likely to return.
    (c) It allows more customers to be served.
    (d) It lessens the workload for employees.

44. (a) by reducing the rate at which orders are processed
    (b) by complicating the procedure for making payments
    (c) by requiring additional training for employees
    (d) by extending a restaurant's hours of operation

45. (a) rely on employees to take orders
    (b) calculate the initial expense of a promotion
    (c) utilize kiosks operated by customers
    (d) develop a menu with higher value items

PART 4. *You will hear an explanation of a process. You will hear questions 46 through 52 first, and then you will hear the explanation. Select the best answer to each question in the given time.*

46. (a) because they have to deal with the resulting mess
    (b) because they possess too many items of clothing
    (c) because they lack the necessary space for new clothes
    (d) because they do not have the time required for the task

47. (a) to examine what is in their wardrobe
    (b) to search for items that are missing
    (c) to clean the surface of the closet
    (d) to see the amount of space available

48. (a) by comparing them to the latest fashion trends
    (b) by making sure there are no duplicate items
    (c) by checking whether they match personal tastes
    (d) by observing what can fit into the wardrobe

49. (a) It can be restored to a wearable condition.
    (b) It can be sold to other people.
    (c) It can help individuals in need.
    (d) It can no longer be used for its original purpose.

50. (a) remove the bar for hanging clothing
    (b) add storage furniture to empty places
    (c) attach small accessories to the clothes they go with
    (d) buy an extra closet that has a built-in dresser

51. (a) They keep certain accessories within sight.
    (b) They protect clothing from getting ruined.
    (c) They maintain the security of valuable items.
    (d) They are spacious enough for summer clothes.

52. (a) to make deciding what to wear faster
    (b) to determine what to add to a wardrobe
    (c) to avoid buying clothing that is too similar
    (d) to save time hanging clothing

정답·스크립트·해석·해설 p.119

05회 실전모의고사

문제풀이 음성 바로 듣기 ▶

시험 시간: 약 30분 시작: ____ 시 ____ 분 ~ 종료: ____ 시 ____ 분

정답·스크립트·해석·해설 p.138

***PART 1.** You will hear a conversation between a man and a woman. You will hear questions 27 through 33 first, and then you will hear the conversation. Select the best answer to each question in the given time.*

27. (a) so she can say goodbye to all her friends
    (b) so she can celebrate her birthday
    (c) so she can reveal her plan to open a print shop
    (d) so she can apologize for her inattentiveness

28. (a) redecorate her firm's office
    (b) work for a train company
    (c) educate new employees
    (d) transfer to a new department

29. (a) She has never been to another country.
    (b) She has worked with Arthur for two years.
    (c) She doesn't know how to speak Dutch.
    (d) She helped her company open a branch in Amsterdam.

30. (a) a space to enjoy karaoke
    (b) free decorations for the party venue
    (c) access to private rooms
    (d) discounts on the buffet option

31. (a) because it specializes in Dutch cuisine
    (b) because it includes a dessert option
    (c) because Emma asked for several meal options
    (d) because Emma prefers Mediterranean food

32. (a) He won't be able to order them before she leaves.
    (b) He heard that she doesn't like receiving presents.
    (c) He spent all of the money on the after-dinner activity.
    (d) He thinks they will not fit in her luggage.

33. (a) to evaluate the sample invitation
    (b) to help him carry the heavy bags
    (c) to prepare dinner together for Emma
    (d) to hear her opinions on the party

PART 2. *You will hear a presentation to a group of people. You will hear questions 34 through 39 first, and then you will hear the talk. Select the best answer to each question in the given time.*

34. (a) aspiring painters
    (b) art collectors
    (c) gallery owners
    (d) museum curators

35. (a) to help others locate secure art storage facilities
    (b) to protect art collectors following a disaster
    (c) to create authentic rightful ownership documents
    (d) to access his collection from a computer

36. (a) locations of auction houses
    (b) current status of the artwork
    (c) valuations of insurance claims
    (d) potential buyers' contact information

37. (a) analyze the performance of auction houses
    (b) inspect the cloud server for information leaks
    (c) take high-quality photos of artwork
    (d) prepare a report about approaching auctions

38. (a) when it's time to buy pieces for their collections
    (b) when they are ready to submit an insurance claim
    (c) when it's time to share documentation with curators
    (d) when they want to sell artwork to an auction house

39. (a) It is free for a year with the promotional code.
    (b) It provides access to multiple auction databases.
    (c) It requires regular fees to keep the subscription.
    (d) Its features apply to a limited number of works.

PART 3. *You will hear a conversation between a man and a woman. You will hear questions 40 through 45 first, and then you will hear the conversation. Select the best answer to each question in the given time.*

40. (a) what device to buy for homeschooling their child
(b) what education option to choose for their child
(c) how to get their child into a prestigious school
(d) how to learn more about homeschooling

41. (a) the opportunity to experience diverse career paths
(b) the low cost of getting access to well-designed facilities
(c) the chance to participate in extracurricular activities
(d) the interaction with people of different backgrounds

42. (a) because he is not used to being in unfamiliar settings
(b) because he reads at a slower pace than other children
(c) because he has difficulty socializing with new people
(d) because he was never required to follow a fixed schedule

43. (a) Parents can supervise their children thoroughly.
(b) Children can learn subjects only they have an interest in.
(c) Parents are able to speed up the learning process.
(d) Children are able to actively take part in education.

44. (a) the expense of booking study areas
(b) the price of joining homeschooling social clubs
(c) the need to provide educational resources
(d) the requirements of public sports leagues

45. (a) visit a local business
(b) check out a bookstore's website
(c) update a class schedule
(d) call an education consultant

PART 4. *You will hear an explanation of a process. You will hear questions 46 through 52 first, and then you will hear the explanation. Select the best answer to each question in the given time.*

46. (a) an independent retirement account
    (b) a leisurely club for recent retirees
    (c) a campaign to stop working earlier
    (d) a popular financial aid program

47. (a) having personal target dates for promotions
    (b) having the capability to manage spending habits
    (c) being willing to quit their job immediately
    (d) being able to invest all of their savings

48. (a) They cannot be predicted due to price changes.
    (b) They fluctuate due to market variation.
    (c) They vary depending on the person.
    (d) They should be updated each year.

49. (a) eliminating one's credit card
    (b) selling one's car to wipe the bill out
    (c) asking for more money from one's employer
    (d) paying off financial obligations

50. (a) It is easier to make smaller sacrifices.
    (b) It leads to larger accumulated savings.
    (c) It does not require long-term cuts.
    (d) It shows savings on a daily basis.

51. (a) They will eventually be worth more than one's salary.
    (b) They increase in value faster than other types of investments.
    (c) They can't be accessed until retirement age is reached.
    (d) They can be a source of money when one stops working.

52. (a) reviewing one's financial status often
    (b) correcting errors in one's budget
    (c) meeting financial advisors periodically
    (d) predicting coming economic changes

정답·스크립트·해석·해설 p.138

자동 채점 및 성적 분석 서비스 ▶

정답 한눈에 보기

01회

27 (b) 28 (c) 29 (d) 30 (a) 31 (c) 32 (b)
33 (d) 34 (d) 35 (a) 36 (b) 37 (c) 38 (d)
39 (b) 40 (b) 41 (d) 42 (b) 43 (c) 44 (c)
45 (a) 46 (c) 47 (a) 48 (d) 49 (b) 50 (b)
51 (c) 52 (a)

02회

27 (d) 28 (b) 29 (c) 30 (a) 31 (c) 32 (c)
33 (b) 34 (b) 35 (c) 36 (d) 37 (a) 38 (b)
39 (d) 40 (b) 41 (b) 42 (b) 43 (a) 44 (a)
45 (c) 46 (d) 47 (b) 48 (a) 49 (c) 50 (c)
51 (b) 52 (d)

03회

27 (d) 28 (b) 29 (c) 30 (a) 31 (d) 32 (d)
33 (c) 34 (b) 35 (b) 36 (d) 37 (c) 38 (c)
39 (a) 40 (b) 41 (b) 42 (d) 43 (a) 44 (b)
45 (d) 46 (c) 47 (b) 48 (c) 49 (a) 50 (b)
51 (d) 52 (a)

04회

27 (d) 28 (b) 29 (c) 30 (b) 31 (c) 32 (d)
33 (a) 34 (d) 35 (c) 36 (b) 37 (b) 38 (a)
39 (b) 40 (b) 41 (a) 42 (c) 43 (b) 44 (a)
45 (c) 46 (a) 47 (b) 48 (c) 49 (d) 50 (b)
51 (a) 52 (a)

05회

27 (a) 28 (c) 29 (c) 30 (c) 31 (b) 32 (d)
33 (d) 34 (b) 35 (b) 36 (b) 37 (d) 38 (a)
39 (c) 40 (b) 41 (c) 42 (d) 43 (d) 44 (c)
45 (a) 46 (c) 47 (b) 48 (c) 49 (d) 50 (b)
51 (d) 52 (a)

ANSWER SHEET

※ TEST DATE

MO.		DAY		YEAR			

감독	확인
관	인

성 명	

등급	① ② ③ ④ ⑤

성명란		
성	초 성	㉠ ㉡ ㉢ ㉣ ㉤ ㉥ ㉦ ㉧ ㉨ ㉩ ㉪ ㉫ ㉬ ㉭
	중 성	ㅏ ㅑ ㅓ ㅕ ㅗ ㅛ ㅜ ㅠ ㅡ ㅣ ㅔ ㅐ ㅖ ㅒ ㅘ ㅚ ㅢ ㅝ ㅟ ㅙ
	종 성	㉠ ㉡ ㉢ ㉣ ㉤ ㉥ ㉦ ㉧ ㉨ ㉩ ㉪ ㉫ ㉬ ㉭ ㄲ ㄸ ㅃ ㅆ ㅉ
명	초 성	㉠ ㉡ ㉢ ㉣ ㉤ ㉥ ㉦ ㉧ ㉨ ㉩ ㉪ ㉫ ㉬ ㉭
	중 성	ㅏ ㅑ ㅓ ㅕ ㅗ ㅛ ㅜ ㅠ ㅡ ㅣ ㅔ ㅐ ㅖ ㅒ ㅘ ㅚ ㅢ ㅝ ㅟ ㅙ
	종 성	㉠ ㉡ ㉢ ㉣ ㉤ ㉥ ㉦ ㉧ ㉨ ㉩ ㉪ ㉫ ㉬ ㉭ ㄲ ㄸ ㅃ ㅆ ㅉ
	초 성	㉠ ㉡ ㉢ ㉣ ㉤ ㉥ ㉦ ㉧ ㉨ ㉩ ㉪ ㉫ ㉬ ㉭
	중 성	ㅏ ㅑ ㅓ ㅕ ㅗ ㅛ ㅜ ㅠ ㅡ ㅣ ㅔ ㅐ ㅖ ㅒ ㅘ ㅚ ㅢ ㅝ ㅟ ㅙ
	종 성	㉠ ㉡ ㉢ ㉣ ㉤ ㉥ ㉦ ㉧ ㉨ ㉩ ㉪ ㉫ ㉬ ㉭ ㄲ ㄸ ㅃ ㅆ ㅉ
란	초 성	㉠ ㉡ ㉢ ㉣ ㉤ ㉥ ㉦ ㉧ ㉨ ㉩ ㉪ ㉫ ㉬ ㉭
	중 성	ㅏ ㅑ ㅓ ㅕ ㅗ ㅛ ㅜ ㅠ ㅡ ㅣ ㅔ ㅐ ㅖ ㅒ ㅘ ㅚ ㅢ ㅝ ㅟ ㅙ
	종 성	㉠ ㉡ ㉢ ㉣ ㉤ ㉥ ㉦ ㉧ ㉨ ㉩ ㉪ ㉫ ㉬ ㉭ ㄲ ㄸ ㅃ ㅆ ㅉ

수 험 번 호														
		–					–							
⓪	⓪		⓪	⓪	⓪	⓪		⓪	⓪	⓪	⓪	⓪	⓪	⓪
①	①		①	①	①	①		①	①	①	①	①	①	①
②	②		②	②	②	②		②	②	②	②	②	②	②
③	③		③	③	③	③		③	③	③	③	③	③	③
④	④	–	④	④	④	④	–	④	④	④	④	④	④	④
⑤	⑤		⑤	⑤	⑤	⑤		⑤	⑤	⑤	⑤	⑤	⑤	⑤
⑥	⑥		⑥	⑥	⑥	⑥		⑥	⑥	⑥	⑥	⑥	⑥	⑥
⑦	⑦		⑦	⑦	⑦	⑦		⑦	⑦	⑦	⑦	⑦	⑦	⑦
⑧	⑧		⑧	⑧	⑧	⑧		⑧	⑧	⑧	⑧	⑧	⑧	⑧
⑨	⑨		⑨	⑨	⑨	⑨		⑨	⑨	⑨	⑨	⑨	⑨	⑨

1) Code 1.

	⓪ ① ② ③ ④ ⑤ ⑥ ⑦ ⑧ ⑨
	⓪ ① ② ③ ④ ⑤ ⑥ ⑦ ⑧ ⑨
	⓪ ① ② ③ ④ ⑤ ⑥ ⑦ ⑧ ⑨

2) Code 2.

	⓪ ① ② ③ ④ ⑤ ⑥ ⑦ ⑧ ⑨
	⓪ ① ② ③ ④ ⑤ ⑥ ⑦ ⑧ ⑨
	⓪ ① ② ③ ④ ⑤ ⑥ ⑦ ⑧ ⑨

3) Code 3.

	⓪ ① ② ③ ④ ⑤ ⑥ ⑦ ⑧ ⑨
	⓪ ① ② ③ ④ ⑤ ⑥ ⑦ ⑧ ⑨
	⓪ ① ② ③ ④ ⑤ ⑥ ⑦ ⑧ ⑨

주민등록번호 앞자리							고 유 번 호						
⓪	⓪	⓪	⓪	⓪	⓪		⓪	⓪	⓪	⓪	⓪	⓪	⓪
①	①	①	①	①	①		①	①	①	①	①	①	①
②	②	②	②	②	②		②	②	②	②	②	②	②
③	③	③	③	③	③		③	③	③	③	③	③	③
④	④	④	④	④	④	–	④	④	④	④	④	④	④
⑤	⑤	⑤	⑤	⑤	⑤		⑤	⑤	⑤	⑤	⑤	⑤	⑤
⑥	⑥	⑥	⑥	⑥	⑥		⑥	⑥	⑥	⑥	⑥	⑥	⑥
⑦	⑦	⑦	⑦	⑦	⑦		⑦	⑦	⑦	⑦	⑦	⑦	⑦
⑧	⑧	⑧	⑧	⑧	⑧		⑧	⑧	⑧	⑧	⑧	⑧	⑧
⑨	⑨	⑨	⑨	⑨	⑨		⑨	⑨	⑨	⑨	⑨	⑨	⑨

문항	답 란	문항	답 란	문항	답 란	문항	답 란	문항	답 란
1	ⓐ ⓑ ⓒ ⓓ	21	ⓐ ⓑ ⓒ ⓓ	41	ⓐ ⓑ ⓒ ⓓ	61	ⓐ ⓑ ⓒ ⓓ	81	ⓐ ⓑ ⓒ ⓓ
2	ⓐ ⓑ ⓒ ⓓ	22	ⓐ ⓑ ⓒ ⓓ	42	ⓐ ⓑ ⓒ ⓓ	62	ⓐ ⓑ ⓒ ⓓ	82	ⓐ ⓑ ⓒ ⓓ
3	ⓐ ⓑ ⓒ ⓓ	23	ⓐ ⓑ ⓒ ⓓ	43	ⓐ ⓑ ⓒ ⓓ	63	ⓐ ⓑ ⓒ ⓓ	83	ⓐ ⓑ ⓒ ⓓ
4	ⓐ ⓑ ⓒ ⓓ	24	ⓐ ⓑ ⓒ ⓓ	44	ⓐ ⓑ ⓒ ⓓ	64	ⓐ ⓑ ⓒ ⓓ	84	ⓐ ⓑ ⓒ ⓓ
5	ⓐ ⓑ ⓒ ⓓ	25	ⓐ ⓑ ⓒ ⓓ	45	ⓐ ⓑ ⓒ ⓓ	65	ⓐ ⓑ ⓒ ⓓ	85	ⓐ ⓑ ⓒ ⓓ
6	ⓐ ⓑ ⓒ ⓓ	26	ⓐ ⓑ ⓒ ⓓ	46	ⓐ ⓑ ⓒ ⓓ	66	ⓐ ⓑ ⓒ ⓓ	86	ⓐ ⓑ ⓒ ⓓ
7	ⓐ ⓑ ⓒ ⓓ	27	ⓐ ⓑ ⓒ ⓓ	47	ⓐ ⓑ ⓒ ⓓ	67	ⓐ ⓑ ⓒ ⓓ	87	ⓐ ⓑ ⓒ ⓓ
8	ⓐ ⓑ ⓒ ⓓ	28	ⓐ ⓑ ⓒ ⓓ	48	ⓐ ⓑ ⓒ ⓓ	68	ⓐ ⓑ ⓒ ⓓ	88	ⓐ ⓑ ⓒ ⓓ
9	ⓐ ⓑ ⓒ ⓓ	29	ⓐ ⓑ ⓒ ⓓ	49	ⓐ ⓑ ⓒ ⓓ	69	ⓐ ⓑ ⓒ ⓓ	89	ⓐ ⓑ ⓒ ⓓ
10	ⓐ ⓑ ⓒ ⓓ	30	ⓐ ⓑ ⓒ ⓓ	50	ⓐ ⓑ ⓒ ⓓ	70	ⓐ ⓑ ⓒ ⓓ	90	ⓐ ⓑ ⓒ ⓓ
11	ⓐ ⓑ ⓒ ⓓ	31	ⓐ ⓑ ⓒ ⓓ	51	ⓐ ⓑ ⓒ ⓓ	71	ⓐ ⓑ ⓒ ⓓ		
12	ⓐ ⓑ ⓒ ⓓ	32	ⓐ ⓑ ⓒ ⓓ	52	ⓐ ⓑ ⓒ ⓓ	72	ⓐ ⓑ ⓒ ⓓ		
13	ⓐ ⓑ ⓒ ⓓ	33	ⓐ ⓑ ⓒ ⓓ	53	ⓐ ⓑ ⓒ ⓓ	73	ⓐ ⓑ ⓒ ⓓ		
14	ⓐ ⓑ ⓒ ⓓ	34	ⓐ ⓑ ⓒ ⓓ	54	ⓐ ⓑ ⓒ ⓓ	74	ⓐ ⓑ ⓒ ⓓ		
15	ⓐ ⓑ ⓒ ⓓ	35	ⓐ ⓑ ⓒ ⓓ	55	ⓐ ⓑ ⓒ ⓓ	75	ⓐ ⓑ ⓒ ⓓ		
16	ⓐ ⓑ ⓒ ⓓ	36	ⓐ ⓑ ⓒ ⓓ	56	ⓐ ⓑ ⓒ ⓓ	76	ⓐ ⓑ ⓒ ⓓ		
17	ⓐ ⓑ ⓒ ⓓ	37	ⓐ ⓑ ⓒ ⓓ	57	ⓐ ⓑ ⓒ ⓓ	77	ⓐ ⓑ ⓒ ⓓ		
18	ⓐ ⓑ ⓒ ⓓ	38	ⓐ ⓑ ⓒ ⓓ	58	ⓐ ⓑ ⓒ ⓓ	78	ⓐ ⓑ ⓒ ⓓ		
19	ⓐ ⓑ ⓒ ⓓ	39	ⓐ ⓑ ⓒ ⓓ	59	ⓐ ⓑ ⓒ ⓓ	79	ⓐ ⓑ ⓒ ⓓ		
20	ⓐ ⓑ ⓒ ⓓ	40	ⓐ ⓑ ⓒ ⓓ	60	ⓐ ⓑ ⓒ ⓓ	80	ⓐ ⓑ ⓒ ⓓ		

password

⓪	⓪	⓪	⓪
①	①	①	①
②	②	②	②
③	③	③	③
④	④	④	④
⑤	⑤	⑤	⑤
⑥	⑥	⑥	⑥
⑦	⑦	⑦	⑦
⑧	⑧	⑧	⑧
⑨	⑨	⑨	⑨

절취선

ANSWER SHEET

※ TEST DATE

MO.	DAY	YEAR

성 명		등급 ① ② ③ ④ ⑤	감독관 확인	

성명란		
	초 성	㉠ ㉡ ㉢ ㉣ ㉤ ㉥ ㉦ ㉧ ㉨ ㉩ ㉪ ㉫ ㉬ ㉭
	중 성	(ㅏ) (ㅑ) (ㅓ) (ㅕ) (ㅗ) (ㅛ) (ㅜ) (ㅠ) (ㅡ) (ㅣ) (ㅔ) (ㅐ) (ㅖ) (ㅒ) (ㅘ) (ㅚ) (ㅢ) (ㅝ) (ㅟ) (ㅙ)
성	종 성	㉠ ㉡ ㉢ ㉣ ㉤ ㉥ ㉦ ㉧ ㉨ ㉩ ㉪ ㉫ ㉬ ㉭ (ㄲ) (ㄸ) (ㅃ) (ㅆ) (ㅉ)
	초 성	㉠ ㉡ ㉢ ㉣ ㉤ ㉥ ㉦ ㉧ ㉨ ㉩ ㉪ ㉫ ㉬ ㉭
	중 성	(ㅏ) (ㅑ) (ㅓ) (ㅕ) (ㅗ) (ㅛ) (ㅜ) (ㅠ) (ㅡ) (ㅣ) (ㅔ) (ㅐ) (ㅖ) (ㅒ) (ㅘ) (ㅚ) (ㅢ) (ㅝ) (ㅟ) (ㅙ)
명	종 성	㉠ ㉡ ㉢ ㉣ ㉤ ㉥ ㉦ ㉧ ㉨ ㉩ ㉪ ㉫ ㉬ ㉭ (ㄲ) (ㄸ) (ㅃ) (ㅆ) (ㅉ)
	초 성	㉠ ㉡ ㉢ ㉣ ㉤ ㉥ ㉦ ㉧ ㉨ ㉩ ㉪ ㉫ ㉬ ㉭
	중 성	(ㅏ) (ㅑ) (ㅓ) (ㅕ) (ㅗ) (ㅛ) (ㅜ) (ㅠ) (ㅡ) (ㅣ) (ㅔ) (ㅐ) (ㅖ) (ㅒ) (ㅘ) (ㅚ) (ㅢ) (ㅝ) (ㅟ) (ㅙ)
	종 성	㉠ ㉡ ㉢ ㉣ ㉤ ㉥ ㉦ ㉧ ㉨ ㉩ ㉪ ㉫ ㉬ ㉭ (ㄲ) (ㄸ) (ㅃ) (ㅆ) (ㅉ)
란	초 성	㉠ ㉡ ㉢ ㉣ ㉤ ㉥ ㉦ ㉧ ㉨ ㉩ ㉪ ㉫ ㉬ ㉭
	중 성	(ㅏ) (ㅑ) (ㅓ) (ㅕ) (ㅗ) (ㅛ) (ㅜ) (ㅠ) (ㅡ) (ㅣ) (ㅔ) (ㅐ) (ㅖ) (ㅒ) (ㅘ) (ㅚ) (ㅢ) (ㅝ) (ㅟ) (ㅙ)
	종 성	㉠ ㉡ ㉢ ㉣ ㉤ ㉥ ㉦ ㉧ ㉨ ㉩ ㉪ ㉫ ㉬ ㉭ (ㄲ) (ㄸ) (ㅃ) (ㅆ) (ㅉ)

수 험 번 호															
		–					–							
⓪	⓪		⓪	⓪	⓪	⓪		⓪	⓪	⓪	⓪	⓪	⓪	⓪
①	①		①	①	①	①		①	①	①	①	①	①	①
②	②		②	②	②	②		②	②	②	②	②	②	②
③	③		③	③	③	③		③	③	③	③	③	③	③
④	④	–	④	④	④	④	–	④	④	④	④	④	④	④
⑤	⑤		⑤	⑤	⑤	⑤		⑤	⑤	⑤	⑤	⑤	⑤	⑤
⑥	⑥		⑥	⑥	⑥	⑥		⑥	⑥	⑥	⑥	⑥	⑥	⑥
⑦	⑦		⑦	⑦	⑦	⑦		⑦	⑦	⑦	⑦	⑦	⑦	⑦
⑧	⑧		⑧	⑧	⑧	⑧		⑧	⑧	⑧	⑧	⑧	⑧	⑧
⑨	⑨		⑨	⑨	⑨	⑨		⑨	⑨	⑨	⑨	⑨	⑨	⑨

1) Code 1.

	⓪ ① ② ③ ④ ⑤ ⑥ ⑦ ⑧ ⑨
	⓪ ① ② ③ ④ ⑤ ⑥ ⑦ ⑧ ⑨
	⓪ ① ② ③ ④ ⑤ ⑥ ⑦ ⑧ ⑨

2) Code 2.

	⓪ ① ② ③ ④ ⑤ ⑥ ⑦ ⑧ ⑨
	⓪ ① ② ③ ④ ⑤ ⑥ ⑦ ⑧ ⑨
	⓪ ① ② ③ ④ ⑤ ⑥ ⑦ ⑧ ⑨

3) Code 3.

	⓪ ① ② ③ ④ ⑤ ⑥ ⑦ ⑧ ⑨
	⓪ ① ② ③ ④ ⑤ ⑥ ⑦ ⑧ ⑨
	⓪ ① ② ③ ④ ⑤ ⑥ ⑦ ⑧ ⑨

주민등록번호 앞자리							고 유 번 호						
⓪	⓪	⓪	⓪	⓪	⓪		⓪	⓪	⓪	⓪	⓪	⓪	⓪
①	①	①	①	①	①		①	①	①	①	①	①	①
②	②	②	②	②	②		②	②	②	②	②	②	②
③	③	③	③	③	③		③	③	③	③	③	③	③
④	④	④	④	④	④	–	④	④	④	④	④	④	④
⑤	⑤	⑤	⑤	⑤	⑤		⑤	⑤	⑤	⑤	⑤	⑤	⑤
⑥	⑥	⑥	⑥	⑥	⑥		⑥	⑥	⑥	⑥	⑥	⑥	⑥
⑦	⑦	⑦	⑦	⑦	⑦		⑦	⑦	⑦	⑦	⑦	⑦	⑦
⑧	⑧	⑧	⑧	⑧	⑧		⑧	⑧	⑧	⑧	⑧	⑧	⑧
⑨	⑨	⑨	⑨	⑨	⑨		⑨	⑨	⑨	⑨	⑨	⑨	⑨

문항	답 란	문항	답 란	문항	답 란	문항	답 란	문항	답 란
1	ⓐ ⓑ ⓒ ⓓ	21	ⓐ ⓑ ⓒ ⓓ	41	ⓐ ⓑ ⓒ ⓓ	61	ⓐ ⓑ ⓒ ⓓ	81	ⓐ ⓑ ⓒ ⓓ
2	ⓐ ⓑ ⓒ ⓓ	22	ⓐ ⓑ ⓒ ⓓ	42	ⓐ ⓑ ⓒ ⓓ	62	ⓐ ⓑ ⓒ ⓓ	82	ⓐ ⓑ ⓒ ⓓ
3	ⓐ ⓑ ⓒ ⓓ	23	ⓐ ⓑ ⓒ ⓓ	43	ⓐ ⓑ ⓒ ⓓ	63	ⓐ ⓑ ⓒ ⓓ	83	ⓐ ⓑ ⓒ ⓓ
4	ⓐ ⓑ ⓒ ⓓ	24	ⓐ ⓑ ⓒ ⓓ	44	ⓐ ⓑ ⓒ ⓓ	64	ⓐ ⓑ ⓒ ⓓ	84	ⓐ ⓑ ⓒ ⓓ
5	ⓐ ⓑ ⓒ ⓓ	25	ⓐ ⓑ ⓒ ⓓ	45	ⓐ ⓑ ⓒ ⓓ	65	ⓐ ⓑ ⓒ ⓓ	85	ⓐ ⓑ ⓒ ⓓ
6	ⓐ ⓑ ⓒ ⓓ	26	ⓐ ⓑ ⓒ ⓓ	46	ⓐ ⓑ ⓒ ⓓ	66	ⓐ ⓑ ⓒ ⓓ	86	ⓐ ⓑ ⓒ ⓓ
7	ⓐ ⓑ ⓒ ⓓ	27	ⓐ ⓑ ⓒ ⓓ	47	ⓐ ⓑ ⓒ ⓓ	67	ⓐ ⓑ ⓒ ⓓ	87	ⓐ ⓑ ⓒ ⓓ
8	ⓐ ⓑ ⓒ ⓓ	28	ⓐ ⓑ ⓒ ⓓ	48	ⓐ ⓑ ⓒ ⓓ	68	ⓐ ⓑ ⓒ ⓓ	88	ⓐ ⓑ ⓒ ⓓ
9	ⓐ ⓑ ⓒ ⓓ	29	ⓐ ⓑ ⓒ ⓓ	49	ⓐ ⓑ ⓒ ⓓ	69	ⓐ ⓑ ⓒ ⓓ	89	ⓐ ⓑ ⓒ ⓓ
10	ⓐ ⓑ ⓒ ⓓ	30	ⓐ ⓑ ⓒ ⓓ	50	ⓐ ⓑ ⓒ ⓓ	70	ⓐ ⓑ ⓒ ⓓ	90	ⓐ ⓑ ⓒ ⓓ
11	ⓐ ⓑ ⓒ ⓓ	31	ⓐ ⓑ ⓒ ⓓ	51	ⓐ ⓑ ⓒ ⓓ	71	ⓐ ⓑ ⓒ ⓓ		
12	ⓐ ⓑ ⓒ ⓓ	32	ⓐ ⓑ ⓒ ⓓ	52	ⓐ ⓑ ⓒ ⓓ	72	ⓐ ⓑ ⓒ ⓓ		
13	ⓐ ⓑ ⓒ ⓓ	33	ⓐ ⓑ ⓒ ⓓ	53	ⓐ ⓑ ⓒ ⓓ	73	ⓐ ⓑ ⓒ ⓓ		
14	ⓐ ⓑ ⓒ ⓓ	34	ⓐ ⓑ ⓒ ⓓ	54	ⓐ ⓑ ⓒ ⓓ	74	ⓐ ⓑ ⓒ ⓓ		
15	ⓐ ⓑ ⓒ ⓓ	35	ⓐ ⓑ ⓒ ⓓ	55	ⓐ ⓑ ⓒ ⓓ	75	ⓐ ⓑ ⓒ ⓓ		
16	ⓐ ⓑ ⓒ ⓓ	36	ⓐ ⓑ ⓒ ⓓ	56	ⓐ ⓑ ⓒ ⓓ	76	ⓐ ⓑ ⓒ ⓓ		
17	ⓐ ⓑ ⓒ ⓓ	37	ⓐ ⓑ ⓒ ⓓ	57	ⓐ ⓑ ⓒ ⓓ	77	ⓐ ⓑ ⓒ ⓓ		
18	ⓐ ⓑ ⓒ ⓓ	38	ⓐ ⓑ ⓒ ⓓ	58	ⓐ ⓑ ⓒ ⓓ	78	ⓐ ⓑ ⓒ ⓓ		
19	ⓐ ⓑ ⓒ ⓓ	39	ⓐ ⓑ ⓒ ⓓ	59	ⓐ ⓑ ⓒ ⓓ	79	ⓐ ⓑ ⓒ ⓓ		
20	ⓐ ⓑ ⓒ ⓓ	40	ⓐ ⓑ ⓒ ⓓ	60	ⓐ ⓑ ⓒ ⓓ	80	ⓐ ⓑ ⓒ ⓓ		

password

⓪	⓪	⓪	⓪
①	①	①	①
②	②	②	②
③	③	③	③
④	④	④	④
⑤	⑤	⑤	⑤
⑥	⑥	⑥	⑥
⑦	⑦	⑦	⑦
⑧	⑧	⑧	⑧
⑨	⑨	⑨	⑨

ANSWER SHEET

※ TEST DATE

MO.	DAY	YEAR

감독 확인	

성 명	

등급	① ② ③ ④ ⑤

성	초 성	ㄱ ㄴ ㄷ ㄹ ㅁ ㅂ ㅅ ㅇ ㅈ ㅊ ㅋ ㅌ ㅍ ㅎ
	중 성	ㅏ ㅑ ㅓ ㅕ ㅗ ㅛ ㅜ ㅠ ㅡ ㅣ ㅔ ㅐ ㅖ ㅒ ㅘ ㅚ ㅢ ㅝ ㅟ ㅙ
	종 성	ㄱ ㄴ ㄷ ㄹ ㅁ ㅂ ㅅ ㅇ ㅈ ㅊ ㅋ ㅌ ㅍ ㅎ ㄲ ㄸ ㅃ ㅆ ㅉ
명	초 성	ㄱ ㄴ ㄷ ㄹ ㅁ ㅂ ㅅ ㅇ ㅈ ㅊ ㅋ ㅌ ㅍ ㅎ
	중 성	ㅏ ㅑ ㅓ ㅕ ㅗ ㅛ ㅜ ㅠ ㅡ ㅣ ㅔ ㅐ ㅖ ㅒ ㅘ ㅚ ㅢ ㅝ ㅟ ㅙ
	종 성	ㄱ ㄴ ㄷ ㄹ ㅁ ㅂ ㅅ ㅇ ㅈ ㅊ ㅋ ㅌ ㅍ ㅎ ㄲ ㄸ ㅃ ㅆ ㅉ
	초 성	ㄱ ㄴ ㄷ ㄹ ㅁ ㅂ ㅅ ㅇ ㅈ ㅊ ㅋ ㅌ ㅍ ㅎ
	중 성	ㅏ ㅑ ㅓ ㅕ ㅗ ㅛ ㅜ ㅠ ㅡ ㅣ ㅔ ㅐ ㅖ ㅒ ㅘ ㅚ ㅢ ㅝ ㅟ ㅙ
	종 성	ㄱ ㄴ ㄷ ㄹ ㅁ ㅂ ㅅ ㅇ ㅈ ㅊ ㅋ ㅌ ㅍ ㅎ ㄲ ㄸ ㅃ ㅆ ㅉ
란	초 성	ㄱ ㄴ ㄷ ㄹ ㅁ ㅂ ㅅ ㅇ ㅈ ㅊ ㅋ ㅌ ㅍ ㅎ
	중 성	ㅏ ㅑ ㅓ ㅕ ㅗ ㅛ ㅜ ㅠ ㅡ ㅣ ㅔ ㅐ ㅖ ㅒ ㅘ ㅚ ㅢ ㅝ ㅟ ㅙ
	종 성	ㄱ ㄴ ㄷ ㄹ ㅁ ㅂ ㅅ ㅇ ㅈ ㅊ ㅋ ㅌ ㅍ ㅎ ㄲ ㄸ ㅃ ㅆ ㅉ

수 험 번 호
⓪⓪ – ⓪⓪⓪⓪ – ⓪⓪⓪⓪⓪⓪⓪
①① ①①①① ①①①①①①①
②② ②②②② ②②②②②②②
③③ ③③③③ ③③③③③③③
④④ – ④④④④ – ④④④④④④④
⑤⑤ ⑤⑤⑤⑤ ⑤⑤⑤⑤⑤⑤⑤
⑥⑥ ⑥⑥⑥⑥ ⑥⑥⑥⑥⑥⑥⑥
⑦⑦ ⑦⑦⑦⑦ ⑦⑦⑦⑦⑦⑦⑦
⑧⑧ ⑧⑧⑧⑧ ⑧⑧⑧⑧⑧⑧⑧
⑨⑨ ⑨⑨⑨⑨ ⑨⑨⑨⑨⑨⑨⑨

1) Code 1.

	⓪ ① ② ③ ④ ⑤ ⑥ ⑦ ⑧ ⑨
	⓪ ① ② ③ ④ ⑤ ⑥ ⑦ ⑧ ⑨
	⓪ ① ② ③ ④ ⑤ ⑥ ⑦ ⑧ ⑨

2) Code 2.

	⓪ ① ② ③ ④ ⑤ ⑥ ⑦ ⑧ ⑨
	⓪ ① ② ③ ④ ⑤ ⑥ ⑦ ⑧ ⑨
	⓪ ① ② ③ ④ ⑤ ⑥ ⑦ ⑧ ⑨

3) Code 3.

	⓪ ① ② ③ ④ ⑤ ⑥ ⑦ ⑧ ⑨
	⓪ ① ② ③ ④ ⑤ ⑥ ⑦ ⑧ ⑨
	⓪ ① ② ③ ④ ⑤ ⑥ ⑦ ⑧ ⑨

주민등록번호 앞자리		고 유 번 호
⓪⓪⓪⓪⓪⓪		⓪⓪⓪⓪⓪⓪⓪
①①①①①①		①①①①①①①
②②②②②②		②②②②②②②
③③③③③③		③③③③③③③
④④④④④④	–	④④④④④④④
⑤⑤⑤⑤⑤⑤		⑤⑤⑤⑤⑤⑤⑤
⑥⑥⑥⑥⑥⑥		⑥⑥⑥⑥⑥⑥⑥
⑦⑦⑦⑦⑦⑦		⑦⑦⑦⑦⑦⑦⑦
⑧⑧⑧⑧⑧⑧		⑧⑧⑧⑧⑧⑧⑧
⑨⑨⑨⑨⑨⑨		⑨⑨⑨⑨⑨⑨⑨

문항	답 란	문항	답 란	문항	답 란	문항	답 란	문항	답 란
1	ⓐ ⓑ ⓒ ⓓ	21	ⓐ ⓑ ⓒ ⓓ	41	ⓐ ⓑ ⓒ ⓓ	61	ⓐ ⓑ ⓒ ⓓ	81	ⓐ ⓑ ⓒ ⓓ
2	ⓐ ⓑ ⓒ ⓓ	22	ⓐ ⓑ ⓒ ⓓ	42	ⓐ ⓑ ⓒ ⓓ	62	ⓐ ⓑ ⓒ ⓓ	82	ⓐ ⓑ ⓒ ⓓ
3	ⓐ ⓑ ⓒ ⓓ	23	ⓐ ⓑ ⓒ ⓓ	43	ⓐ ⓑ ⓒ ⓓ	63	ⓐ ⓑ ⓒ ⓓ	83	ⓐ ⓑ ⓒ ⓓ
4	ⓐ ⓑ ⓒ ⓓ	24	ⓐ ⓑ ⓒ ⓓ	44	ⓐ ⓑ ⓒ ⓓ	64	ⓐ ⓑ ⓒ ⓓ	84	ⓐ ⓑ ⓒ ⓓ
5	ⓐ ⓑ ⓒ ⓓ	25	ⓐ ⓑ ⓒ ⓓ	45	ⓐ ⓑ ⓒ ⓓ	65	ⓐ ⓑ ⓒ ⓓ	85	ⓐ ⓑ ⓒ ⓓ
6	ⓐ ⓑ ⓒ ⓓ	26	ⓐ ⓑ ⓒ ⓓ	46	ⓐ ⓑ ⓒ ⓓ	66	ⓐ ⓑ ⓒ ⓓ	86	ⓐ ⓑ ⓒ ⓓ
7	ⓐ ⓑ ⓒ ⓓ	27	ⓐ ⓑ ⓒ ⓓ	47	ⓐ ⓑ ⓒ ⓓ	67	ⓐ ⓑ ⓒ ⓓ	87	ⓐ ⓑ ⓒ ⓓ
8	ⓐ ⓑ ⓒ ⓓ	28	ⓐ ⓑ ⓒ ⓓ	48	ⓐ ⓑ ⓒ ⓓ	68	ⓐ ⓑ ⓒ ⓓ	88	ⓐ ⓑ ⓒ ⓓ
9	ⓐ ⓑ ⓒ ⓓ	29	ⓐ ⓑ ⓒ ⓓ	49	ⓐ ⓑ ⓒ ⓓ	69	ⓐ ⓑ ⓒ ⓓ	89	ⓐ ⓑ ⓒ ⓓ
10	ⓐ ⓑ ⓒ ⓓ	30	ⓐ ⓑ ⓒ ⓓ	50	ⓐ ⓑ ⓒ ⓓ	70	ⓐ ⓑ ⓒ ⓓ	90	ⓐ ⓑ ⓒ ⓓ
11	ⓐ ⓑ ⓒ ⓓ	31	ⓐ ⓑ ⓒ ⓓ	51	ⓐ ⓑ ⓒ ⓓ	71	ⓐ ⓑ ⓒ ⓓ		
12	ⓐ ⓑ ⓒ ⓓ	32	ⓐ ⓑ ⓒ ⓓ	52	ⓐ ⓑ ⓒ ⓓ	72	ⓐ ⓑ ⓒ ⓓ		
13	ⓐ ⓑ ⓒ ⓓ	33	ⓐ ⓑ ⓒ ⓓ	53	ⓐ ⓑ ⓒ ⓓ	73	ⓐ ⓑ ⓒ ⓓ		
14	ⓐ ⓑ ⓒ ⓓ	34	ⓐ ⓑ ⓒ ⓓ	54	ⓐ ⓑ ⓒ ⓓ	74	ⓐ ⓑ ⓒ ⓓ		
15	ⓐ ⓑ ⓒ ⓓ	35	ⓐ ⓑ ⓒ ⓓ	55	ⓐ ⓑ ⓒ ⓓ	75	ⓐ ⓑ ⓒ ⓓ		
16	ⓐ ⓑ ⓒ ⓓ	36	ⓐ ⓑ ⓒ ⓓ	56	ⓐ ⓑ ⓒ ⓓ	76	ⓐ ⓑ ⓒ ⓓ		
17	ⓐ ⓑ ⓒ ⓓ	37	ⓐ ⓑ ⓒ ⓓ	57	ⓐ ⓑ ⓒ ⓓ	77	ⓐ ⓑ ⓒ ⓓ		
18	ⓐ ⓑ ⓒ ⓓ	38	ⓐ ⓑ ⓒ ⓓ	58	ⓐ ⓑ ⓒ ⓓ	78	ⓐ ⓑ ⓒ ⓓ		
19	ⓐ ⓑ ⓒ ⓓ	39	ⓐ ⓑ ⓒ ⓓ	59	ⓐ ⓑ ⓒ ⓓ	79	ⓐ ⓑ ⓒ ⓓ		
20	ⓐ ⓑ ⓒ ⓓ	40	ⓐ ⓑ ⓒ ⓓ	60	ⓐ ⓑ ⓒ ⓓ	80	ⓐ ⓑ ⓒ ⓓ		

password

⓪	⓪	⓪	⓪
①	①	①	①
②	②	②	②
③	③	③	③
④	④	④	④
⑤	⑤	⑤	⑤
⑥	⑥	⑥	⑥
⑦	⑦	⑦	⑦
⑧	⑧	⑧	⑧
⑨	⑨	⑨	⑨

절취선

ANSWER SHEET

※ TEST DATE

MO.		DAY		YEAR			

감독 확인 관인	

성 명		등급	① ② ③ ④ ⑤

성	초 성	㉠ ㉡ ㉢ ㉣ ㉤ ㉥ ㉦ ㉧ ㉨ ㉩ ㉪ ㉫ ㉬ ㉭
	중 성	(ㅏ) (ㅑ) (ㅓ) (ㅕ) (ㅗ) (ㅛ) (ㅜ) (ㅠ) (ㅡ) (ㅣ) (ㅔ) (ㅐ) (ㅖ) (ㅒ) (ㅘ) (ㅚ) (ㅢ) (ㅝ) (ㅟ) (ㅙ)
	종 성	㉠ ㉡ ㉢ ㉣ ㉤ ㉥ ㉦ ㉧ ㉨ ㉩ ㉪ ㉫ ㉬ ㉭ (ㄲ) (ㄸ) (ㅃ) (ㅆ) (ㅉ)
명	초 성	㉠ ㉡ ㉢ ㉣ ㉤ ㉥ ㉦ ㉧ ㉨ ㉩ ㉪ ㉫ ㉬ ㉭
	중 성	(ㅏ) (ㅑ) (ㅓ) (ㅕ) (ㅗ) (ㅛ) (ㅜ) (ㅠ) (ㅡ) (ㅣ) (ㅔ) (ㅐ) (ㅖ) (ㅒ) (ㅘ) (ㅚ) (ㅢ) (ㅝ) (ㅟ) (ㅙ)
	종 성	㉠ ㉡ ㉢ ㉣ ㉤ ㉥ ㉦ ㉧ ㉨ ㉩ ㉪ ㉫ ㉬ ㉭ (ㄲ) (ㄸ) (ㅃ) (ㅆ) (ㅉ)
	초 성	㉠ ㉡ ㉢ ㉣ ㉤ ㉥ ㉦ ㉧ ㉨ ㉩ ㉪ ㉫ ㉬ ㉭
	중 성	(ㅏ) (ㅑ) (ㅓ) (ㅕ) (ㅗ) (ㅛ) (ㅜ) (ㅠ) (ㅡ) (ㅣ) (ㅔ) (ㅐ) (ㅖ) (ㅒ) (ㅘ) (ㅚ) (ㅢ) (ㅝ) (ㅟ) (ㅙ)
	종 성	㉠ ㉡ ㉢ ㉣ ㉤ ㉥ ㉦ ㉧ ㉨ ㉩ ㉪ ㉫ ㉬ ㉭ (ㄲ) (ㄸ) (ㅃ) (ㅆ) (ㅉ)
란	초 성	㉠ ㉡ ㉢ ㉣ ㉤ ㉥ ㉦ ㉧ ㉨ ㉩ ㉪ ㉫ ㉬ ㉭
	중 성	(ㅏ) (ㅑ) (ㅓ) (ㅕ) (ㅗ) (ㅛ) (ㅜ) (ㅠ) (ㅡ) (ㅣ) (ㅔ) (ㅐ) (ㅖ) (ㅒ) (ㅘ) (ㅚ) (ㅢ) (ㅝ) (ㅟ) (ㅙ)
	종 성	㉠ ㉡ ㉢ ㉣ ㉤ ㉥ ㉦ ㉧ ㉨ ㉩ ㉪ ㉫ ㉬ ㉭ (ㄲ) (ㄸ) (ㅃ) (ㅆ) (ㅉ)

수 험 번 호														
		–					–							
⓪	⓪		⓪	⓪	⓪	⓪		⓪	⓪	⓪	⓪	⓪	⓪	⓪
①	①		①	①	①	①		①	①	①	①	①	①	①
②	②		②	②	②	②		②	②	②	②	②	②	②
③	③		③	③	③	③		③	③	③	③	③	③	③
④	④	–	④	④	④	④	–	④	④	④	④	④	④	④
⑤	⑤		⑤	⑤	⑤	⑤		⑤	⑤	⑤	⑤	⑤	⑤	⑤
⑥	⑥		⑥	⑥	⑥	⑥		⑥	⑥	⑥	⑥	⑥	⑥	⑥
⑦	⑦		⑦	⑦	⑦	⑦		⑦	⑦	⑦	⑦	⑦	⑦	⑦
⑧	⑧		⑧	⑧	⑧	⑧		⑧	⑧	⑧	⑧	⑧	⑧	⑧
⑨	⑨		⑨	⑨	⑨	⑨		⑨	⑨	⑨	⑨	⑨	⑨	⑨

1) Code 1.

	⓪ ① ② ③ ④ ⑤ ⑥ ⑦ ⑧ ⑨
	⓪ ① ② ③ ④ ⑤ ⑥ ⑦ ⑧ ⑨
	⓪ ① ② ③ ④ ⑤ ⑥ ⑦ ⑧ ⑨

2) Code 2.

	⓪ ① ② ③ ④ ⑤ ⑥ ⑦ ⑧ ⑨
	⓪ ① ② ③ ④ ⑤ ⑥ ⑦ ⑧ ⑨
	⓪ ① ② ③ ④ ⑤ ⑥ ⑦ ⑧ ⑨

3) Code 3.

	⓪ ① ② ③ ④ ⑤ ⑥ ⑦ ⑧ ⑨
	⓪ ① ② ③ ④ ⑤ ⑥ ⑦ ⑧ ⑨
	⓪ ① ② ③ ④ ⑤ ⑥ ⑦ ⑧ ⑨

주민등록번호 앞자리							고 유 번 호						
⓪	⓪	⓪	⓪	⓪	⓪		⓪	⓪	⓪	⓪	⓪	⓪	⓪
①	①	①	①	①	①		①	①	①	①	①	①	①
②	②	②	②	②	②		②	②	②	②	②	②	②
③	③	③	③	③	③		③	③	③	③	③	③	③
④	④	④	④	④	④	–	④	④	④	④	④	④	④
⑤	⑤	⑤	⑤	⑤	⑤		⑤	⑤	⑤	⑤	⑤	⑤	⑤
⑥	⑥	⑥	⑥	⑥	⑥		⑥	⑥	⑥	⑥	⑥	⑥	⑥
⑦	⑦	⑦	⑦	⑦	⑦		⑦	⑦	⑦	⑦	⑦	⑦	⑦
⑧	⑧	⑧	⑧	⑧	⑧		⑧	⑧	⑧	⑧	⑧	⑧	⑧
⑨	⑨	⑨	⑨	⑨	⑨		⑨	⑨	⑨	⑨	⑨	⑨	⑨

문항	답 란	문항	답 란	문항	답 란	문항	답 란	문항	답 란
1	ⓐ ⓑ ⓒ ⓓ	21	ⓐ ⓑ ⓒ ⓓ	41	ⓐ ⓑ ⓒ ⓓ	61	ⓐ ⓑ ⓒ ⓓ	81	ⓐ ⓑ ⓒ ⓓ
2	ⓐ ⓑ ⓒ ⓓ	22	ⓐ ⓑ ⓒ ⓓ	42	ⓐ ⓑ ⓒ ⓓ	62	ⓐ ⓑ ⓒ ⓓ	82	ⓐ ⓑ ⓒ ⓓ
3	ⓐ ⓑ ⓒ ⓓ	23	ⓐ ⓑ ⓒ ⓓ	43	ⓐ ⓑ ⓒ ⓓ	63	ⓐ ⓑ ⓒ ⓓ	83	ⓐ ⓑ ⓒ ⓓ
4	ⓐ ⓑ ⓒ ⓓ	24	ⓐ ⓑ ⓒ ⓓ	44	ⓐ ⓑ ⓒ ⓓ	64	ⓐ ⓑ ⓒ ⓓ	84	ⓐ ⓑ ⓒ ⓓ
5	ⓐ ⓑ ⓒ ⓓ	25	ⓐ ⓑ ⓒ ⓓ	45	ⓐ ⓑ ⓒ ⓓ	65	ⓐ ⓑ ⓒ ⓓ	85	ⓐ ⓑ ⓒ ⓓ
6	ⓐ ⓑ ⓒ ⓓ	26	ⓐ ⓑ ⓒ ⓓ	46	ⓐ ⓑ ⓒ ⓓ	66	ⓐ ⓑ ⓒ ⓓ	86	ⓐ ⓑ ⓒ ⓓ
7	ⓐ ⓑ ⓒ ⓓ	27	ⓐ ⓑ ⓒ ⓓ	47	ⓐ ⓑ ⓒ ⓓ	67	ⓐ ⓑ ⓒ ⓓ	87	ⓐ ⓑ ⓒ ⓓ
8	ⓐ ⓑ ⓒ ⓓ	28	ⓐ ⓑ ⓒ ⓓ	48	ⓐ ⓑ ⓒ ⓓ	68	ⓐ ⓑ ⓒ ⓓ	88	ⓐ ⓑ ⓒ ⓓ
9	ⓐ ⓑ ⓒ ⓓ	29	ⓐ ⓑ ⓒ ⓓ	49	ⓐ ⓑ ⓒ ⓓ	69	ⓐ ⓑ ⓒ ⓓ	89	ⓐ ⓑ ⓒ ⓓ
10	ⓐ ⓑ ⓒ ⓓ	30	ⓐ ⓑ ⓒ ⓓ	50	ⓐ ⓑ ⓒ ⓓ	70	ⓐ ⓑ ⓒ ⓓ	90	ⓐ ⓑ ⓒ ⓓ
11	ⓐ ⓑ ⓒ ⓓ	31	ⓐ ⓑ ⓒ ⓓ	51	ⓐ ⓑ ⓒ ⓓ	71	ⓐ ⓑ ⓒ ⓓ		
12	ⓐ ⓑ ⓒ ⓓ	32	ⓐ ⓑ ⓒ ⓓ	52	ⓐ ⓑ ⓒ ⓓ	72	ⓐ ⓑ ⓒ ⓓ		
13	ⓐ ⓑ ⓒ ⓓ	33	ⓐ ⓑ ⓒ ⓓ	53	ⓐ ⓑ ⓒ ⓓ	73	ⓐ ⓑ ⓒ ⓓ		
14	ⓐ ⓑ ⓒ ⓓ	34	ⓐ ⓑ ⓒ ⓓ	54	ⓐ ⓑ ⓒ ⓓ	74	ⓐ ⓑ ⓒ ⓓ		
15	ⓐ ⓑ ⓒ ⓓ	35	ⓐ ⓑ ⓒ ⓓ	55	ⓐ ⓑ ⓒ ⓓ	75	ⓐ ⓑ ⓒ ⓓ		
16	ⓐ ⓑ ⓒ ⓓ	36	ⓐ ⓑ ⓒ ⓓ	56	ⓐ ⓑ ⓒ ⓓ	76	ⓐ ⓑ ⓒ ⓓ		
17	ⓐ ⓑ ⓒ ⓓ	37	ⓐ ⓑ ⓒ ⓓ	57	ⓐ ⓑ ⓒ ⓓ	77	ⓐ ⓑ ⓒ ⓓ		
18	ⓐ ⓑ ⓒ ⓓ	38	ⓐ ⓑ ⓒ ⓓ	58	ⓐ ⓑ ⓒ ⓓ	78	ⓐ ⓑ ⓒ ⓓ		
19	ⓐ ⓑ ⓒ ⓓ	39	ⓐ ⓑ ⓒ ⓓ	59	ⓐ ⓑ ⓒ ⓓ	79	ⓐ ⓑ ⓒ ⓓ		
20	ⓐ ⓑ ⓒ ⓓ	40	ⓐ ⓑ ⓒ ⓓ	60	ⓐ ⓑ ⓒ ⓓ	80	ⓐ ⓑ ⓒ ⓓ		

password

⓪	⓪	⓪	⓪
①	①	①	①
②	②	②	②
③	③	③	③
④	④	④	④
⑤	⑤	⑤	⑤
⑥	⑥	⑥	⑥
⑦	⑦	⑦	⑦
⑧	⑧	⑧	⑧
⑨	⑨	⑨	⑨

ANSWER SHEET

※ TEST DATE

MO.		DAY			YEAR			

감독관 확인	

성 명	

등급 ① ② ③ ④ ⑤

성명란		
성	초 성	ㄱ ㄴ ㄷ ㄹ ㅁ ㅂ ㅅ ㅇ ㅈ ㅊ ㅋ ㅌ ㅍ ㅎ
	중 성	ㅏ ㅑ ㅓ ㅕ ㅗ ㅛ ㅜ ㅠ ㅡ ㅣ ㅔ ㅐ ㅖ ㅒ ㅘ ㅚ ㅢ ㅝ ㅟ ㅙ
	종 성	ㄱ ㄴ ㄷ ㄹ ㅁ ㅂ ㅅ ㅇ ㅈ ㅊ ㅋ ㅌ ㅍ ㅎ ㄲ ㄸ ㅃ ㅆ ㅉ
명	초 성	ㄱ ㄴ ㄷ ㄹ ㅁ ㅂ ㅅ ㅇ ㅈ ㅊ ㅋ ㅌ ㅍ ㅎ
	중 성	ㅏ ㅑ ㅓ ㅕ ㅗ ㅛ ㅜ ㅠ ㅡ ㅣ ㅔ ㅐ ㅖ ㅒ ㅘ ㅚ ㅢ ㅝ ㅟ ㅙ
	종 성	ㄱ ㄴ ㄷ ㄹ ㅁ ㅂ ㅅ ㅇ ㅈ ㅊ ㅋ ㅌ ㅍ ㅎ ㄲ ㄸ ㅃ ㅆ ㅉ
	초 성	ㄱ ㄴ ㄷ ㄹ ㅁ ㅂ ㅅ ㅇ ㅈ ㅊ ㅋ ㅌ ㅍ ㅎ
	중 성	ㅏ ㅑ ㅓ ㅕ ㅗ ㅛ ㅜ ㅠ ㅡ ㅣ ㅔ ㅐ ㅖ ㅒ ㅘ ㅚ ㅢ ㅝ ㅟ ㅙ
	종 성	ㄱ ㄴ ㄷ ㄹ ㅁ ㅂ ㅅ ㅇ ㅈ ㅊ ㅋ ㅌ ㅍ ㅎ ㄲ ㄸ ㅃ ㅆ ㅉ
란	초 성	ㄱ ㄴ ㄷ ㄹ ㅁ ㅂ ㅅ ㅇ ㅈ ㅊ ㅋ ㅌ ㅍ ㅎ
	중 성	ㅏ ㅑ ㅓ ㅕ ㅗ ㅛ ㅜ ㅠ ㅡ ㅣ ㅔ ㅐ ㅖ ㅒ ㅘ ㅚ ㅢ ㅝ ㅟ ㅙ
	종 성	ㄱ ㄴ ㄷ ㄹ ㅁ ㅂ ㅅ ㅇ ㅈ ㅊ ㅋ ㅌ ㅍ ㅎ ㄲ ㄸ ㅃ ㅆ ㅉ

수험번호														
		–					–							
⓪	⓪		⓪	⓪	⓪	⓪		⓪	⓪	⓪	⓪	⓪	⓪	⓪
①	①		①	①	①	①		①	①	①	①	①	①	①
②	②		②	②	②	②		②	②	②	②	②	②	②
③	③		③	③	③	③		③	③	③	③	③	③	③
④	④	–	④	④	④	④	–	④	④	④	④	④	④	④
⑤	⑤		⑤	⑤	⑤	⑤		⑤	⑤	⑤	⑤	⑤	⑤	⑤
⑥	⑥		⑥	⑥	⑥	⑥		⑥	⑥	⑥	⑥	⑥	⑥	⑥
⑦	⑦		⑦	⑦	⑦	⑦		⑦	⑦	⑦	⑦	⑦	⑦	⑦
⑧	⑧		⑧	⑧	⑧	⑧		⑧	⑧	⑧	⑧	⑧	⑧	⑧
⑨	⑨		⑨	⑨	⑨	⑨		⑨	⑨	⑨	⑨	⑨	⑨	⑨

1) Code 1.

	⓪ ① ② ③ ④ ⑤ ⑥ ⑦ ⑧ ⑨
	⓪ ① ② ③ ④ ⑤ ⑥ ⑦ ⑧ ⑨
	⓪ ① ② ③ ④ ⑤ ⑥ ⑦ ⑧ ⑨

2) Code 2.

	⓪ ① ② ③ ④ ⑤ ⑥ ⑦ ⑧ ⑨
	⓪ ① ② ③ ④ ⑤ ⑥ ⑦ ⑧ ⑨
	⓪ ① ② ③ ④ ⑤ ⑥ ⑦ ⑧ ⑨

3) Code 3.

	⓪ ① ② ③ ④ ⑤ ⑥ ⑦ ⑧ ⑨
	⓪ ① ② ③ ④ ⑤ ⑥ ⑦ ⑧ ⑨
	⓪ ① ② ③ ④ ⑤ ⑥ ⑦ ⑧ ⑨

주민등록번호 앞자리							고 유 번 호						
⓪	⓪	⓪	⓪	⓪	⓪		⓪	⓪	⓪	⓪	⓪	⓪	⓪
①	①	①	①	①	①		①	①	①	①	①	①	①
②	②	②	②	②	②		②	②	②	②	②	②	②
③	③	③	③	③	③		③	③	③	③	③	③	③
④	④	④	④	④	④	–	④	④	④	④	④	④	④
⑤	⑤	⑤	⑤	⑤	⑤		⑤	⑤	⑤	⑤	⑤	⑤	⑤
⑥	⑥	⑥	⑥	⑥	⑥		⑥	⑥	⑥	⑥	⑥	⑥	⑥
⑦	⑦	⑦	⑦	⑦	⑦		⑦	⑦	⑦	⑦	⑦	⑦	⑦
⑧	⑧	⑧	⑧	⑧	⑧		⑧	⑧	⑧	⑧	⑧	⑧	⑧
⑨	⑨	⑨	⑨	⑨	⑨		⑨	⑨	⑨	⑨	⑨	⑨	⑨

문항	답 란	문항	답 란	문항	답 란	문항	답 란	문항	답 란
1	ⓐ ⓑ ⓒ ⓓ	21	ⓐ ⓑ ⓒ ⓓ	41	ⓐ ⓑ ⓒ ⓓ	61	ⓐ ⓑ ⓒ ⓓ	81	ⓐ ⓑ ⓒ ⓓ
2	ⓐ ⓑ ⓒ ⓓ	22	ⓐ ⓑ ⓒ ⓓ	42	ⓐ ⓑ ⓒ ⓓ	62	ⓐ ⓑ ⓒ ⓓ	82	ⓐ ⓑ ⓒ ⓓ
3	ⓐ ⓑ ⓒ ⓓ	23	ⓐ ⓑ ⓒ ⓓ	43	ⓐ ⓑ ⓒ ⓓ	63	ⓐ ⓑ ⓒ ⓓ	83	ⓐ ⓑ ⓒ ⓓ
4	ⓐ ⓑ ⓒ ⓓ	24	ⓐ ⓑ ⓒ ⓓ	44	ⓐ ⓑ ⓒ ⓓ	64	ⓐ ⓑ ⓒ ⓓ	84	ⓐ ⓑ ⓒ ⓓ
5	ⓐ ⓑ ⓒ ⓓ	25	ⓐ ⓑ ⓒ ⓓ	45	ⓐ ⓑ ⓒ ⓓ	65	ⓐ ⓑ ⓒ ⓓ	85	ⓐ ⓑ ⓒ ⓓ
6	ⓐ ⓑ ⓒ ⓓ	26	ⓐ ⓑ ⓒ ⓓ	46	ⓐ ⓑ ⓒ ⓓ	66	ⓐ ⓑ ⓒ ⓓ	86	ⓐ ⓑ ⓒ ⓓ
7	ⓐ ⓑ ⓒ ⓓ	27	ⓐ ⓑ ⓒ ⓓ	47	ⓐ ⓑ ⓒ ⓓ	67	ⓐ ⓑ ⓒ ⓓ	87	ⓐ ⓑ ⓒ ⓓ
8	ⓐ ⓑ ⓒ ⓓ	28	ⓐ ⓑ ⓒ ⓓ	48	ⓐ ⓑ ⓒ ⓓ	68	ⓐ ⓑ ⓒ ⓓ	88	ⓐ ⓑ ⓒ ⓓ
9	ⓐ ⓑ ⓒ ⓓ	29	ⓐ ⓑ ⓒ ⓓ	49	ⓐ ⓑ ⓒ ⓓ	69	ⓐ ⓑ ⓒ ⓓ	89	ⓐ ⓑ ⓒ ⓓ
10	ⓐ ⓑ ⓒ ⓓ	30	ⓐ ⓑ ⓒ ⓓ	50	ⓐ ⓑ ⓒ ⓓ	70	ⓐ ⓑ ⓒ ⓓ	90	ⓐ ⓑ ⓒ ⓓ
11	ⓐ ⓑ ⓒ ⓓ	31	ⓐ ⓑ ⓒ ⓓ	51	ⓐ ⓑ ⓒ ⓓ	71	ⓐ ⓑ ⓒ ⓓ		
12	ⓐ ⓑ ⓒ ⓓ	32	ⓐ ⓑ ⓒ ⓓ	52	ⓐ ⓑ ⓒ ⓓ	72	ⓐ ⓑ ⓒ ⓓ		
13	ⓐ ⓑ ⓒ ⓓ	33	ⓐ ⓑ ⓒ ⓓ	53	ⓐ ⓑ ⓒ ⓓ	73	ⓐ ⓑ ⓒ ⓓ		
14	ⓐ ⓑ ⓒ ⓓ	34	ⓐ ⓑ ⓒ ⓓ	54	ⓐ ⓑ ⓒ ⓓ	74	ⓐ ⓑ ⓒ ⓓ		
15	ⓐ ⓑ ⓒ ⓓ	35	ⓐ ⓑ ⓒ ⓓ	55	ⓐ ⓑ ⓒ ⓓ	75	ⓐ ⓑ ⓒ ⓓ		
16	ⓐ ⓑ ⓒ ⓓ	36	ⓐ ⓑ ⓒ ⓓ	56	ⓐ ⓑ ⓒ ⓓ	76	ⓐ ⓑ ⓒ ⓓ		
17	ⓐ ⓑ ⓒ ⓓ	37	ⓐ ⓑ ⓒ ⓓ	57	ⓐ ⓑ ⓒ ⓓ	77	ⓐ ⓑ ⓒ ⓓ		
18	ⓐ ⓑ ⓒ ⓓ	38	ⓐ ⓑ ⓒ ⓓ	58	ⓐ ⓑ ⓒ ⓓ	78	ⓐ ⓑ ⓒ ⓓ		
19	ⓐ ⓑ ⓒ ⓓ	39	ⓐ ⓑ ⓒ ⓓ	59	ⓐ ⓑ ⓒ ⓓ	79	ⓐ ⓑ ⓒ ⓓ		
20	ⓐ ⓑ ⓒ ⓓ	40	ⓐ ⓑ ⓒ ⓓ	60	ⓐ ⓑ ⓒ ⓓ	80	ⓐ ⓑ ⓒ ⓓ		

password

⓪	⓪	⓪	⓪
①	①	①	①
②	②	②	②
③	③	③	③
④	④	④	④
⑤	⑤	⑤	⑤
⑥	⑥	⑥	⑥
⑦	⑦	⑦	⑦
⑧	⑧	⑧	⑧
⑨	⑨	⑨	⑨

절취선

MEMO

MEMO

MEMO

해커스 지텔프 LEVEL 2 실전모의고사 청취 5회

해커스 어학연구소

지텔프 청취 한 번에

끝낼 수 있을까요?

만만치 않은 시험 응시료에,

다른 할 일도 산더미처럼 많고...

[해커스 지텔프 실전모의고사 청취 5회 (Level 2)]는 자신 있게 말합니다.

지텔프 청취, 한 번에 끝낼 수 있습니다.

실전에 최적화된 문제 유형별 핵심 전략으로,
최신 출제경향을 완벽 반영한 실전모의고사 5회분으로,
그리고 목표 달성을 돕는 무료 강의와 지텔프 기출 단어암기장으로,

[해커스 지텔프 실전모의고사 청취 5회 (Level 2)]와 함께한다면

단기간에 확실하게 목표 점수를 달성할 수 있습니다.

**"이미 수많은 사람들이 안전하게 지나간 길,
가장 확실한 길,
가장 빠른 길로 가면 돼요."**

**얼마 남지 않은 지텔프 시험,
해커스와 함께라면 한 번에 끝낼 수 있습니다!**

: 목차

최신 출제경향 완벽 반영! 실전완성 **문제집** [책 속의 책]

교재 문제풀이 음성 (MP3)
실제 시험처럼 음성을 듣고 문제를 풀어볼 수 있는 실전용 문제풀이 음성(MP3)을 문제집에 수록된 QR코드를 통해 바로 스트리밍하거나, 해커스인강(HackersIngang.com) 사이트에서 무료로 다운받아 이용하세요!

명쾌한 해설로 점수 상승! 약점보완 **해설집**

PDF

<지텔프 기출 단어암기장> PDF

각 회차별로 암기하면 도움이 되는 지텔프 필수 어휘를 수록한 <지텔프 기출 단어암기장> PDF를 해커스인강(HackersIngang.com) 사이트에서 무료로 다운받을 수 있습니다. 단어암기장을 통해 언제 어디서든 지텔프 필수 어휘를 암기하세요!

책의 구성과 특징

최신 출제경향을 완벽 반영한 5회분으로 실전 감각 극대화!

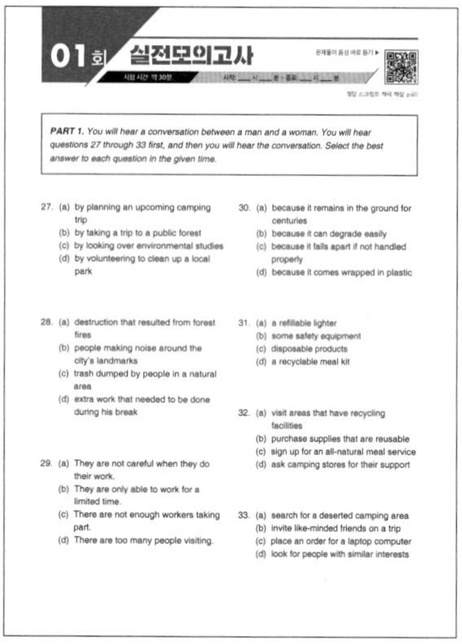

01회 실전모의고사

PART 1. You will hear a conversation between a man and a woman. You will hear questions 27 through 33 first, and then you will hear the conversation. Select the best answer to each question in the given time.

27. (a) by planning an upcoming camping trip
(b) by taking a trip to a public forest
(c) by looking over environmental studies
(d) by volunteering to clean up a local park

28. (a) destruction that resulted from forest fires
(b) people making noise around the city's landmarks
(c) trash dumped by people in a natural area
(d) extra work that needed to be done during his break

29. (a) They are not careful when they do their work.
(b) They are only able to work for a limited time.
(c) There are not enough workers taking part.
(d) There are too many people visiting.

30. (a) because it remains in the ground for centuries
(b) because it can degrade easily
(c) because it falls apart if not handled properly
(d) because it comes wrapped in plastic

31. (a) a refillable lighter
(b) some safety equipment
(c) disposable products
(d) a recyclable meal kit

32. (a) visit areas that have recycling facilities
(b) purchase supplies that are reusable
(c) sign up for an all-natural meal service
(d) ask camping stores for their support

33. (a) search for a deserted camping area
(b) invite like-minded friends on a trip
(c) place an order for a laptop computer
(d) look for people with similar interests

최신 출제경향 완벽 반영

실제 지텔프 시험과 가장 비슷한 난이도와 문제 유형으로 구성된 실전모의고사 5회분을 제공하였습니다.

자동 채점 및 성적 분석 서비스

타이머, 모바일 OMR, 자동 채점, 정답률 및 취약 유형 분석까지 제공하는 자동 채점 및 성적 분석 서비스를 통해 실전 감각을 키울 수 있습니다.

문제 유형별 핵심 문제 풀이 전략으로 빠른 실력 향상!

문제유형 1 주제/목적

■ 최신 출제 트렌드

지문의 주제	What is the talk (mainly) about? What is the talk all about? What is the speaker mainly talking about? What are Ross and Ashley discussing?
지문의 목적	What is the purpose of the talk?

■ 핵심 전략

지문의 초반을 주의 깊게 듣는다!

핵심 전략

지텔프 청취에서 출제되는 문제 유형별 핵심 전략을 제공하여 목표 점수 달성을 위해 필요한 부분만 빠르고 효과적으로 학습할 수 있게 하였습니다.

문제 풀이 전략

시간을 단축시켜주는 문제 풀이 전략을 예제와 함께 제공하여 효율적인 문제 접근 방식을 단계별로 한눈에 확인할 수 있게 하였습니다.

취약 유형 분석과 명쾌한 해설로 확실한 점수 상승!

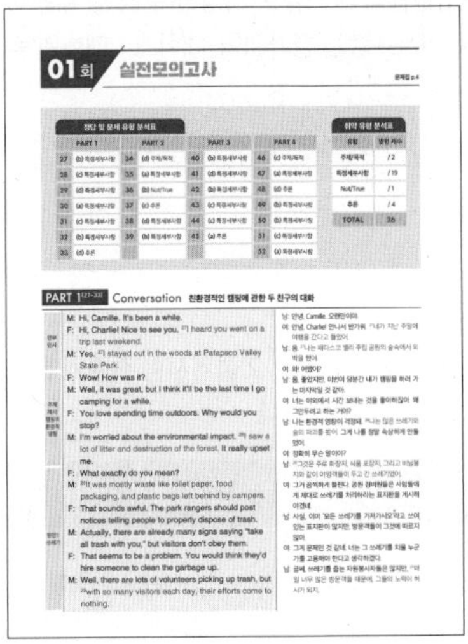

취약 유형 분석표

취약 유형 분석표를 통해 자신의 취약 유형을 스스로 확인할 수 있게 하였습니다.

지텔프 치트키

문제 풀이의 핵심이 되는 지텔프 치트키를 통해 문제를 쉽고 빠르게 푸는 전략을 제공하였습니다.

해설 & 오답분석

모든 문제에 대한 정확한 해석, 명쾌하고 상세한 해설과 필수 학습 어휘를 제공하였습니다. 해설과 오답분석을 통해 정답이 되는 이유와 오답이 되는 이유를 확실히 파악할 수 있습니다.

풍부한 추가 학습자료로 목표 점수 달성!

지텔프 기출 단어암기장

지텔프 시험에 등장하는 빈출 어휘만 모은 단어암기장을 무료로 다운받아 이용할 수 있습니다.

* 지텔프 기출 단어암기장은 해커스인강(HackersIngang.com) 사이트에서 무료로 제공됩니다.

무료 동영상 강의

해커스영어(Hackers.co.kr)에서 제공되는 지텔프 단기 고득점 비법 강의를 통해 학습 효과를 극대화하여 목표 점수를 달성할 수 있습니다.

지텔프 소개

지텔프 시험은?

지텔프(G-TELP)란 General Tests of English Language Proficiency의 약자로 국제테스트 연구원(ITSC, International Testing Services Center)에서 주관하는 국제적 공인영어시험이며, 한국에서는 1986년에 지텔프 코리아가 설립되어 지텔프 시험을 운영 및 주관하고 있습니다. 현재 공무원, 군무원 등 각종 국가고시 영어대체시험, 기업체의 신입사원 및 인사 · 승진 평가시험, 대학교 · 대학원 졸업자격 영어대체시험 등으로 널리 활용되고 있습니다.

지텔프 시험의 종류

지텔프는 Level 1부터 5까지 다섯 가지 Level의 시험으로 구분됩니다. 한국에서는 다섯 가지 Level 중 Level 2 정기시험 점수가 활용되고 있습니다. 그 외 Level은 현재 수시시험 접수만 가능하며, 공인 영어 성적으로 거의 활용되지 않습니다.

구분	출제 방식 및 시간	평가 기준	합격자의 영어 구사 능력	응시 자격
Level 1	청취 30문항(약 30분) 독해 및 어휘 60문항(70분) **총 90문항(약 100분)**	Native Speaker에 준하는 영어 능력: 상담, 토론 가능	외국인과 의사소통, 통역이 가능한 수준	Level 2 영역별 75점 이상 획득 시
Level 2	문법 26문항(20분) 청취 26문항(약 30분) 독해 및 어휘 28문항(40분) **총 80문항(약 90분)**	다양한 상황에서 대화 가능: 업무 상담 및 해외 연수 등 가능	일상 생활 및 업무 상담, 세미나, 해외 연수 등이 가능한 수준	제한 없음
Level 3	문법 22문항(20분) 청취 24문항(약 20분) 독해 및 어휘 24문항(40분) **총 70문항(약 80분)**	간단한 의사소통과 친숙한 상태에서의 단순 대화 가능	간단한 의사소통과 해외 여행, 단순 업무 출장이 가능한 수준	제한 없음
Level 4	문법 20문항(20분) 청취 20문항(약 15분) 독해 및 어휘 20문항(25분) **총 60문항(약 60분)**	기본적인 문장을 통해 최소한의 의사소통 가능	기본적인 어휘의 짧은 문장을 통한 최소한의 의사소통이 가능한 수준	제한 없음
Level 5	문법 16문항(15분) 청취 16문항(약 15분) 독해 및 어휘 18문항(25분) **총 50문항(약 55분)**	극히 초보적인 수준의 의사소통 가능	영어 초보자로 일상의 인사, 소개 등만 가능한 수준	제한 없음

지텔프 Level 2의 구성

영역	내용	문항 수	시간	배점
문법	시제, 가정법, 조동사, 준동사, 연결어, 관계사	26문항 (1~26번)	영역별 시험 시간 제한 규정 폐지됨	100점
청취	PART 1 개인적인 이야기나 경험담 PART 2 특정 주제에 대한 정보를 제공하는 공식적인 담화 PART 3 어떤 결정에 이르고자 하는 비공식적인 협상 등의 대화 PART 4 일반적인 어떤 일의 진행이나 과정에 대한 설명	7문항 (27~33번) 6문항 (34~39번) 6문항 (40~45번)* 7문항 (46~52번)*		100점
독해 및 어휘	PART 1 과거 역사 속의 인물이나 현시대 인물의 일대기 PART 2 최근의 사회적이고 기술적인 묘사에 초점을 맞춘 기사 PART 3 전문적인 것이 아닌 일반적인 내용의 백과사전 PART 4 어떤 것을 설명하거나 설득하는 상업 서신	7문항 (53~59번) 7문항 (60~66번) 7문항 (67~73번) 7문항 (74~80번)		100점
		80문항	약 90분	300점

* 간혹 청취 PART 3에서 7문항, PART 4에서 6문항이 출제되는 경우도 있습니다.

지텔프 시험 접수부터 성적 확인까지

■ 시험 접수 방법

- **접수 방법 :** 지텔프 홈페이지(www.g-telp.co.kr)에서 회원가입 후 접수할 수 있습니다.
  * 응시료는 정기접수 66,300원, 추가접수 71,100원입니다.
- **시험 일정 :** 매월 2~3회 일요일 오후 3시에 응시할 수 있습니다.
  * 정확한 날짜는 지텔프 홈페이지를 통해 확인할 수 있습니다.

■ 시험 당일 준비물

		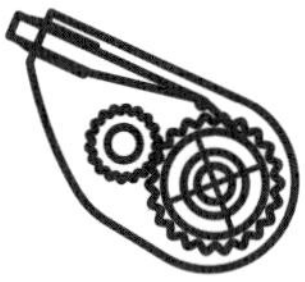	
신분증	컴퓨터용 사인펜	수정테이프	아날로그시계

- 신분증은 주민등록증, 운전면허증, 기간 만료 전의 여권, 장애인등록증, 군신분증(군인), 학생증 · 청소년증 · 재학증명서(중고생), 외국인등록증(외국인)이 인정됩니다.
- 컴퓨터용 사인펜으로 마킹해야 하며 연필은 사용할 수 없습니다. 연필이나 볼펜으로 먼저 마킹한 후 사인펜으로 마킹하면 OMR 판독에 오류가 날 수 있으니 주의합니다.
- 마킹 수정 시, 수정테이프를 사용해야 하며 수정액은 사용할 수 없습니다. 다른 수험자의 수정테이프를 빌려 사용할 수 없으며, 본인의 것만 사용이 가능합니다.
- 대부분의 고사장에 시계가 준비되어 있지만, 자리에서 시계가 잘 보이지 않을 수도 있으니 개인 아날로그시계를 준비하면 좋습니다.
- 수험표는 별도로 준비하지 않아도 됩니다.

■ 시험 당일 유의 사항

① 고사장 가기 전

- 시험 장소를 미리 확인해 두고, 규정된 입실 시간에 늦지 않도록 유의합니다. 오후 2시 20분까지 입실해야 하며, 오후 2시 50분 이후에는 입실이 불가합니다.

② 고사장에서

- 1층 입구에 붙어 있는 고사실 배치표를 확인하여 자신이 배정된 고사실을 확인합니다.
- 고사실에는 각 응시자의 이름이 적힌 좌석표가 자리마다 놓여 있으므로, 자신이 배정된 자리에 앉으면 됩니다.

③ 시험 보기 직전

- 시험 도중에는 화장실에 다녀올 수 없고, 만약 화장실에 가면 다시 입실할 수 없으므로 미리 다녀오는 것이 좋습니다.
- 시험 시작 전에 OMR 카드의 정보 기입란에 올바른 정보를 기입해 둡니다.

④ 시험 시

- 답안을 따로 마킹할 시간이 없으므로 풀면서 바로 마킹하는 것이 좋습니다.
- 영역별 시험 시간 제한 규정이 폐지되었으므로, 본인이 취약한 영역과 강한 영역에 적절히 시간을 배분하여 자유롭게 풀 수 있습니다. 단, 청취 시간에는 다른 응시자에게 방해가 되지 않도록 주의해야 합니다.
- 시험지에 낙서를 하거나 다른 응시자들이 알아볼 수 있도록 큰 표시를 하는 것은 부정행위로 간주되므로 주의해야 합니다. 수험자 본인만 인지할 수 있는 작은 표기만 인정됩니다.
- OMR 카드의 정답 마킹란은 90번까지 제공되지만, 지텔프 Level 2의 문제는 80번까지만 있으므로 81~90번까지의 마킹란은 공란으로 비워두면 됩니다.

〈OMR 카드와 좌석표 미리보기〉

OMR

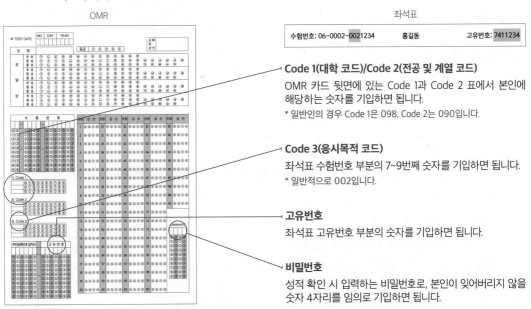

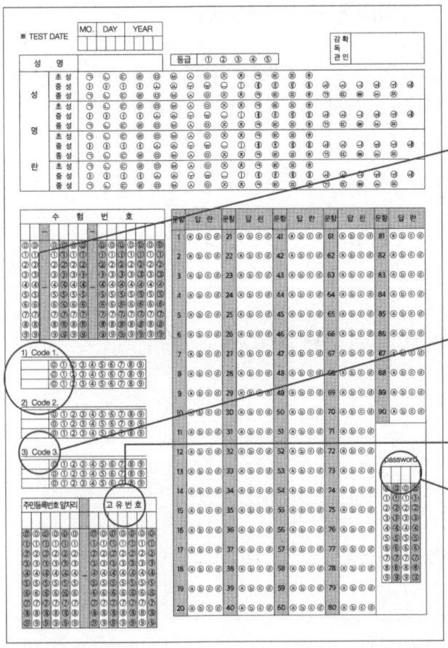

좌석표

수험번호: 06-0002-0021234	홍길동	고유번호: 7411234

Code 1(대학 코드)/Code 2(전공 및 계열 코드)

OMR 카드 뒷면에 있는 Code 1과 Code 2 표에서 본인에 해당하는 숫자를 기입하면 됩니다.

* 일반인의 경우 Code 1은 098, Code 2는 090입니다.

Code 3(응시목적 코드)

좌석표 수험번호 부분의 7~9번째 숫자를 기입하면 됩니다.

* 일반적으로 002입니다.

고유번호

좌석표 고유번호 부분의 숫자를 기입하면 됩니다.

비밀번호

성적 확인 시 입력하는 비밀번호로, 본인이 잊어버리지 않을 숫자 4자리를 임의로 기입하면 됩니다.

지텔프 시험 접수부터 성적 확인까지

■ 지텔프 성적 확인 방법

- **성적 발표일** : 시험 후 5일 이내에, 지텔프 홈페이지에서 확인이 가능합니다.
- **성적표 수령 방법** : 온라인으로 출력(1회 무료)하거나 우편으로 수령할 수 있으며, 수령 방법은 접수 시 선택 가능합니다.

〈성적표 미리보기〉

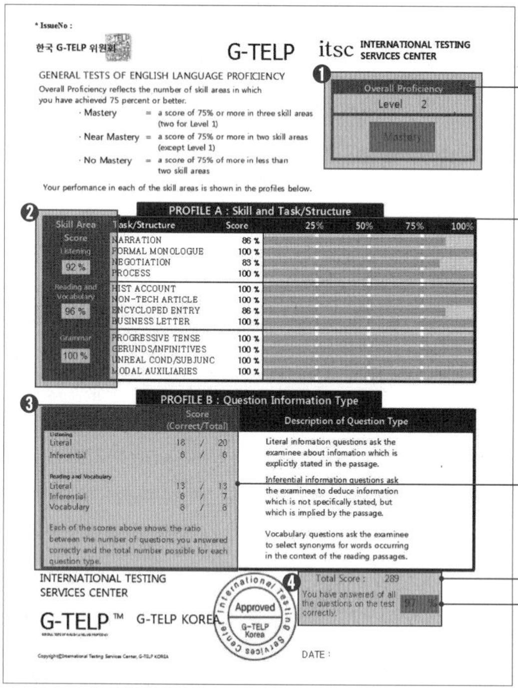

* IssueNo :

한국 G-TELP 위원회 G-TELP itsc INTERNATIONAL TESTING SERVICES CENTER

GENERAL TESTS OF ENGLISH LANGUAGE PROFICIENCY
Overall Proficiency reflects the number of skill areas in which you have achieved 75 percent or better.
· Mastery = a score of 75% or more in three skill areas (two for Level 1)
· Near Mastery = a score of 75% or more in two skill areas (except Level 1)
· No Mastery = a score of 75% of more in less than two skill areas

❶ Overall Proficiency: Level 2 / Mastery

Your perfomance in each of the skill areas is shown in the profiles below.

❷ PROFILE A : Skill and Task/Structure

Skill Area Score	Task/Structure	Score
Listening 92 %	NARRATION	86 %
	FORMAL MONOLOGUE	100 %
	NEGOTIATION	83 %
	PROCESS	100 %
Reading and Vocabulary 96 %	HIST ACCOUNT	100 %
	NON-TECH ARTICLE	100 %
	ENCYCLOPED ENTRY	86 %
	BUSINESS LETTER	100 %
Grammar 100 %	PROGRESSIVE TENSE	100 %
	GERUNDS/INFINITIVES	100 %
	UNREAL COND/SUBJUNC	100 %
	MODAL AUXILIARIES	100 %

❸ PROFILE B : Question Information Type

	Score (Correct/Total)
Listening Literal	18 / 20
Listening Inferential	6 / 6
Reading and Vocabulary Literal	13 / 13
Reading and Vocabulary Inferential	6 / 7
Reading and Vocabulary Vocabulary	8 / 8

Each of the scores above shows the ratio between the number of questions you answered correctly and the total number possible for each question type.

Description of Question Type

Literal infomation questions ask the examinee about infomation which is explicitly stated in the passage.

Inferential information questions ask the examinee to deduce information which is not specifically stated, but which is implied by the passage.

Vocabulary questions ask the examinee to select synonyms for words occurring in the context of the reading passages.

INTERNATIONAL TESTING SERVICES CENTER

G-TELP™ G-TELP KOREA

International Testing Services Center Approved G-TELP Korea

❹ Total Score : 289
You have answered of all the questions on the test correctly. 97 %

DATE :

Copyright©International Testing Services Center, G-TELP KOREA

* 출처: 지텔프 홈페이지(www.g-telp.co.kr)

① **Mastery 등급의 합격·불합격 여부를 알려주는 항목**
각 영역 모두 75퍼센트 이상 획득한 경우 Mastery 등급을 받을 수 있습니다.
* 참고: 국가 자격 시험에서 활용되는 지텔프 성적은 Mastery 등급의 합격 여부와는 관계가 없고, 해당 시험에서 정한 기준 점수만 획득하면 인정됩니다.

② **PROFILE A: Skill and Task/Structure (영역별 능숙도)**
영역별로 맞은 문제에 대한 백분율이 표시됩니다.

③ **PROFILE B: Question Information Type (영역 내 질문 유형별 능숙도)**
청취, 독해 및 어휘 두 영역에 관해서는 문제 유형별로 맞은 개수를 제공합니다. 문제 유형은 Literal(사실에 근거한 것), Inferential(추론 가능한 것), Vocabulary(유의어 파악)로 분류되어 있습니다.

④ **Total Score:**
세 개 영역의 총점이 표시되며, 총점 아래 백분율로 표시된 것이 세 영역의 평균 점수입니다.

※ 세 영역의 평균 점수(백분율)를 나타내며, 이 부분이 공인 성적으로 활용되고 있는 점수입니다.

지텔프 점수 계산법

점수는 아래의 공식으로 산출할 수 있습니다. 총점과 평균 점수의 경우, 소수점 이하 점수는 올림 처리합니다.

각 영역 점수 : 맞은 개수 × 3.75

평균 점수 : 각 영역 점수 합계 ÷ 3

예) 문법 12개, 청취 5개, 독해 및 어휘 10개 맞혔을 시,

문법 12 × 3.75 = 45점 **청취** 5 × 3.75 = 18.75점 **독해 및 어휘** 10 × 3.75 = 37.5점

→ **평균 점수** (45+ 18.75 +37.5) ÷ 3 = 34점

지텔프 Level 2 성적 활용처

국가 자격 시험	기준 점수
경찰공무원(경사, 경장, 순경)	43점
경찰간부 후보생	50점
소방공무원(소방장, 소방교, 소방사)	43점
소방간부 후보생	50점
군무원 9급	32점
군무원 7급	47점
호텔서비스사	39점
군무원 5급	65점
국가공무원 5급	65점
외교관후보자	88점
국가공무원 7급	65점
국가공무원 7급 외무영사직렬	77점
입법고시	65점
법원행정고시	65점
카투사	73점
기상직 7급	65점
국가정보원	공인어학성적 제출 필수
변리사	77점
세무사	65점
공인노무사	65점
관광통역안내사	74점
호텔경영사	79점
호텔관리사	66점
감정평가사	65점
공인회계사	65점
보험계리사	65점
손해사정사	65점

* 그 외 공공기관 및 기업체에서도 지텔프 성적을 활용하고 있으며 지텔프 홈페이지에서 모든 활용처를 확인할 수 있습니다.

실전형 맞춤 학습 플랜

5일 완성 플랜

01. 1일 차에는 최신 출제 트렌드 및 문제 유형별 핵심 전략을 학습하고, 실전모의고사 1회분을 풀어보며 학습한 전략을 적용해 봅니다.

02. 2일 차부터 5일 차까지는 매일 실전모의고사를 1회분씩 풀어보며 실전 감각을 익힙니다.

03. 매일 실전모의고사 풀이 후, <지텔프 기출 단어암기장>에 수록된 단어를 암기하면 학습 효과를 극대화할 수 있습니다.

1일	2일	3일	4일	5일
□ 최신 출제 트렌드 및 문제 유형별 핵심 전략 학습 □ **01**회 실전모의고사	□ **02**회 실전모의고사	□ **03**회 실전모의고사	□ **04**회 실전모의고사	□ **05**회 실전모의고사

10일 완성 플랜

01. 1일 차에는 최신 출제 트렌드 및 문제 유형별 핵심 전략을 학습하고, 실전모의고사 1회분을 풀어보며 학습한 전략을 적용해 봅니다.

02. 2일 차부터 10일 차까지는 이틀에 한 번 실전모의고사를 1회분씩 풀어본 후, 다음날 틀렸던 문제와 헷갈렸던 문제를 다시 한번 풀어보며 완벽하게 이해합니다.

03. 매일 실전모의고사 풀이 후, <지텔프 기출 단어암기장>에 수록된 단어를 암기하면 학습 효과를 극대화할 수 있습니다.

1일	2일	3일	4일	5일
□ 최신 출제 트렌드 및 문제 유형별 핵심 전략 학습 □ **01**회 실전모의고사	□ **01**회 실전모의고사 복습	□ **02**회 실전모의고사	□ **02**회 실전모의고사 복습	□ **03**회 실전모의고사

6일	7일	8일	9일	10일
□ **03**회 실전모의고사 복습	□ **04**회 실전모의고사	□ **04**회 실전모의고사 복습	□ **05**회 실전모의고사	□ **05**회 실전모의고사 복습

최신 출제 트렌드 및 문제 유형별 핵심 전략

문제 유형 1	주제/목적
문제 유형 2	특정세부사항
문제 유형 3	Not/True
문제 유형 4	추론

문제 유형별 출제 비율

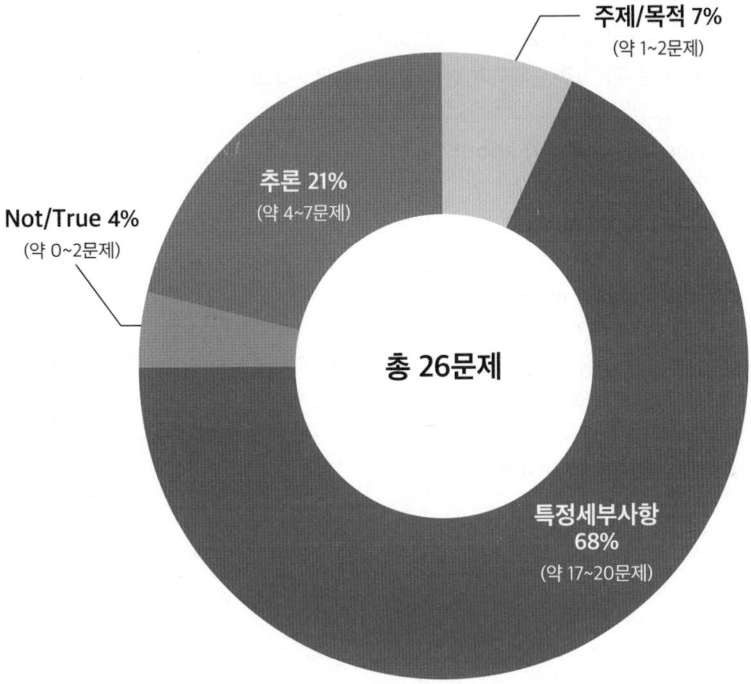

▲ 최신 5개년 평균 출제 비율

출제 1순위 **특정세부사항 문제 (68%)**
지문의 세부사항을 묻는 문제가 가장 많이 출제된다.

출제 2순위 **추론 문제 (21%)**
지문의 내용에서 추론할 수 있는 것을 묻는 문제가 많이 출제된다.

출제 3순위 **주제/목적 문제 (7%)**
지문의 주제/목적을 묻는 문제가 출제된다.

* Not/True 문제는 간혹 출제된다.

문제 유형 1 주제/목적

지문의 주제나 목적을 정확하게 파악하고 있는지를 확인하는 문제이다.

■ 최신 출제 트렌드

주로 PART 2나 PART 4의 첫 번째 문제로 자주 출제되며, 빈출 질문 유형은 아래와 같다.

지문의 주제	What is the talk **(mainly) about**? 담화는 (주로) 무엇에 관한 것인가? What is the talk **all about**? 담화는 무엇에 관한 것인가? What is the speaker **mainly talking about**? 화자는 주로 무엇에 관해 이야기하고 있는가? **What** are Ross and Ashley **discussing**? Ross와 Ashley는 무엇을 논의하고 있는가?
지문의 목적	What is the **purpose** of the talk? 담화의 목적은 무엇인가?

■ 핵심 전략

지문의 초반을 주의 깊게 듣는다!

주제/목적 문제는 지문의 초반에서 주로 정답의 단서를 찾을 수 있다. 특히 자기소개 뒤에 나오는 'I'd like to talk about ~'이나 'I am here to announce that ~'과 같은 표현의 주변 내용을 통해 주제나 목적을 파악할 수 있는 경우가 많다.

■ 문제 풀이 전략

STEP 1 질문을 듣고 주제/목적 문제임을 파악한다.

STEP 2 지문의 초반을 주의 깊게 듣고 정답의 단서를 찾는다.

STEP 3 지문의 정답 단서를 올바르게 paraphrasing한 보기를 정답으로 선택한다.

예제

Hello, everyone. Welcome to the Covent Gardening Art Fair. Today, I'd like to talk about a brand-new piece of equipment, the GreenTrimmer lawn mower. This eco-friendly lawn mower frees you from having to purchase gas. Leave the GreenTrimmer in the sun for 20 minutes, and its solar panels will collect enough energy to cut the average lawn.

What is the speaker **mainly talking about**?

(a) a fair schedule
(b) a new machine
(c) a special service
(d) a gardening technique

STEP 1
질문을 듣고 **주제 문제**임을 파악한다.

STEP 2
지문의 초반을 주의 깊게 듣고 정답의 단서를 찾는다.

STEP 3
지문의 brand-new ~ equipment를 new machine으로 **올바르게 paraphrasing한 보기 (b)**를 정답으로 선택한다.

해석
안녕하세요, 여러분. 코벤트 원예술 박람회에 오신 것을 환영합니다. 오늘, 저는 GreenTrimmer 잔디 깎기라는 새로 나온 장비에 관해 이야기하고자 합니다. 이 친환경 잔디 깎기는 여러분이 가스를 구입할 필요가 없게 해줍니다. GreenTrimmer를 20분 동안 햇볕에 놓아두면, 태양 전지판이 일반적인 잔디밭을 깎을 수 있는 충분한 에너지를 모을 것입니다.

화자는 주로 무엇에 관해 이야기하고 있는가?

(a) 박람회 일정
(b) 새로운 기계
(c) 특별한 서비스
(d) 원예 기법

문제 유형 2 특정세부사항

지문의 세부 내용을 정확하게 파악하고 있는지를 확인하는 문제이다.

■ 최신 출제 트렌드

최빈출 문제 유형이며, 각 의문사별 질문 유형은 아래와 같다.

What	**What** is an advantage of planning a daily schedule? 하루 일정을 계획하는 것의 장점은 무엇인가?
Why	**Why** did Brandon's parents sign him up for a music class? Brandon의 부모는 왜 그를 음악 수업에 등록시켰는가?
How	**How** can one learn a language more efficiently on the company's application? 어떻게 이 회사의 애플리케이션으로 언어를 더 효율적으로 배울 수 있는가?
When	**When** was Jeff able to renovate his home office? Jeff는 언제 자신의 재택근무 공간을 개조할 수 있었는가?
Where	**Where** can fans buy refreshments at Century Stadium? 팬들은 Century 경기장의 어디에서 다과를 구입할 수 있는가?
Who	**Who** are the target participants of the telephone survey? 전화 설문 조사의 대상자들은 누구인가?

■ 핵심 전략

질문의 키워드가 언급되는 부분을 주의 깊게 듣는다!

특정세부사항 문제는 질문을 듣고 키워드를 파악하여 메모한 후, 지문에서 질문의 키워드가 언급되는 부분이 나오면 주의 깊게 듣는 것이 핵심이다. 세부적인 내용을 묻기 때문에 키워드의 주변 내용을 주의 깊게 들으면 쉽게 정답을 찾을 수 있다. 정답은 일반적으로 지문의 내용이 그대로 언급되어 있거나 paraphrasing된 형태이다.

■ 문제 풀이 전략

STEP 1 질문을 듣고 키워드를 파악하여 메모한다.

STEP 2 질문의 키워드가 언급된 주변을 주의 깊게 듣고 정답의 단서를 찾는다.

STEP 3 지문에서 언급된 정답 단서를 올바르게 paraphrasing한 보기를 정답으로 선택한다.

예제

F: Lance, I'm worried about our son. He doesn't seem to be making friends at his new school.
M: I know, Karen. I've noticed that too.
F: I was thinking of inviting his classmates over for a pool party so he can get to know them.
M: That's a great idea. They would all have fun, and he'd have the chance to interact with them in a comfortable environment.

What was Karen considering doing for her son?

(a) transferring him to a new school
(b) installing a pool in the backyard
(c) getting to know his friends better
(d) holding a party for his classmates

STEP 1
질문을 듣고 **키워드 considering**을 파악하여 메모한다.

STEP 2
질문의 키워드 considering이 thinking으로 paraphrasing되어 **언급된 주변**을 주의 깊게 듣는다.

STEP 3
지문에서 언급된 inviting ~ over for a ~ party를 holding a party로 **올바르게 paraphrasing한 보기 (d)**를 정답으로 선택한다.

해석
여: Lance, 난 우리 아들이 걱정돼. 그는 새 학교에서 친구들을 사귀고 있지 않은 것 같아.
남: 알아, Karen. 나도 그걸 인지하고 있었어.
여: 그가 반 친구들을 알아갈 수 있도록 그들을 수영장 파티에 초대할까 생각 중이었어.
남: 좋은 생각이야. 아이들은 모두 즐거운 시간을 보낼 거고, 그는 편안한 환경에서 그들과 어울릴 기회를 가질 거야.

Karen은 아들을 위해 무엇을 하는 것을 고려하고 있었는가?

(a) 그를 새 학교로 전학시키는 것
(b) 뒷마당에 수영장을 설치하는 것
(c) 그의 친구들을 잘 알아가는 것
(d) 그의 반 친구들을 위한 파티를 여는 것

문제 유형 3 Not/True

지문의 내용을 바탕으로 보기 중 틀린 것 또는 옳은 것을 골라낼 수 있는지를 확인하는 문제이다.

■ 최신 출제 트렌드

보통 1~2문제가 출제되지만, 출제되지 않는 경우도 있으며 빈출 질문 유형은 아래와 같다.

Not 문제	Which of the following is **not** a benefit of a wireless connection? 다음 중 무선 연결의 장점이 아닌 것은 무엇인가? Which is **not mentioned** as a concern when choosing an activity for team building? 팀 빌딩을 위한 활동을 선택할 때의 우려로 언급되지 않은 것은 무엇인가? Which is **not** a factor that makes children become picky eaters? 아이들의 식성을 까다롭게 만드는 요인이 아닌 것은 무엇인가? Which statement is **not true** about participatory marketing? 참여 마케팅에 대해 사실이 아닌 진술은 무엇인가?
True 문제	What is **true** about the new eco-friendly food containers? 새로 나온 친환경 음식 용기에 관해 사실인 것은 무엇인가? What is **mentioned** as an essential element of taking memorable photographs? 기억에 남는 사진 찍기의 필수적인 요소로 언급된 것은 무엇인가?

■ 핵심 전략

각 보기의 키워드와 지문의 내용을 하나씩 대조하며 듣는다!

Not/True 문제는 각 보기의 키워드와 지문의 내용을 하나씩 대조하여 정답을 선택해야 한다. 질문에서 묻는 것이 무엇인지를 확인한 뒤, 해당 내용이 언급되는 주변에서 각 보기의 키워드와 관련된 내용을 주의 깊게 들어야 한다. Not 문제는 지문의 내용과 일치하지 않거나 아예 지문에 언급되지 않은 것이 정답이며, True 문제는 지문의 내용이 그대로 언급되거나 paraphrasing 되어 언급된 것이 정답이다.

■ 문제 풀이 전략

STEP 1 질문을 듣고 Not/True 문제임을 파악한다.

STEP 2 보기의 키워드를 찾아 지문의 내용과 대조하며 듣는다.

STEP 3 지문의 내용과 일치하거나 일치하지 않는 보기를 정답으로 선택한다.

예제

The best tip for choosing the right sofa for you is simple: try it out. Take the time to visit the furniture store and experience it for yourself. You should sit on it to make sure it has the right firmness and comfort for your needs. You may also want to try lying down on it. And, if it's a sleeper model, unfold the concealed bed and test that too.

Which advice about buying a new sofa was **not mentioned**?

(a) taking the time to sit on it
(b) lying down on it comfortably
(c) unfolding its hidden bed
(d) jumping up and down on it

STEP 1
질문을 듣고 **Not 문제**임을 파악한다.

STEP 2
보기의 키워드를 찾아 **지문의 내용과 대조**하며 듣는다.

STEP 3
지문에 **언급되지 않은 보기 (d)**를 정답으로 선택한다.

해석

당신에게 알맞은 소파를 고르는 가장 좋은 방법은 간단합니다. 그것을 사용해 보세요. 시간을 들여 가구점에 방문하여 직접 체험해 보세요. 당신은 그것이 당신의 요구에 맞는 적당한 단단함과 편안함을 가지고 있는지를 확실히 하기 위해 그 위에 앉아 봐야 합니다. 당신은 또한 그 위에 누워 보고 싶을지도 모릅니다. 그리고 그것이 침대형 모델이라면, 숨겨진 침대를 펴서 그것도 테스트해 보세요.

새 소파를 사는 것에 관한 조언으로 언급되지 않은 것은 무엇인가?

(a) 그 위에 앉아 보는 시간을 갖는 것
(b) 그 위에 편하게 누워 보는 것
(c) 숨겨진 침대를 펴 보는 것
(d) 그 위에서 위아래로 뛰는 것

문제 유형 4 추론

지문의 내용을 근거로 명시적으로 언급되지 않은 사실을 추론할 수 있는지를 확인하는 문제이다.

■ 최신 출제 트렌드

주로 PART 1이나 PART 3의 마지막 문제로 화자가 다음에 할 일을 추론하는 문제가 자주 출제되고, 그 외에 일반적인 특정 사실에 관한 추론 문제가 출제되기도 한다. 보통 질문에 probably, most likely가 포함되며, 빈출 질문 유형은 아래와 같다.

What will Mary **probably** do tomorrow?
Mary는 내일 무엇을 할 것 같은가?

What has Mark **probably** decided to do after the conversation?
Mark는 대화 이후에 무엇을 하기로 결정한 것 같은가?

Why **most likely** will Michael be more attentive to that guest?
왜 Michael이 그 손님에게 더 신경 쓸 것 같은가?

■ 핵심 전략

지문의 내용을 토대로 가장 적절히 추론한 보기를 찾는다!

추론 문제는 지문에 직접적인 정답의 단서가 없으므로 까다로운 문제로 여겨질 수 있다. 하지만 빈출되는 다음에 할 일을 추론하는 문제의 경우에는, 지문의 후반에서 정답의 단서를 찾을 수 있는 경우가 대부분이므로 후반을 주의 깊게 들으면 어렵지 않게 정답을 찾을 수 있다. 단, 지문에서 언급되지 않은 일반 상식을 통해 추론할 수 있는 내용을 정답으로 선택하지 않도록 주의해야 한다.

■ 문제 풀이 전략

STEP 1 질문을 듣고 추론 문제임을 확인한 후, 질문의 키워드를 파악한다.

STEP 2 지문의 후반(다음에 할 일 추론)이나 질문의 키워드가 언급된 주변(특정 사실 추론)을 주의 깊게 듣고 정답의 단서를 찾는다.

STEP 3 정답의 단서를 토대로 올바르게 추론한 보기를 정답으로 선택한다.

예제

M: I finally finished setting up for tonight's banquet.

F: You did a great job, Carter. Everything looks really perfect. It will be a long night. Are you ready for it?

M: Almost. I'm going to take a quick nap and then practice my acceptance speech once more. After that, I should be good to go.

What will Carter **probably** do after the conversation?

(a) set up for a party
(b) rest for a short period
(c) present an important award
(d) serve food at a banquet

STEP 1
질문을 듣고 다음에 할 일에 관한 **추론 문제**임을 파악한다.

STEP 2
다음에 할 일을 언급하는 **지문의 후반**을 주의 깊게 듣고 정답의 단서를 찾는다.

STEP 3
정답의 단서를 토대로 Carter가 대화 이후에 잠깐 쉴 것이라고 **올바르게 추론한 보기 (b)**를 정답으로 선택한다.

해석

남: 난 드디어 오늘 밤 연회를 위한 준비를 마쳤어.
여: 고생 많았어, Carter. 모든 것이 정말 완벽해 보여. 긴 밤이 될 거야. 준비 됐니?
남: 거의. 잠깐 낮잠을 자고 나서 수상 소감을 한 번 더 연습해야겠어. 그러고 나면, 난 모든 준비가 될 거야.

Carter는 대화 이후에 무엇을 할 것 같은가?

(a) 파티 준비를 한다
(b) 잠깐 쉰다
(c) 중요한 상을 준다
(d) 연회에 음식을 내놓는다

해커스 지텔프 실전모의고사
청취 5회 (Level 2)

약점보완

해설집

01회 실전모의고사

문제집 p.4

정답 및 문제 유형 분석표							
PART 1		PART 2		PART 3		PART 4	
27	(b) 특정세부사항	34	(d) 주제/목적	40	(b) 특정세부사항	46	(c) 주제/목적
28	(c) 특정세부사항	35	(a) 특정세부사항	41	(d) 특정세부사항	47	(a) 특정세부사항
29	(d) 특정세부사항	36	(b) Not/True	42	(b) 특정세부사항	48	(d) 추론
30	(a) 특정세부사항	37	(c) 추론	43	(c) 특정세부사항	49	(b) 특정세부사항
31	(c) 특정세부사항	38	(d) 특정세부사항	44	(c) 특정세부사항	50	(b) 특정세부사항
32	(b) 특정세부사항	39	(b) 특정세부사항	45	(a) 추론	51	(c) 특정세부사항
33	(d) 추론					52	(a) 특정세부사항

취약 유형 분석표	
유형	맞힌 개수
주제/목적	/2
특정세부사항	/19
Not/True	/1
추론	/4
TOTAL	26

PART 1 (27~33) Conversation 친환경적인 캠핑에 관한 두 친구의 대화

안부 인사

M: Hi, Camille. It's been a while.

F: Hi, Charlie! Nice to see you. [27]I heard you went on a trip last weekend.

M: Yes. [27]I stayed out in the woods at Patapsco Valley State Park.

주제 제시: 캠핑의 환경적 영향

F: Wow! How was it?

M: Well, it was great, but I think it'll be the last time I go camping for a while.

F: You love spending time outdoors. Why would you stop?

M: I'm worried about the environmental impact. [28]I saw a lot of litter and destruction of the forest. It really upset me.

원인1: 쓰레기

F: What exactly do you mean?

M: [28]It was mostly waste like toilet paper, food packaging, and plastic bags left behind by campers.

F: That sounds awful. The park rangers should post notices telling people to properly dispose of trash.

M: Actually, there are already many signs saying "take all trash with you," but visitors don't obey them.

F: That seems to be a problem. You would think they'd hire someone to clean the garbage up.

M: Well, there are lots of volunteers picking up trash, but [29]with so many visitors each day, their efforts come to nothing.

남: 안녕, Camille. 오랜만이야.

여: 안녕, Charlie! 만나서 반가워. [27]네가 지난 주말에 여행을 갔다고 들었어.

남: 응. [27]나는 패타스코 밸리 주립 공원의 숲속에서 외박을 했어.

여: 와! 어땠어?

남: 음, 좋았지만, 이번이 당분간 내가 캠핑을 하러 가는 마지막일 것 같아.

여: 너는 야외에서 시간 보내는 것을 좋아하잖아. 왜 그만두려고 하는 거야?

남: 나는 환경적 영향이 걱정돼. [28]나는 많은 쓰레기와 숲의 파괴를 봤어. 그게 나를 정말 속상하게 만들었어.

여: 정확히 무슨 말이야?

남: [28]그것은 주로 화장지, 식품 포장지, 그리고 비닐봉지와 같이 야영객들이 두고 간 쓰레기였어.

여: 그거 끔찍하게 들린다. 공원 경비원들은 사람들에게 제대로 쓰레기를 처리하라는 표지판을 게시해야겠네.

남: 사실, 이미 '모든 쓰레기를 가져가시오'라고 쓰여 있는 표지판이 많지만, 방문객들이 그것에 따르지 않아.

여: 그게 문제인 것 같네. 너는 그 쓰레기를 치울 누군가를 고용해야 한다고 생각하겠다.

남: 글쎄, 쓰레기를 줍는 자원봉사자들은 많지만, [29]매일 너무 많은 방문객들 때문에, 그들의 노력이 허사가 되지.

F: Oh, I see. But I'm sure you follow the rules though. You're not the type to litter or leave behind a mess.

M: I try to be as respectful of the natural world as I can, but the equipment I use and some of the things I do can be harmful anyway. So, I want to take a break and find a more eco-friendly way to do camp.

원인2: 썩지 않는 캠핑 장비

F: I don't understand. [30]How can your equipment be damaging if you take it with you?

M: It isn't initially. However, a lot of camping equipment is made of plastic that isn't biodegradable, like my tent. So, if I have to replace it and throw it out, [30]it will stay in a landfill for hundreds of years.

F: Oh! I'd never thought about that. Nearly all of the things designed for camping are also disposable too. That must surely result in a lot more waste.

M: Exactly! [31]I always used to bring paper plates and plastic utensils with me because they are lighter and can be tossed out when I'm finished with them. Even though I made sure to always properly dispose of them, I now realize that it didn't really matter. They still ended up in the dump.

해결책: 친환경 캠핑 장비 구매

F: [32]Do you think you can find a solution that will allow you to continue camping without causing these problems?

M: I believe I can. I've already found some camping supply stores that sell products designed to have as little environmental impact as possible. [32]I also plan to get a reusable meal kit and a sleeping bag composed of all-natural fibers.

남자가 다음에 할 일

F: That would be a great start. [33]I bet you could find like-minded people on social media to talk to about your ideas.

M: You're probably right. [33]I think I'll search for an eco-friendly camping group when I get home.

F: I hope it'll get you camping again soon.

M: Me too!

여: 오, 그렇구나. 하지만 그래도 너는 규칙을 지킨다고 확신해. 너는 쓰레기를 버리거나 엉망인 상태로 두고 가는 유형이 아니잖아.

남: 가능한 한 자연 세계를 존중하려고 노력하지만, 내가 사용하는 장비와 내가 하는 일부 행동들이 어쨌든 해로울 수 있어. 그래서, 나는 잠깐 쉬면서 캠핑을 하는 더 친환경적인 방법을 찾고 싶어.

여: 난 이해가 안 돼. [30]네가 너의 장비를 가져간다면 어떻게 해로울 수 있지?

남: 처음에는 그렇지 않아. 하지만, 내 텐트처럼, 많은 캠핑 장비들은 썩지 않는 플라스틱으로 만들어져 있어. 그래서, 만약 내가 이걸 교체해야 해서 버려야 한다면, [30]이것은 수백 년 동안 쓰레기 매립지에 그대로 남아 있을 거야.

여: 오! 그것에 대해선 생각해 본 적이 없었어. 캠핑을 위해 디자인된 거의 모든 것들이 일회용이기도 하잖아. 그건 분명히 훨씬 더 많은 쓰레기를 초래할 거야.

남: 그렇지! 더 가볍고 다 쓰고 나면 내던질 수 있어서 [31]나는 항상 종이 접시와 플라스틱 도구들을 가지고 다니곤 했어. 내가 항상 그것들을 올바르게 버리는 걸 확실히 하려고 하기는 했지만, 이제 나는 그게 사실상 중요하지 않았다는 걸 깨달았어. 그것들은 여전히 결국 쓰레기 더미 속에 있게 되었지.

여: 이러한 문제들을 일으키지 않고 계속 캠핑을 하게 해 줄 [32]해결책을 찾을 수 있을 거라고 생각해?

남: 그럴 수 있을 거라 믿어. 난 이미 가능한 한 적은 환경적 영향을 미치도록 디자인된 제품들을 판매하는 몇몇 캠핑용품점들을 찾았어. [32]재사용 가능한 식자재 세트와 전부 천연 섬유로 이루어진 침낭 또한 살 계획이야.

여: 그거 좋은 시작이 되겠다. 너의 생각에 관해 이야기할 [33]뜻이 맞는 사람들을 소셜 미디어에서 찾을 수 있을 거라고 나는 장담해.

남: 아마 네 말이 맞을 거야. [33]내가 집에 가면 친환경적인 캠핑 단체를 찾아볼 생각이야.

여: 그게 네가 곧 다시 캠핑하러 가게 해주길 바랄게.

남: 나도!

어휘 | **stay out** 외박을 하다 **outdoors** [àutdɔ́:rz] 야외에서, 야외로 **environmental** [invàirənméntl] 환경적인 **impact** [ímpækt] 영향 **litter** [lítər] 쓰레기; 쓰레기를 버리다 **destruction** [distrʌ́kʃən] 파괴 **leave behind** 두고 가다 **awful** [ɔ́:fəl] 끔찍한 **park ranger** 공원 경비원 **properly** [prɑ́:pərli] 제대로, 올바르게 **dispose of** ~을 처리하다, 없애다 **obey** [əbéi] 따르다, 지키다 **volunteer** [vɑ̀:ləntír] 자원봉사자 **come to nothing** 허사가 되다 **mess** [mes] 엉망인 상태, 난장판 **respectful** [rispéktfəl] 존중하는 **equipment** [ikwípmənt] 장비, 용품 **harmful** [hɑ́:rmfəl] 해로운, 유해한 **damaging** [dǽmidʒiŋ] 해로운 **biodegradable** [bàioudigréidəbəl] 썩는, 자연분해성의 **replace** [ripléis] 교체하다 **throw out** 버리다 **landfill** [lǽndfil] 쓰레기 매립지 **disposable** [dispóuzəbəl] 일회용의 **utensil** [ju:ténsəl] (가정용) 도구 **toss out** (아무렇게나) 내던지다 **end up** 결국 ~하게 되다 **dump** [dʌmp] 쓰레기 더미; (쓰레기를) 버리다 **supply** [səplái] 용품 **reusable** [rì:jú:zəbəl] 재사용 가능한 **fiber** [fáibər] 섬유

27 특정세부사항 How

난이도 ●○○

How did Charlie spend his weekend?

(a) by planning an upcoming camping trip
(b) by taking a trip to a public forest
(c) by looking over environmental studies
(d) by volunteering to clean up a local park

Charlie는 그의 주말을 어떻게 보냈는가?

(a) 다가오는 캠핑 여행을 계획하면서
(b) 공유림으로 여행을 가면서
(c) 환경학을 살펴보면서
(d) 지역 공원을 청소하기 위한 자원봉사를 하면서

지텔프 치트키

질문의 키워드 weekend가 그대로 언급된 주변을 주의 깊게 듣는다.

해설 | 여자가 'I heard you went on a trip last weekend.'라며 남자에게 지난 주말에 여행을 갔다고 들었다고 하자, 남자가 'I stayed out in the woods at ~ State Park.'라며 주립 공원의 숲속에서 외박을 했다고 했다. 따라서 (b)가 정답이다.

Paraphrasing
went on a trip 여행을 갔다 → taking a trip 여행을 가는
the woods at ~ State Park 주립 공원의 숲속 → a public forest 공유림

어휘 | upcoming[ʌ́pkʌmiŋ] 다가오는 public forest 공유림 look over ~을 살펴보다

28 특정세부사항 What

난이도 ●●○

What did Charlie see that made him upset?

(a) destruction that resulted from forest fires
(b) people making noise around the city's landmarks
(c) trash dumped by people in a natural area
(d) extra work that needed to be done during his break

Charlie는 그를 속상하게 만드는 무엇을 보았는가?

(a) 산불에 기인한 파괴
(b) 도시의 명소 근처에서 떠드는 사람들
(c) 자연 지역에 사람들에 의해 버려진 쓰레기
(d) 휴식 시간 동안 완수되어야 했던 여분의 일

지텔프 치트키

질문의 키워드 upset이 그대로 언급된 주변을 주의 깊게 듣는다.

해설 | 남자가 'I saw a lot of litter and destruction of the forest.'라며 많은 쓰레기와 숲의 파괴를 봤다고 한 뒤, 'It was mostly waste ~ left behind by campers.'라며 그것은 주로 야영객들이 두고 간 쓰레기였다고 했다. 따라서 (c)가 정답이다.

Paraphrasing
litter 쓰레기 → trash 쓰레기
left behind by campers 야영객들이 두고 간 → dumped by people 사람들에 의해 버려진

어휘 | result from ~에 기인하다 make noise 떠들다 landmark[lǽndmɑːrk] 명소, 주요 지형지물

29 특정세부사항 Why

난이도 ●●○

Why does Charlie think that the volunteer workers are not effective?

(a) They are not careful when they do their work.

Charlie는 왜 자원봉사자들이 효과적이지 않다고 생각하는가?

(a) 그들이 일할 때 꼼꼼하지 않다.

(b) They are only able to work for a limited time.
(c) There are not enough workers taking part.
(d) There are too many people visiting.

(b) 한정된 시간 동안만 일할 수 있다.
(c) 참여하는 작업자들이 충분하지 않다.
(d) 방문하는 사람들이 너무 많다.

지텔프 치트키

질문의 키워드 volunteer workers가 volunteers로 paraphrasing되어 언급된 주변을 주의 깊게 듣는다.

해설 | 남자가 'with so many visitors each day, their efforts come to nothing'이라며 매일 너무 많은 방문객들 때문에 자원봉사자들의 노력이 허사가 된다고 했다. 따라서 (d)가 정답이다.

Paraphrasing

not effective 효과적이지 않은 → come to nothing 허사가 되다
so many visitors 너무 많은 방문객들 → too many people visiting 방문하는 너무 많은 사람들

어휘 | take part 참여하다

30 특정세부사항 Why

난이도 ●●●

According to Charlie, why can outdoor equipment be harmful?

(a) because it remains in the ground for centuries
(b) because it can degrade easily
(c) because it falls apart if not handled properly
(d) because it comes wrapped in plastic

Charlie에 따르면, 왜 야외 장비들이 유해할 수 있는가?

(a) 수 세기 동안 땅에 남아 있기 때문에
(b) 쉽게 분해될 수 있기 때문에
(c) 제대로 다루어지지 않으면 부서지기 때문에
(d) 플라스틱으로 포장되어 나오기 때문에

지텔프 치트키

질문의 키워드 harmful이 damaging으로 paraphrasing되어 언급된 주변을 주의 깊게 듣는다.

해설 | 여자가 'How can your equipment be damaging ~?'이라며 캠핑 장비가 어떻게 해로울 수 있는지를 묻자, 남자가 'it will stay in a landfill for hundreds of years'라며 캠핑 장비가 수백 년 동안 쓰레기 매립지에 그대로 남아 있을 것이라고 했다. 따라서 (a)가 정답이다.

Paraphrasing

stay in a landfill 쓰레기 매립지에 그대로 남아 있다 → remains in the ground 땅에 남아 있다
for hundreds of years 수백 년 동안 → for centuries 수 세기 동안

오답분석

(d) 남자가 캠핑 장비들이 플라스틱으로 만들어져 있다고는 언급했지만, 플라스틱으로 포장되어 나온다고 한 것은 아니므로 오답이다.

어휘 | degrade [digréid] (화학적으로) 분해되다 fall apart (산산이) 부서지다 handle [hǽndl] 다루다

31 특정세부사항 What

난이도 ●●○

In the past, what did Charlie bring with him when camping?

(a) a refillable lighter
(b) some safety equipment

과거에, Charlie는 캠핑할 때 무엇을 가지고 다녔는가?

(a) 충전 가능한 라이터
(b) 몇몇 안전 장비

(c) disposable products
(d) a recyclable meal kit

(c) 일회용품들
(d) 재활용 가능한 식자재 세트

지텔프 치트키

질문의 키워드 bring이 그대로 언급된 주변을 주의 깊게 듣는다.

해설 | 남자가 'I always used to bring paper plates and plastic utensils with me'라며 캠핑에 항상 종이 접시와 플라스틱 도구들을 가지고 다니고는 했다고 했다. 따라서 (c)가 정답이다.

Paraphrasing
paper plates and plastic utensils 종이 접시와 플라스틱 도구들 → disposable products 일회용품들

어휘 | refillable [rì:fíləbəl] 충전 가능한

32 특정세부사항 What

난이도 ●●○

What does Charlie intend to do to deal with the environmental issue?

(a) visit areas that have recycling facilities
(b) purchase supplies that are reusable
(c) sign up for an all-natural meal service
(d) ask camping stores for their support

Charlie는 환경 문제를 다루기 위해 무엇을 하려고 생각하는가?

(a) 재활용 시설이 있는 지역을 방문한다
(b) 재사용 가능한 물품들을 구매한다
(c) 유기농 식사 서비스를 신청한다
(d) 캠핑 상점들에 후원을 요청한다

지텔프 치트키

질문의 키워드 deal with ~ issue가 find a solution으로 paraphrasing되어 언급된 주변을 주의 깊게 듣는다.

해설 | 여자가 'Do you think you can find a solution ~?'이라며 해결책을 찾을 수 있을 것이라고 생각하는지를 묻자, 남자가 그렇다고 한 뒤 'I ~ plan to get a reusable meal kit and a sleeping bag composed of all-natural fibers.'라며 재사용 가능한 식자재 세트와 전부 천연 섬유로 이루어진 침낭을 살 계획이라고 했다. 따라서 (b)가 정답이다.

Paraphrasing
get a reusable meal kit 재사용 가능한 식자재 세트를 사다 → purchase supplies that are reusable 재사용 가능한 물품들을 구매하다

어휘 | recycling facility 재활용 시설 sign up for ~을 신청하다

33 추론 다음에 할 일

난이도 ●●○

What most likely will Charlie do after the conversation?

(a) search for a deserted camping area
(b) invite like-minded friends on a trip
(c) place an order for a laptop computer
(d) look for people with similar interests

Charlie가 대화 이후에 할 일은 무엇일 것 같은가?

(a) 사람이 없는 캠핑 지역을 탐색한다
(b) 뜻이 맞는 친구들을 여행에 초대한다
(c) 노트북 컴퓨터를 주문한다
(d) 비슷한 관심사를 가진 사람들을 찾는다

지텔프 치트키

다음에 할 일을 언급하는 후반을 주의 깊게 듣는다.

해설 | 여자가 'I bet you could find like-minded people on social media'라며 뜻이 맞는 사람들을 소셜 미디어에서 찾을 수 있을 것이라고 장담한다고 하자, 남자가 'I think I'll search for an eco-friendly camping group when I get home.'이라며 집에 가면 친환경적인 캠핑 단체를 찾아볼 생각이라고 한 것을 통해, Charlie는 대화 이후에 비슷한 관심사를 가진 사람들을 찾을 것임을 추론할 수 있다. 따라서 (d)가 정답이다.

Paraphrasing

like-minded people 뜻이 맞는 사람들 → people with similar interests 비슷한 관심사를 가진 사람들

어휘 | deserted[dizə́ːrtid] 사람이 없는 place an order 주문하다

PART 2[34~39] Presentation 새로운 온라인 도서 구매 서비스 홍보

주제 제시: 서비스 출시

Hello, everyone! I'm the head of development for the Reading Depot, and today [34]I've come to tell you about something that will soon seize readers' attention nationwide. [34]It's the new Book Nook service that is being added to our website. Before I do that, I want to tell you a bit more about our company.

안녕하세요, 여러분! 저는 Reading Depot의 개발 부장이고, 오늘 저는 곧 전국 독자분들의 주의를 사로잡을 [34]무언가에 대해 말씀드리러 왔습니다. 그건 우리 웹사이트에 추가될 새로운 Book Nook 서비스입니다. 그렇게 하기 전에, 우리 회사에 대해 조금 더 알려 드리고 싶습니다.

회사 소개

[35]Reading Depot was founded in 1995 so that book lovers could buy books from the comfort of their own homes. By utilizing the then-emerging Internet, Reading Depot's founder was able to create an online bookstore with millions of titles from around the world. Now, we are the number one online bookseller.

[35]Reading Depot은 애서가분들이 자신의 집에서 편하게 책을 구매하실 수 있도록 하기 위해 1995년에 설립되었습니다. 당시 부상하고 있던 인터넷을 활용함으로써, Reading Depot의 설립자는 전 세계 수백만 개의 책들로 온라인 서점을 만들 수 있었죠. 현재, 우리는 1위 온라인 서점이랍니다.

서비스 개발 배경

Although it is now incredibly easy to get your hands on new books, you may not always find the books you enjoy. This is because you often lack information before you order them. With only a brief description from the publisher, and maybe a few short reviews, you can't accurately judge a book before you receive it. And this is the problem that Book Nook aims to solve.

비록 지금은 새로운 책들을 손에 넣기가 매우 쉽지만, 항상 여러분이 좋아하는 책들을 찾을 수는 없을지도 모릅니다. 여러분이 그것들을 주문하기 전에는 보통 정보가 부족하기 때문이죠. 출판사로부터의 짧은 설명만으로, 그리고 어쩌면 몇몇 짧은 논평들만으로는, 여러분이 책을 받기 전까지 그것을 정확히 판단하실 수 없습니다. 그리고 이것이 Book Nook이 해결하는 것을 목표로 하는 문제입니다.

주요 기능1: 소셜 미디어

At its most basic, Book Nook will act as a social media site for readers, but [36(a)]you'll post reviews of the books you are reading instead of sharing personal pictures and updates about your lives. This will let the people you are connected to learn about the titles and get first-hand reviews of them. However, that's not all. [36(d)]Your opinions will also be available to other members when they search for a book. [36(c)]This will provide everyone with more background information before they make a purchasing decision, increasing the likelihood that they'll enjoy the books they ultimately order.

가장 기본적으로, Book Nook은 독자분들을 위한 소셜 미디어 사이트로서의 역할을 할 것이지만, 개인적인 사진과 여러분 생활의 근황을 공유하는 대신에 [36(a)]여러분이 읽고 있는 책들의 논평을 게시할 것입니다. 이것은 여러분과 연결되어 있는 사람들이 그 책들에 대해 알게 되고 직접 얻은 논평들을 접할 수 있게 할 겁니다. 그러나, 이게 다가 아닙니다. [36(d)]다른 회원들이 책을 검색할 때 여러분의 의견이 그들에게도 이용 가능할 것입니다. 이것은 구매 결정을 내리기 전에 [36(c)]모든 사람에게 더 많은 배경 정보를 제공하고, 그들이 최종적으로 주문하는 책들을 즐길 가능성을 높일 것입니다.

As you use the service, [37]the strong algorithm that it is based on will learn about you through your ratings and

여러분이 서비스를 이용할 때, [37]그것이 기반하고 있는 강력한 알고리즘이 여러분의 평가와 논평을 통

주요 기능2: 추천	reviews. This will allow Book Nook to suggest books that might interest you. These are derived from comparisons to other users with similar reading profiles and reviews. In beta testing, users said that the service's recommendations were spot on, and there was a 97 percent satisfaction rate for suggested titles.	해 여러분에 대해 알게 될 겁니다. 이것은 Book Nook이 여러분의 관심을 끌 만한 책들을 추천하게 하죠. 이것들은 유사한 독서 분석표와 논평이 있는 다른 이용자들과의 비교에서 얻어집니다. 베타 테스트에서, 이용자들은 서비스의 추천이 정확하다고 말했고, 추천된 책에 대한 만족도가 97퍼센트였습니다.
주요 기능3: 독서 클럽	In addition to these features, the service also has virtual book clubs. When you indicate which books you are currently reading, you will be able to join a private group for each title. This will enable you to read posts from others who are reading the same book. There's even a chat room that makes it possible to discuss them in real time.	이 기능들에 더해, 이 서비스에는 가상 독서 클럽도 있습니다. 여러분이 현재 어떤 책들을 읽고 있는지 표시하면, 각 서적에 대한 전용 모임에 가입하실 수 있을 겁니다. 이는 같은 책을 읽고 있는 다른 사람들의 게시물을 읽을 수 있도록 해줄 것입니다. 심지어 실시간으로 그것들에 관해 토론하는 것을 가능하게 하는 채팅방도 있답니다.
이용 혜택	Lastly, Book Nook will offer you the chance to save money through your activity on the site. [38]For every review you post, you will get points that can be redeemed for discount coupons on book purchases. One full review equals five points, and when you reach 100 points, you will get a 10 percent off coupon.	마지막으로, Book Nook은 여러분에게 사이트에서의 활동을 통해 돈을 절약하실 수 있는 기회를 드릴 것입니다. [38]여러분이 게시하는 모든 논평마다, 도서 구매에 대한 할인 쿠폰으로 바꿀 수 있는 포인트를 얻으실 겁니다. 하나의 완전한 논평은 5포인트와 같고, 여러분이 100포인트를 달성하면, 10퍼센트 할인 쿠폰을 받으실 겁니다.
출시 정보	The new Book Nook service will be rolled out to the general public on October 1, but [39]those with current Reading Depot accounts can get a preview of the site starting September 15. Simply log on to our website and click "Sneak Peek" on your account information page.	새로운 Book Nook 서비스는 일반 대중에게 10월 1일에 출시될 예정이지만, [39]현재 Reading Depot 계정이 있으신 분들은 9월 15일부터 사이트 미리 보기를 하실 수 있습니다. 그저 우리 웹사이트에 로그인하시고 계정 정보 페이지에서 '엿보기' 버튼을 클릭하십시오.
끝인사	With better suggestions and discounts, Book Nook is certainly going to be a great new tool for all of you. We hope you enjoy Book Nook!	더 나은 추천과 할인을 통해, Book Nook은 분명히 모두를 위한 엄청난 새로운 도구가 될 것입니다. 여러분이 Book Nook을 즐기시기를 바랍니다!

어휘 | development [divéləpmənt] 개발 seize [siːz] 사로잡다 nationwide [néiʃənwàid] 전국의 found [faund] 설립하다 from the comfort of ~에서 편하게 utilize [júːtəlaiz] 활용하다 emerge [imə́ːrdʒ] 부상하다, 떠오르다 title [táitl] 책, 서적 bookseller [búkselər] 서점 incredibly [inkrédəbli] 매우 get one's hands on ~을 손에 넣다 brief [briːf] 짧은, 간단한 description [diskrípʃən] 설명, 서술 publisher [pʌ́bliʃər] 출판사 accurately [ǽkjurətli] 정확히 aim [eim] 목표로 하다 first-hand 직접 얻은 likelihood [láiklihud] 가능성 ultimately [ʌ́ltimətli] 최종적으로 rating [réitiŋ] 평가, 순위 derive [diráiv] 얻다 comparison [kəmpǽrisən] 비교 profile [próufail] 분석표 recommendation [rèkəmendéiʃən] 추천 spot on 정확한 satisfaction [sæ̀tisfǽkʃən] 만족 feature [fíːtʃər] 기능 virtual [və́ːrtʃuəl] 가상의 indicate [índikeit] 표시하다, 보여주다 redeem [ridíːm] (상품으로) 바꾸다 equal [íːkwəl] 같다, 맞먹다 roll out 출시하다 preview [príːvjuː] 미리 보기; 미리 보다

34 주제/목적 담화의 주제

난이도 ●○○

What is the speaker mainly talking about?

(a) opening a new branch of a publishing company
(b) releasing a new e-book model
(c) introducing a recently opened local bookstore
(d) promoting a new online service

화자는 무엇에 대해 주로 이야기하고 있는가?

(a) 출판사의 새로운 지점을 여는 것
(b) 새로운 전자책 모델을 출시하는 것
(c) 최근에 연 지역 서점을 소개하는 것
(d) 새로운 온라인 서비스를 홍보하는 것

지텔프 치트키

담화의 주제를 언급하는 초반을 주의 깊게 듣고 전체 맥락을 파악한다.

해설 | 화자가 'I've come to tell you about something'이라며 무언가에 대해 말하러 왔다고 한 뒤, 'It's the new Book Nook service that is being added to our website.'라며 그것은 Reading Depot의 웹사이트에 추가될 새로운 Book Nook 서비스라고 주제를 밝힌 후, 담화 전반에 걸쳐 새로운 온라인 서비스인 Book Nook을 홍보하는 내용이 이어지고 있다. 따라서 (d)가 정답이다.

어휘 | branch [bræntʃ] 지점 release [rilíːs] 출시하다, 발표하다 promote [prəmóut] 홍보하다, 촉진하다

35 특정세부사항 Why

난이도 ●●○

According to the speaker, why was Reading Depot established?

(a) to make the process of buying books more convenient
(b) to reduce the cost of shipping books ordered online
(c) to spotlight the work of authors from around the world
(d) to provide Internet access to people across the globe

화자에 따르면, Reading Depot은 왜 설립되었는가?

(a) 책을 구매하는 절차를 더 편리하게 만들기 위해서
(b) 온라인으로 주문되는 책을 배송하는 비용을 절감하기 위해서
(c) 전 세계 작가들의 작품에 이목을 집중시키기 위해서
(d) 전 세계 사람들에게 인터넷 접속을 제공하기 위해서

지텔프 치트키

질문의 키워드 established가 founded로 paraphrasing되어 언급된 주변을 주의 깊게 듣는다.

해설 | 화자가 'Reading Depot was founded ~ so that book lovers could buy books from the comfort of their own homes.'라며 Reading Depot은 애서가들이 집에서 편하게 책을 구매할 수 있도록 하기 위해 설립되었다고 했다. 따라서 (a)가 정답이다.

Paraphrasing
so that ~ could buy books from the comfort of their own homes 집에서 편하게 책을 구매할 수 있도록 하다 → make the process of buying books more convenient 책을 구매하는 절차를 더 편리하게 만들다

어휘 | process [práːses] 절차 convenient [kənvíːniənt] 편리한 spotlight [spáːtlait] (세간의) 이목을 집중시키다 access [ǽkses] 접속; 접근하다

36 Not/True Not 문제

난이도 ●●○

Which function cannot be done with the Book Nook social media site?

(a) uploading reviews about some books
(b) getting first-hand experience in making books
(c) finding background information about books
(d) reading the opinions of other users about specific titles

Book Nook의 소셜 미디어 사이트에서 수행될 수 없는 기능은 무엇인가?

(a) 몇몇 책들에 대한 논평을 올리는 것
(b) 책을 만드는 것을 직접 경험하는 것
(c) 책에 관한 배경 정보를 찾는 것
(d) 특정한 책들에 관한 다른 이용자들의 의견을 읽는 것

지텔프 치트키

질문의 키워드 social media site가 그대로 언급된 주변을 주의 깊게 들으며 언급되는 것을 하나씩 소거한다.

해설 | (b)는 언급되지 않았으므로, (b)가 정답이다.

오답분석

(a) 화자가 Book Nook 소셜 미디어 사이트에서 책들의 논평을 게시할 수 있다고 언급하였다.
(c) 화자가 Book Nook 소셜 미디어 사이트가 모든 사람에게 책들에 관한 배경 정보를 제공할 것이라고 언급하였다.
(d) 화자가 Book Nook 소셜 미디어 사이트에서 회원들이 책을 검색할 때 다른 회원들의 의견이 이용 가능할 것이라고 언급하였다.

37 추론 특정사실

난이도 ●●●

How most likely can users get recommendations that better suit their tastes? (a) by participating in real-time group chats (b) by linking their account with other social media accounts **(c) by giving assessments of books they read** (d) by recommending the service to a friend	이용자들은 어떻게 그들의 취향에 더 잘 맞는 추천을 받을 수 있을 것 같은가? (a) 실시간 단체 채팅에 참여함으로써 (b) 그들의 계정을 다른 소셜 미디어 계정과 연결함으로써 **(c) 그들이 읽은 책들에 대한 평가를 함으로써** (d) 친구에게 그 서비스를 추천함으로써

지텔프 치트키

질문의 키워드 get recommendations가 suggest로 paraphrasing되어 언급된 주변을 주의 깊게 듣는다.

해설 | 화자가 'the strong algorithm ~ will learn about you through your ratings and reviews'라며 Book Nook 서비스가 기반하고 있는 강력한 알고리즘이 이용자의 평가와 논평을 통해 이용자에 대해 알게 될 것이라고 한 뒤, 'This will allow Book Nook to suggest books that might interest you.'라며 이것은 Book Nook이 이용자의 관심을 끌 만한 책들을 추천하게 한다고 한 것을 통해, 이용자들이 읽은 책들에 대한 평가를 함으로써 취향에 더 잘 맞는 추천을 받을 수 있을 것임을 추론할 수 있다. 따라서 (c)가 정답이다.

Paraphrasing

get recommendations that ~ suit their tastes 그들의 취향에 맞는 추천을 받다 → suggest books that might interest you 당신의 관심을 끌 만한 책들을 추천하다

ratings 평가 → assessments 평가

어휘 | suit[suːt] 맞다, 어울리다 assessment[əsésmənt] 평가

38 특정세부사항 How

난이도 ●●○

How can people save money through the website? (a) by leaving comments for others (b) by sending back books they have read (c) by registering before a certain date **(d) by exchanging points for coupons**	사람들은 어떻게 이 웹사이트를 통해 돈을 절약할 수 있는가? (a) 다른 사람들에게 댓글을 남김으로써 (b) 다 읽은 책을 되돌려 보냄으로써 (c) 특정 날짜 이전에 등록함으로써 **(d) 포인트를 쿠폰으로 바꿈으로써**

지텔프 치트키

질문의 키워드 save money가 그대로 언급된 주변을 주의 깊게 듣는다.

해설 | 화자가 'For every review you post, you will get points that can be redeemed for discount coupons on book purchases.'라며 이용자가 게시하는 모든 논평마다 도서 구매에 대한 할인 쿠폰으로 바꿀 수 있는 포인트를 얻을 것이라고 했다. 따라서 (d)가 정답이다.

Paraphrasing
points that can be redeemed for discount coupons 할인 쿠폰으로 바꿀 수 있는 포인트 → exchanging points for coupons 포인트를 쿠폰으로 바꿈

어휘 | send back 되돌려 보내다 register[rédʒistər] 등록하다

39 특정세부사항 What

난이도 ●●○

What are users with current Reading Depot accounts allowed to do? (a) preview books from new authors **(b) access some features in advance** (c) receive a complimentary membership (d) get some books before they are released	현재 Reading Depot 계정을 가지고 있는 이용자들에게 허용되는 것은 무엇인가? (a) 새로운 작가들의 책을 미리 본다 **(b) 일부 기능들에 미리 접근한다** (c) 무료 멤버십 자격을 받는다 (d) 출간되기 전인 책들을 몇 권 받는다

지텔프 치트키

질문의 키워드 current Reading Depot accounts가 그대로 언급된 주변을 주의 깊게 듣는다.

해설 | 화자가 'those with current Reading Depot accounts can get a preview of the site starting September 15'라며 현재 Reading Depot 계정이 있는 이용자들은 9월 15일부터 사이트 미리 보기를 할 수 있다고 했다. 따라서 (b)가 정답이다.

Paraphrasing
get a preview 미리 보기를 하다 → access ~ in advance 미리 접근하다

어휘 | complimentary[kɑ̀:mpliméntəri] 무료의

PART 3(40~45) Conversation 야외 운동 수업과 실내 운동 수업의 장단점 비교

안부 인사	F: Hey, Jake! I heard you were in the hospital. Are you feeling better? M: Yes, Dana. I had to have surgery, but I'm doing great now. My doctor told me that I need to start working out to stay healthy though.	여: 안녕, Jake! 나는 네가 병원에 있었다고 들었어. 좀 나아졌니? 남: 응, Dana. 수술을 받아야 했지만, 지금은 괜찮아. 의사 선생님이 건강을 유지하기 위해 내가 운동을 시작해야 할 필요가 있다고 하시긴 했지만 말이야.
주제 제시: 장단점 비교	F: Oh, I'm glad to hear that. Have you started looking for a way to stay fit? M: Yes. I've actually been considering two exercise options, but [40]I can't decide whether to choose an outdoor class at the park or an indoor class at the community center. F: Well, you know I've been taking both indoor and outdoor workout classes for five years, and each has its advantages and disadvantages. Perhaps we can discuss them.	여: 오, 그 말을 들으니 다행이네. 건강을 유지하기 위한 방법을 찾기 시작했니? 남: 응. 나는 사실 두 가지 운동 선택지를 고려하고 있는데, [40]공원에서의 야외 수업을 선택할지 아니면 지역 문화 센터에서의 실내 수업을 선택할지 결정을 내리지 못하겠어. 여: 음, 너도 알다시피 나는 5년 동안 실내 운동 수업과 야외 운동 수업 둘 다 들어 왔는데, 각각에는 장점과 단점이 있어. 아마 우리가 그것들을 논의할 수 있을 것 같아.
	M: Great! How about we start with the advantages of the outdoor class?	남: 좋아! 야외 수업의 장점부터 시작하는 게 어때?

야외 수업 장점	F: Sure! Let's see . . . For the outdoor class, the main draw is that it's held outside. [41]It's very relaxing to get some fresh air and sunlight while you exercise. M: That does sound nice. [41]It was pretty stressful in the hospital during my surgery, and I really need to unwind. I also have a few friends who are in the outdoor class. I think it would be a lot more fun if I knew some people in the class. F: That's a good point. It is common to feel a bit awkward when you go somewhere new and don't know anyone.	여: 그래! 어디 보자... 야외 수업의 경우, 주된 인기 요인은 그것이 야외에서 열린다는 거야. [41]운동하는 동안 신선한 공기를 마시고 햇빛을 받는 것은 사람의 마음을 매우 느긋하게 해 주지. 남: 정말 좋게 들린다. [41]수술받는 동안 병원에서 꽤 스트레스가 많았기 때문에, 나는 정말 긴장을 풀 필요가 있거든. 나는 야외 수업을 듣고 있는 친구들도 몇몇 있어. 수업에 아는 사람들이 좀 있으면 훨씬 더 재미있을 거라고 생각해. 여: 좋은 지적이다. 어딘가 새로운 곳에 가서 아는 사람이 없을 때 조금 어색하게 느끼는 건 흔한 일이잖아.
야외 수업 단점	M: OK. Now, can we talk about the downsides? F: Well, since the class is outdoors, [42]it is dependent upon the weather. If it rains or if there are extreme temperatures, the class might be canceled. M: Um . . . [42]I worry that having my classes canceled would make me lose my motivation. F: That's a valid concern. It's hard to get in the habit of exercising regularly. If you miss some classes, it might make it harder for you to get back to it.	남: 맞아. 이제, 부정적인 면에 관해 이야기해 볼 수 있을까? 여: 음, 수업이 야외에서 진행되기 때문에, [42]날씨에 좌우되지. 만약 비가 오거나 극한 기온일 때는, 수업이 취소될지도 몰라. 남: 음... [42]나는 수업이 취소되는 게 내 동기 부여를 잃게 할까 봐 걱정돼. 여: 그건 타당한 걱정이네. 규칙적으로 운동하는 습관을 들이는 건 어렵잖아. 수업을 몇 번 빼먹으면, 그것으로 다시 돌아가는 걸 더 힘들게 할지도 몰라.
실내 수업 장점	M: What about the indoor ones? F: Well, unlike the outdoor classes, the indoor classes are held no matter what the weather conditions are. I think it would be easier to get into the routine of attending the classes and stick to it. M: That's true. They probably also offer more types of exercise, right? F: Yes. [43]I go to the community center sometimes. There are a wide variety of classes offered each day . . . such as weight training, taekwondo, yoga, Pilates, and fitness dancing classes. The outdoor class is really only a basic aerobics class.	남: 실내 수업은 어때? 여: 음, 야외 수업과는 달리, 실내 수업은 기상 상태에 상관없이 진행되지. 수업에 참석하는 습관을 들이고 그것을 고수하는 게 더 쉬울 거라고 생각해. 남: 맞아. 그것들은 또한 아마 더 많은 종류의 운동을 제공하잖아, 그렇지? 여: 응. [43]나는 가끔 지역 문화 센터에 가. 매일 제공되는 매우 다양한 수업들이 있는데... 예를 들면 웨이트 트레이닝, 태권도, 요가, 필라테스, 그리고 피트니스 댄스 수업이 있어. 야외 수업은 사실상 기초 에어로빅 수업뿐이야.
실내 수업 단점	M: Oh. It seems like that is clearly the better choice then. F: It may appear so, but you should also consider the downsides of it. [44]If you join the indoor classes, you'll have to buy a pass to the community center and pay for individual classes. That would end up costing you at least $90 a month. It would be even more if you decided to use one of their personal trainers. The outdoor class is only $20.	남: 오. 그럼 그게 분명히 더 나은 선택인 것 같다. 여: 그렇게 보일 수는 있는데, 너는 그것의 부정적인 면도 고려해야 해. [44]만약 네가 실내 수업에 참여한다면, 너는 지역 문화 센터 출입증을 사야 하고 개별 수업들에 돈을 내야 할 거야. 그것은 결국 한 달에 적어도 90달러의 비용이 들게 하지. 만약 네가 개인 트레이너 중 한 명을 이용하기로 결정하면 훨씬 더 들어. 야외 수업은 겨우 20달러야.
남자의 결정	M: Hmm . . . I guess I've made a choice now. Thanks for helping me out, Dana. F: My pleasure, Jake. So, which are you going to sign up for? M: [45]I think I'm going to go with the budget-friendly option. I don't really have a lot of extra spending money nowadays.	남: 흠... 나는 이제 결정을 내린 것 같아. 도와줘서 고마워, Dana. 여: 천만에, Jake. 그래서, 어떤 것을 신청할 거야? 남: [45]나는 저렴한 선택지를 고르려고 해. 실은 요즘 여분의 용돈이 많지 않거든.

어휘 | advantage[ədvǽntidʒ] 장점 disadvantage[dìsədvǽntidʒ] 단점 draw[drɔː] 인기 요인, 끌어들이는 것 relaxing[rilǽksiŋ] 사람의 마음을 느긋하게 해 주는, 편안한 unwind[ʌnwáind] 긴장을 풀다 downside[dáunsaid] 부정적인 면 dependent[dipéndənt] 좌우되는 extreme[ikstríːm] 극한의, 극단적인 temperature[témprətʃər] 기온 motivation[mòutəvéiʃən] 동기 부여 valid[vǽlid] 타당한, 유효한 get in the habit 습관을 들이다 condition[kəndíʃən] 상태, 조건 get into the routine 습관을 들이다 stick to ~을 고수하다 budget-friendly 저렴한

40 특정세부사항 What

난이도 ●○○

What decision is Jake trying to make?

(a) how to exercise effectively at home
(b) what kind of workout program to join
(c) which personal trainer to hire
(d) where to purchase fitness equipment

Jake는 어떤 결정을 내리려고 하는가?

(a) 어떻게 집에서 효과적으로 운동할지
(b) 어떤 종류의 운동 프로그램에 참여할지
(c) 어떤 개인 트레이너를 고용할지
(d) 어디에서 운동 기구를 구매할지

지텔프 치트키

질문의 키워드 decision이 decide로 언급된 주변을 주의 깊게 듣는다.

해설 | 남자가 'I can't decide whether to choose an outdoor class at the park or an indoor class at the community center'라며 공원에서의 야외 수업을 선택할지 아니면 지역 문화 센터에서의 실내 수업을 선택할지 결정을 내리지 못하겠다고 했다. 따라서 (b)가 정답이다.

어휘 | effectively[iféktivli] 효과적으로 fitness equipment 운동 기구

41 특정세부사항 장·단점

난이도 ●●○

Based on the conversation, how could exercising outside benefit Jake?

(a) by allowing him to lose more weight
(b) by encouraging him to make new friends
(c) by helping him to avoid future surgeries
(d) by enabling him to relieve some stress

대화에 따르면, 야외에서 운동하는 것은 어떻게 Jake에게 도움이 될 수 있는가?

(a) 체중을 더 줄일 수 있게 함으로써
(b) 새로운 친구들을 만들 수 있게 장려함으로써
(c) 미래의 수술을 피하도록 도움으로써
(d) 약간의 스트레스를 풀 수 있게 함으로써

지텔프 치트키

질문의 키워드 exercising outside와 관련된 긍정적인 흐름을 파악한다.

해설 | 여자가 'It's very relaxing to get some fresh air ~ while you exercise.'라며 운동하는 동안 신선한 공기를 마시고 햇빛을 받는 것이 사람의 마음을 매우 느긋하게 해 준다고 하자, 남자가 'It was pretty stressful in the hospital during my surgery, and I really need to unwind.'라며 수술받는 동안 병원에서 꽤 스트레스가 많았기 때문에 자신이 정말 긴장을 풀 필요가 있다고 했다. 따라서 (d)가 정답이다.

Paraphrasing

unwind 긴장을 풀다 → relieve ~ stress 스트레스를 풀다

오답분석

(b) 남자가 이미 야외 운동 수업을 듣고 있는 친구들이 몇몇 있다고 언급하기는 했지만, 야외 수업이 새로운 친구들을 만들 수 있게 장려한다고 한 것은 아니므로 오답이다.

어휘 | encourage[inkə́:ridʒ] 장려하다, 권장하다 enable[inéibəl] ~할 수 있게 하다

42 특정세부사항 Why

난이도 ●●●

According to Jake, why might he lose his motivation if he takes the outdoor class?

(a) because the temperature might not be comfortable
(b) because the weather may cause class cancellations
(c) because the instructor might not motivate the students
(d) because the schedule would not be convenient

Jake에 따르면, 그가 야외 수업을 들으면 왜 그의 동기 부여를 잃을지도 모르는가?

(a) 기온이 쾌적하지 않을지도 모르기 때문에
(b) 날씨가 수업 취소를 야기할지도 모르기 때문에
(c) 강사가 학생들을 동기 부여하지 못할지도 모르기 때문에
(d) 일정이 편리하지 않을 것이기 때문에

지텔프 치트키

질문의 키워드 lose ~ motivation이 그대로 언급된 주변을 주의 깊게 듣는다.

해설 | 여자가 'it is dependent upon the weather'라며 야외 수업이 날씨에 좌우된다고 한 뒤, 'If it rains or if there are extreme temperatures, the class might be canceled.'라며 만약 비가 오거나 극한 기온일 때는 수업이 취소될지도 모른다고 하자, 남자가 'I worry that having my classes canceled would make me lose my motivation.'이라며 수업이 취소되는 것이 동기 부여를 잃게 할까 봐 걱정된다고 했다. 따라서 (b)가 정답이다.

Paraphrasing
If it rains or if there are extreme temperatures, the class might be canceled 만약 비가 오거나 극한 기온일 때는, 수업이 취소될지도 모른다 → the weather may cause class cancellations 날씨가 수업 취소를 야기할지도 모른다

오답분석

(a) 날씨 이야기는 남자(Jake)가 아니라 여자(Dana)가 언급하였고, 동기 부여를 잃게 하는 것은 기온 그 자체가 아니라 수업이 취소되는 상황이므로 오답이다.

어휘 | comfortable[kʌ́mftəbəl] 쾌적한, 편안한 cancellation[kæ̀nsəléiʃən] 취소, 무효화

43 특정세부사항 What

난이도 ●●○

What will Jake be able to do if he chooses to work out in the community center?

(a) use both indoor and outdoor facilities
(b) take part in a free session with a professional
(c) join a wide variety of exercise classes
(d) spend more time exercising each day

지역 문화 센터에서 운동하는 것을 선택하면 Jake는 무엇을 할 수 있게 될 것인가?

(a) 실내 시설과 야외 시설을 모두 이용한다
(b) 전문가와의 무료 수업에 참여한다
(c) 매우 다양한 운동 수업에 참여한다
(d) 매일 운동하는 데 더 많은 시간을 쓴다

지텔프 치트키

질문의 키워드 community center가 그대로 언급된 주변을 주의 깊게 듣는다.

해설 | 여자가 'I go to the community center sometimes.'라며 자신이 가끔 지역 문화 센터에 간다고 한 뒤, 'There are a wide variety of classes offered each day'라며 지역 문화 센터에 매일 제공되는 매우 다양한 수업들이 있다고 했다. 따라서 (c)가 정답이다.

어휘 | session[séʃən] 수업, 시간

44 특정세부사항 Why

난이도 ●●○

Why might exercising indoors be costly for Jake?	실내에서 운동하는 것은 왜 Jake에게 값이 비쌀지도 모르는가?
(a) He should rent some equipment.	(a) 일부 장비를 빌려야 한다.
(b) He has to pay to use the shuttle bus.	(b) 셔틀버스를 이용하는 데 돈을 내야 한다.
(c) He should purchase an access pass.	**(c) 출입증을 사야 한다.**
(d) He has to take multiple classes.	(d) 다수의 수업을 수강해야 한다.

지텔프 치트키

질문의 키워드 costly와 관련된 비용 관련 내용을 주의 깊게 듣는다.

해설 | 여자가 'If you join the indoor classes, you'll have to buy a pass to the community center'라며 실내 수업에 참여한다면 지역 문화 센터 출입증을 사야 한다고 했다. 따라서 (c)가 정답이다.

Paraphrasing

buy 사다 → purchase 사다

오답분석

(d) 여자가 실내 운동 수업이 매우 다양하다고 언급하기는 했지만, 다수의 수업을 반드시 수강해야 한다고 한 것은 아니므로 오답이다.

어휘 | costly [kɔ́:stli] 값이 비싼

45 추론 다음에 할 일

난이도 ●●○

What has Jake probably decided to do?	Jake는 무엇을 하기로 결정한 것 같은가?
(a) participate in the outdoor class	**(a) 야외 수업에 참여한다**
(b) earn money by working part-time	(b) 아르바이트를 함으로써 돈을 번다
(c) find a new workout partner	(c) 새로운 운동 상대를 찾는다
(d) enroll in an indoor exercise program	(d) 실내 운동 프로그램에 등록한다

지텔프 치트키

다음에 할 일을 언급하는 후반을 주의 깊게 듣는다.

해설 | 남자가 'I think I'm going to go with the budget-friendly option.'이라며 저렴한 선택지를 고르려고 한다고 한 것을 통해, Jake가 실내 수업에 비해 저렴한 야외 수업에 참여할 것임을 추론할 수 있다. 따라서 (a)가 정답이다.

어휘 | enroll [inróul] 등록하다

PART 4(46~52) Explanation 프리랜서로 성공하기 위한 6가지 조언

인사 + 주제 제시

Hi, everyone! Thanks for coming to Work Tree's seminar. Do you dream of setting your own hours and being able to work from anywhere? Well, it's a great time to do that. These days, there are increasing opportunities for freelance work. However, the way to get ahead in these jobs is not as clear as it is in the traditional workplace. [46]Today, I'm going to give you some tips to help you succeed in this new world of freelance jobs.

조언1: 자기 홍보

Tip one is perhaps [47]the most important in terms of getting these positions in the first place: market yourself to companies you want to work with as much as possible. You may be the best person in your field, but if no one knows about you, they'll never be able to hire you. You should create a portfolio that spells out your qualifications and experience and includes some samples of your work. Then, when you attend industry events, you can give it to the people you meet there. Making these new contacts and showing off your work will give you a foot in the door with many companies.

조언2: 인터넷 활용

Tip two is to make yourself available where companies are likely to look for freelance workers. In the past, they may have contacted a staffing agency, but today, this is largely done through the Internet. Join various freelance work sites and, if possible, create a business page on a social media site that promotes you to companies that are searching for your particular skills. Once you've done this, [48]you should use keywords and hashtags to bring more viewers to your page.

조언3: 전문화

The third tip is to [49]find a specialty that both meets the needs of clients and makes you stand out from others in your field. For instance, if you're a video maker, specialize in one industry, like real estate. If you can figure out ways to create highly effective marketing content that will attract the attention of potential homebuyers, then real estate agents will be more likely to seek out your services to promote the properties they represent.

조언4: 적정 보수 책정

The fourth tip, and one that is often overlooked, is to know your worth. Learn the market for your skill and determine a fair price for your work. You may want to set your rate at a decent level, but [50]if you've got more skills or experience than others, don't be afraid to charge more. If you set your rates too low, companies will assume that your work will be of poor quality.

안녕하세요, 여러분! Work Tree의 세미나에 와 주셔서 감사합니다. 직접 시간을 정하고 어디에서나 일할 수 있는 것을 꿈꾸시나요? 음, 그것을 하기에 매우 좋은 때입니다. 요즘, 프리랜서 작업의 기회가 늘고 있습니다. 하지만, 이 직업에서 성공하는 방법은 전통적인 직장에서처럼 명확하지는 않습니다. [46]오늘, 저는 여러분이 이 새로운 프리랜서 업계에서 성공하는 데 도움이 될 몇 가지 조언을 해 드리겠습니다.

첫 번째 조언은 아마도 [47]우선 이러한 일자리를 얻는 것에 관하여 가장 중요한 것인데, 이는 여러분이 함께 작업하고 싶은 회사들에 자신을 최대한 광고하라는 것입니다. 여러분이 자신의 분야에서 최고인 사람일 수 있지만, 아무도 여러분에 대해 모른다면, 그들은 여러분을 절대 고용할 수 없을 것입니다. 여러분의 자질과 경험을 자세히 설명하고 몇몇 작업 샘플을 포함하는 포트폴리오를 만드셔야 합니다. 그러면, 여러분이 업계 행사에 참석하실 때, 그곳에서 만나는 사람들에게 그것을 주실 수 있습니다. 이러한 새로운 관계를 만들고 여러분의 작업을 자랑하는 것은 여러분에게 많은 회사들과의 성공적인 첫걸음을 선사할 것입니다.

두 번째 조언은 회사가 프리랜서를 찾을 것 같은 곳에서 여러분을 이용 가능하게 만들라는 것입니다. 과거에는, 그들이 알선업체에 연락했었을지도 모르지만, 오늘날에는, 이것이 주로 인터넷을 통해서 행해집니다. 여러 프리랜서 직업 사이트에 가입하시고, 가급적이면, 여러분이 가진 특별한 기술을 찾는 회사들에 여러분을 홍보하는 비즈니스 페이지를 소셜 미디어 사이트에 만드십시오. 일단 여러분이 이것을 하고 나면, [48]여러분의 페이지를 보는 사람들을 더 끌어들이기 위해 키워드와 해시태그를 사용해야 합니다.

세 번째 조언은 [49]고객의 요구를 충족하는 동시에 해당 분야에서 여러분을 다른 사람들보다 눈에 띄게 만드는 전문 분야를 찾으라는 것입니다. 예를 들어, 여러분이 영상 제작자라면, 부동산과 같은 한 가지 업계를 전문으로 하십시오. 만약 여러분이 잠재적인 주택 구입자들의 관심을 끌 매우 효과적인 마케팅 콘텐츠를 만드는 방법을 생각해 낼 수 있다면, 부동산 중개업자들은 그들이 대행하는 부동산을 홍보하기 위해 여러분의 서비스를 찾을 가능성이 더 높습니다.

네 번째 조언이자, 자주 간과되는 것은 여러분의 가치를 알라는 것입니다. 여러분이 가진 기술의 시장을 알고 여러분의 작업에 대한 적정 보수를 정하십시오. 적당한 수준에서 여러분의 보수를 정하고 싶어 하실 수도 있지만, [50]여러분이 다른 사람들보다 더 많은 기술이나 경험을 갖추셨다면, 더 많이 청구하는 것을 두려워하지 마십시오. 만약 여러분의 보수를 너무 낮게 정하신다면, 회사들은 작업의 질이 좋지 않을 것이라고 생각할 것입니다.

조언5: 계약서 작성

Fifth, [51]always get a contract signed. It is absolutely imperative for freelancers, as they do not have the protections of formal employees. **Having a signed contract that lists the job's responsibilities, requirements, and compensation ensures that both parties understand what is expected and that you will be paid the agreed amount for your work.**

다섯 번째로, [51]항상 서명된 계약서를 받으십시오. 그것은 프리랜서들에게 절대적으로 필수적인데, 이는 정규 직원들이 가진 보호책이 그들에게는 없기 때문입니다. **직업의 의무, 요건, 그리고 보수를 열거하는 서명된 계약서를 가지고 있는 것은 양 당사자가 요구되는 것이 무엇인지를 이해하고 있다는 것과 여러분이 자신의 작업에 대해 합의된 금액을 받으실 것이라는 것을 보장합니다.**

조언6: 자기 계발

And finally, [52]never stop learning. Taking additional training courses and picking up new technologies increase the expertise that you can offer to potential employers. **Sure, continuing education will cost you a bit, but think of it as a business expense. You're investing in the future of your company, which is you.**

그리고 마지막으로, [52]배우는 것을 멈추지 마십시오. 추가 교육 과정을 듣는 것과 새로운 기술을 습득하는 것은 여러분이 잠재적인 고용주에게 제공할 수 있는 전문 지식을 증가시킵니다. **물론, 교육을 계속하는 것은 비용이 조금 들 것이지만, 사업비라고 생각하십시오. 여러분은 여러분의 회사, 즉 자신의 미래에 투자하고 계신 것입니다.**

끝인사

Following these simple tips will put you well on your way to achieving success as a freelancer. You'll not only be able to find more positions but also make yourself more likely to get them. Good luck!

이러한 간단한 조언을 따르는 것은 프리랜서로서 성공하는 길로 여러분을 잘 데려다줄 것입니다. 여러분은 더 많은 일자리를 찾을 수 있을 뿐만 아니라 그것들을 얻어낼 가능성도 더 높일 것입니다. 행운을 빕니다!

어휘 I get ahead 성공하다, 출세하다 in the first place 우선, 먼저 market [má:rkit] 광고하다 spell out 자세히 설명하다 qualification [kwà:lifikéiʃən] 자질, 자격 attend [əténd] 참석하다 show off 자랑하다 a foot in the door (성공적인) 첫걸음 staffing agency 알선업체 particular [pərtíkjələr] 특별한, 특정한 specialty [spéʃəlti] 전문 분야 specialize in ~을 전문으로 하다 real estate 부동산 figure out ~을 생각해 내다 property [prá:pərti] 부동산 represent [rèprizént] 대행하다, 나타내다 determine [ditə́:rmin] 정하다 decent [dí:sənt] 적당한 charge [tʃa:rdʒ] 청구하다 assume [əsú:m] 생각하다, 추정하다 contract [ká:ntrækt] 계약서 imperative [impérətiv] 필수적인 formal [fɔ́:rməl] 정규의 responsibility [rispà:nsəbíləti] 의무, 책무 requirement [rikwáiərmənt] 요건 compensation [kà:mpenséiʃən] 보수, 보상 ensure [inʃúr] 보장하다 expertise [èkspə:rtí:z] 전문 지식 expense [ikspéns] 비용, 지출

46 주제/목적 담화의 주제

난이도 ●●○

What is the talk all about?

(a) how to write contracts for freelance jobs
(b) how to redesign traditional offices
(c) how to be successful as a freelancer
(d) how to find good job opportunities

담화의 주제는 무엇인가?

(a) 프리랜서 일에 대한 계약서를 쓰는 방법
(b) 전통적인 사무실을 재설계하는 방법
(c) 프리랜서로 성공하는 방법
(d) 좋은 취업 기회를 찾는 방법

지텔프 치트키

담화의 주제를 언급하는 초반을 주의 깊게 듣고 전체 맥락을 파악한다.

해설 I 화자가 'Today, I'm going to give you some tips to help you succeed in this new world of freelance jobs.'라며 새로운 프리랜서 업계에서 성공하는 데 도움이 될 몇 가지 조언을 해 주겠다고 한 뒤, 담화 전반에 걸쳐 프리랜서로 성공하는 방법에 관한 내용이 이어지고 있다. 따라서 (c)가 정답이다.

Paraphrasing

succeed in ~ world of freelance jobs 프리랜서 업계에서 성공하다 → be successful as a freelancer 프리랜서로 성공하다

오답분석

(d) 담화 전반에 걸쳐 일반적인 취업 기회보다는 '프리랜서'라는 특정한 분야에서 성공하는 방법을 설명하고 있으므로, 담화의 주제로는 (c)가 더 적절하므로 오답이다.

어휘 | redesign [rìːdizáin] 재설계하다

47 특정세부사항 What

난이도 ●●○

According to the speaker, what is the first action one should take when trying to acquire a freelance job?

(a) advertise services to businesses
(b) obtain certificates in a related field
(c) organize events for industry experts
(d) contact former college classmates

화자에 따르면, 프리랜서 일자리를 얻으려고 할 때 취해야 할 첫 번째 행동은 무엇인가?

(a) 기업들에 서비스를 광고한다
(b) 관련 분야에서 자격증을 취득한다
(c) 업계 전문가들을 위한 행사를 주관한다
(d) 과거 대학 친구들과 연락한다

지텔프 치트키

질문의 키워드 first가 in the first place로 paraphrasing되어 언급된 주변을 주의 깊게 듣는다.

해설 | 화자가 'the most important in terms of getting these positions in the first place: market yourself to companies you want to work with as much as possible'이라며 우선 프리랜서 일자리를 얻는 것에 관하여 가장 중요한 것은 함께 작업하고 싶은 회사들에 자신을 광고하는 것이라고 했다. 따라서 (a)가 정답이다.

Paraphrasing
market yourself to companies 회사들에 자신을 광고하다 → advertise services to businesses 기업들에 서비스를 광고하다

어휘 | advertise [ǽdvərtaiz] 광고하다 certificate [sərtífikət] 자격증

48 추론 특정사실

난이도 ●○○

Based on the talk, what is most likely the benefit of employing keywords and hashtags?

(a) They reveal a person's sense of humor to companies.
(b) They draw customers searching for advertising agencies.
(c) They show that one has a large number of business contacts.
(d) They make information more accessible on social media.

담화에 따르면, 키워드와 해시태그를 사용하는 것의 이점은 무엇일 것 같은가?

(a) 유머 감각을 회사에 드러낸다.
(b) 광고 대행사를 찾는 고객들을 끌어모은다.
(c) 사업상의 인맥이 많다는 것을 보여준다.
(d) 소셜 미디어에서 정보를 더 접근 가능하게 만든다.

지텔프 치트키

질문의 키워드 keywords and hashtags가 그대로 언급된 주변을 주의 깊게 듣는다.

해설 | 화자가 'you should use keywords and hashtags to bring more viewers to your page'라며 페이지를 보는 사람들을 더 끌어들이기 위해 키워드와 해시태그를 사용해야 한다고 한 것을 통해, 키워드와 해시태그를 사용하는 것의 이점은 소셜 미디어에서 정보를 더 많은 사람들에게 접근 가능하게 만드는 것임을 추론할 수 있다. 따라서 (d)가 정답이다.

어휘 | reveal [riví:l] 드러내다 accessible [əksésəbəl] 접근 가능한, 사용하기 쉬운

49 특정세부사항 How

난이도 ●●○

According to the speaker, how can one better stand out from competitors?

(a) by setting up an office in a convenient location
(b) by adapting services to the needs of a specific field
(c) by continually outperforming a client's expectations
(d) by utilizing the services of a professional staffing agency

화자에 따르면, 어떻게 경쟁자들보다 눈에 더 잘 띌 수 있는가?

(a) 편리한 위치에 사무실을 설립함으로써
(b) 특정 분야의 필요에 서비스를 맞춤으로써
(c) 끊임없이 고객의 기대보다 더 나은 결과를 냄으로써
(d) 전문 알선업체의 서비스를 이용함으로써

지텔프 치트키

질문의 키워드 stand out이 그대로 언급된 주변을 주의 깊게 듣는다.

해설 | 화자가 'find a specialty that both meets the needs of clients and makes you stand out from others in your field'라며 고객의 요구를 충족하는 동시에 해당 분야에서 자신을 다른 사람들보다 눈에 띄게 만드는 전문 분야를 찾으라고 했다. 따라서 (b)가 정답이다.

Paraphrasing
a specialty that ~ meets the needs of clients 고객의 요구를 충족하는 전문 분야 → adapting services to the needs of a specific field 특정 분야의 필요에 서비스를 맞춤

어휘 | adapt [ədǽpt] 맞추다, 조정하다 outperform [àutpərfɔ́:rm] 더 나은 결과를 내다 expectation [èkspektéiʃən] 기대
professional [prəféʃənəl] 전문의

50 특정세부사항 Which

난이도 ●●○

Which factor should freelancers consider when determining their pay?

(a) if their pay is similar to what others receive
(b) whether their abilities are being reflected
(c) if their pay will increase on an annual basis
(d) whether their employer is in a competitive market

임금을 정할 때 프리랜서들은 어떤 요소를 고려해야 하는가?

(a) 임금이 다른 사람들이 받는 것과 비슷한지
(b) 그들의 능력이 반영되어 있는지
(c) 임금이 해마다 인상될 것인지
(d) 그들의 고용 기업이 경쟁 시장에 있는지

지텔프 치트키

질문의 키워드 determining ~ pay가 determine ~ price로 paraphrasing되어 언급된 주변을 주의 깊게 듣는다.

해설 | 화자가 'if you've got more skills or experience than others, don't be afraid to charge more'라며 다른 사람들보다 더 많은 기술이나 경험을 갖추었다면 더 많이 청구하는 것을 두려워하지 말라고 했다. 따라서 (b)가 정답이다.

Paraphrasing
skills or experience 기술이나 경험 → abilities 능력

어휘 | on an annual basis 해마다

51 특정세부사항 Why

난이도 ●●○

Why is it especially important for freelance workers to have signed contracts?	왜 프리랜서들에게 서명된 계약서를 갖는 것이 특히 중요한가?
(a) so they can easily change their jobs	(a) 직업을 쉽게 바꿀 수 있게 하기 위해서
(b) so they can transition to a permanent position	(b) 정규직으로 전환할 수 있게 하기 위해서
(c) so they have safeguards for their employment	**(c) 고용에 대한 보호 수단을 갖게 하기 위해서**
(d) so they have better conditions than office workers	(d) 사무직 근로자들보다 더 나은 조건을 갖게 하기 위해서

지텔프 치트키

질문의 키워드 have signed contracts가 get a contract signed로 paraphrasing되어 언급된 주변을 주의 깊게 듣는다.

해설 | 화자가 'always get a contract signed'라며 항상 서명된 계약서를 받으라고 한 뒤, 'It is absolutely imperative for freelancers, as they do not have the protections of formal employees.'라며 프리랜서들에게는 정규 직원들이 가진 보호책이 없기 때문에 서명된 계약서를 받는 것이 절대적으로 필수적이라고 했다. 따라서 (c)가 정답이다.

Paraphrasing

especially important 특히 중요한 → absolutely imperative 절대적으로 필수적인
protections 보호책 → safeguards 보호 수단

어휘 | permanent position 정규직 safeguard[séifgɑ:rd] 보호 수단 employment[implɔ́imənt] 고용

52 특정세부사항 Why

난이도 ●●○

Why should freelancers participate in ongoing training?	프리랜서들은 왜 계속되는 교육에 참여해야 하는가?
(a) to develop the skills companies value	**(a) 회사들이 가치 있게 여기는 기술을 개발하기 위해서**
(b) to learn about new education trends	(b) 새로운 교육 동향에 대해 배우기 위해서
(c) to help reduce business expenses	(c) 사업비를 줄이는 것을 돕기 위해서
(d) to attract investment in their brands	(d) 그들의 브랜드에 투자를 유치하기 위해서

지텔프 치트키

질문의 키워드 training이 그대로 언급된 주변을 주의 깊게 듣는다.

해설 | 화자가 'never stop learning'이라며 배우는 것을 멈추지 말라고 한 뒤, 'Taking additional training courses ~ increase the expertise that you can offer to potential employers.'라며 추가 교육 과정을 듣는 것이 잠재적인 고용주에게 제공할 수 있는 전문 지식을 증가시킨다고 했다. 따라서 (a)가 정답이다.

Paraphrasing

increase the expertise 전문 지식을 증가시키다 → develop the skills 기술을 개발하다

02회 실전모의고사

문제집 p.8

정답 및 문제 유형 분석표

PART 1		PART 2		PART 3		PART 4	
27	(d) 특정세부사항	34	(b) 주제/목적	40	(b) 특정세부사항	46	(d) 주제/목적
28	(b) 특정세부사항	35	(c) 특정세부사항	41	(b) 특정세부사항	47	(b) 특정세부사항
29	(c) 특정세부사항	36	(d) 특정세부사항	42	(b) 추론	48	(a) 추론
30	(a) 특정세부사항	37	(a) 특정세부사항	43	(a) 특정세부사항	49	(c) 특정세부사항
31	(c) 특정세부사항	38	(b) 추론	44	(a) 특정세부사항	50	(c) 특정세부사항
32	(c) 특정세부사항	39	(d) 특정세부사항	45	(c) 추론	51	(b) Not/True
33	(b) 추론					52	(d) 특정세부사항

취약 유형 분석표

유형	맞힌 개수
주제/목적	/2
특정세부사항	/18
Not/True	/1
추론	/5
TOTAL	26

PART 1(27~33) Conversation 볼 드롭 관람 경험에 관한 두 친구의 대화

안부 인사

M: Happy New Year, Sarah! [27]How did you celebrate the holiday? Did you see any of the festivities on television last night?

주제 제시: 볼 드롭

F: Thanks, Robert! Same to you. I did see the festivities. Actually . . . [27]I was in the main plaza last night to watch the ball drop.

M: Really? I've lived in this city for many years but still have never seen the ball drop in person. [28]I heard that waiting for it to begin can be exhausting.

관람 준비

F: Oh, it was definitely tough. We had to stay standing for almost six hours. Not to mention the weather is quite cold this time of year.

M: I don't think I could put up with that.

F: Thankfully, my friends go to the main plaza every New Year's Eve, so they know exactly how to prepare. We dressed in layers and brought heat warmer packs. We also wore our most comfortable shoes.

사전 행사1: 게임

M: That was smart. So, tell me about your experience.

F: I had a great time. The organizers plan different events to keep the crowd entertained. I realized that so much of what happens in the main plaza doesn't make it to TV.

M: Like what?

F: They have games and giveaways for the attendees.

M: Did you get a chance to participate?

남: 새해 복 많이 받아, Sarah! [27]휴일은 어떻게 기념했어? 어젯밤 텔레비전에서 축제 행사 본 거 있어?

여: 고마워, Robert! 너도 새해 복 많이 받아. 나 축제 행사 봤어. 사실... [27]난 어젯밤에 볼 드롭을 보기 위해 중앙 광장에 있었어.

남: 정말? 난 이 도시에 수년간 살아왔지만 아직 한 번도 볼 드롭을 직접 본 적이 없어. [28]그게 시작되기를 기다리는 게 매우 피곤할 수 있다고 들었어.

여: 오, 물론 힘들었지. 우리는 거의 여섯 시간 동안 서 있었어야 했어. 매년 이맘때에 날씨가 꽤 추운 건 말할 것도 없고.

남: 나는 그걸 참고 견디지 못할 것 같아.

여: 다행스럽게도, 내 친구들은 매년 새해 전야에 중앙 광장에 가니까, 어떻게 준비해야 할지를 정확히 알더라. 우리는 옷을 겹겹이 껴입고 핫팩을 가져갔어. 가장 편한 신발도 신었지.

남: 현명했네. 그래서, 네 경험에 대해 말해 줘.

여: 난 정말 즐거운 시간을 보냈어. 주최자들은 관중들이 계속 즐거울 수 있도록 다양한 행사들을 기획해. 난 중앙 광장에서 벌어지는 많은 일들이 텔레비전에 나오지 않는다는 걸 깨달았어.

남: 예를 들면?

여: 게임과 그 참가자들을 위한 경품들이 있어.

남: 넌 참여할 기회가 있었어?

사전 행사2: 공연

F: No, we were standing too far away. But we did receive some gifts. A cosmetics chain passed out complimentary lotion, and [29]a local grocery store gave us free tote bags filled with snacks!

M: That's nice. Did you and your friends have a good view of the stage?

F: There were actually multiple stages, but [30]we were lucky; our spot was near the main stage. Because of that, we could see the celebrity interviews and all the major musical performances up close.

M: Wow, that's incredible! I noticed there was a different musical act every 30 minutes. The whole night must have seemed like a concert.

F: It sure did! And I'm glad for it. [31]Dancing and singing along to the songs made the six hours of waiting pass by quickly. Before we knew it, it was almost midnight.

주요 행사: 카운트다운

M: Time to count down to the new year.

F: Oh, yeah. We counted down the last 10 seconds of the year. Then confetti exploded into the air, and the night sky was filled with fireworks.

M: That must have been quite the show! So, was seeing the ball drop your favorite part of the night?

F: While I really enjoyed the grand finale, [32]I think the part I enjoyed the most was the festive atmosphere.

M: What do you mean exactly?

F: [32]Everyone was just so friendly. Strangers were laughing, smiling, and wishing each other a Happy New Year.

M: I would love to experience that.

남자가 다음에 할 일

F: Well, [33]I took some pictures on my phone. It's not the same as being there, but would you like to see them?

M: [33]Yes, please. Let me put my glasses on first.

여: 아니, 우리는 너무 멀리 떨어진 곳에 서 있었어. 하지만 선물 몇 개는 받았어. 한 화장품 체인점에서 무료 로션을 나눠줬고, [29]현지 식료품점은 간식으로 채워져 있는 무료 토트백을 줬어!

남: 그거 좋다. 너와 네 친구들은 무대가 잘 보였니?

여: 사실 여러 개의 무대가 있었는데, [30]우리는 운이 좋았지. 우리 자리가 본 무대 근처였거든. 그 덕분에, 우리는 연예인 인터뷰와 모든 주요 음악 공연을 바로 가까이에서 볼 수 있었어.

남: 와, 엄청나다! 30분마다 다른 음악 공연이 있다는 걸 알고 있었어. 온밤이 분명 콘서트 같았겠다.

여: 정말 그랬어! 그리고 그건 다행스러워. [31]그 노래에 따라 춤추고 노래하는 것은 여섯 시간의 대기가 빨리 지나가게 만들어 줬어. 어느새, 거의 자정이 되어 있더라.

남: 새해까지 카운트다운하는 시간이네.

여: 오, 맞아. 우리는 그해의 마지막 10초를 카운트다운했어. 그랬더니 색종이 조각들이 허공에 터지면서, 밤하늘은 불꽃놀이로 가득 채워졌어.

남: 분명 엄청난 광경이었겠다! 그럼, 볼 드롭을 본 게 그날 밤의 가장 마음에 드는 부분이었어?

여: 그 대단원도 정말 좋았지만, [32]가장 즐거웠던 부분은 축제 분위기였던 것 같아.

남: 그게 정확히 무슨 말이야?

여: [32]모든 사람이 정말 다정했어. 모르는 사람들이 서로 웃고 미소 지으면서 서로 신년을 축하해 주고 있었어.

남: 나도 그걸 경험해 보고 싶다.

여: 음, [33]내가 휴대폰으로 사진을 몇 장 찍었어. 그곳에 있는 거랑 똑같진 않지만, 그래도 한번 볼래?

남: [33]응, 좋아. 먼저 안경 좀 쓸게.

어휘 | festivity [festívəti] 축제 행사 ball drop 볼 드롭(신년이 되는 순간에 공을 떨어뜨리는 뉴욕의 신년 행사) in person 직접 put up with ~을 참고 견디다 dress in layers 옷을 겹겹이 껴입다 organizer [ɔ́:rgənàizər] 주최자 crowd [kraud] 관중, 사람들 entertain [èntərtéin] 즐겁게 하다 giveaway [gívəwei] 경품 attendee [ətendí:] 참가자 cosmetics [kɑ:zmétiks] 화장품 complimentary [kɑ̀:mpliméntri] 무료의 multiple [mʌ́ltipəl] 여러, 다수의 performance [pərfɔ́:rməns] 공연 up close 바로 가까이에서 incredible [inkrédəbəl] 엄청난, 믿기 힘든 notice [nóutis] 알다 confetti [kənféti] 색종이 조각 explode [iksplóud] 터지다, 폭발하다 festive [féstiv] 축제의 atmosphere [ǽtməsfiər] 분위기

27 특정세부사항 What

난이도 ●○○

What did Sarah do for the New Year's holiday?

(a) She went to a ballroom in the main plaza.

Sarah는 새해 연휴에 무엇을 했는가?

(a) 중앙 광장에 있는 무도회장에 갔다.

(b) She visited another city to celebrate. (c) She enjoyed the festivities on television. **(d) She attended a public celebration.**	(b) 기념일을 축하하기 위해 다른 도시를 방문했다. (c) 텔레비전으로 축제 행사를 즐겼다. **(d) 대중적인 기념행사에 참석했다.**

지텔프 치트키

질문의 키워드 holiday가 그대로 언급된 주변을 주의 깊게 듣는다.

해설 | 남자가 'How did you celebrate the holiday?'라며 휴일은 어떻게 기념했는지를 묻자, 여자가 'I was in the main plaza last night to watch the ball drop.'이라며 볼 드롭을 보기 위해 중앙 광장에 있었다고 했다. 따라서 (d)가 정답이다.

Paraphrasing
the ball drop 볼 드롭 → a public celebration 대중적인 기념행사

어휘 | ballroom[bɔ́:lru:m] 무도회장

28 특정세부사항 What

난이도 ●●○

What had Robert heard about the ball drop ceremony? (a) that its preparation takes the city many months **(b) that its wait time before the start is tiring** (c) that it requires people to go there in advance (d) that it is held during the coldest time of the year	Robert가 볼 드롭 행사에 관해 들었던 것은 무엇인가? (a) 도시가 그것을 준비하는 데 여러 달이 걸린다는 것 **(b) 시작 전 대기 시간이 고되다는 것** (c) 사람들이 그곳에 미리 갈 것을 요구한다는 것 (d) 일 년 중 가장 추울 때 열린다는 것

지텔프 치트키

질문의 키워드 heard about이 heard that으로 paraphrasing되어 언급된 주변을 주의 깊게 듣는다.

해설 | 남자가 'I heard that waiting for it to begin can be exhausting.'이라며 볼 드롭이 시작되기를 기다리는 것이 매우 피곤할 수 있다고 들었다고 했다. 따라서 (b)가 정답이다.

Paraphrasing
waiting for it to begin 그것이 시작되기를 기다리는 것 → its wait time before the start 시작 전 대기 시간
exhausting 매우 피곤한 → tiring 고된

29 특정세부사항 Which

난이도 ●●○

Which item did Sarah and her friends receive for free? (a) tote bags from a cosmetics chain (b) a raffle ticket to win a new TV **(c) snacks from a local supermarket** (d) a VIP pass to an upcoming concert	Sarah와 그녀의 친구들은 어떤 물건을 무료로 받았는가? (a) 화장품 체인점에서 준 토트백 (b) 새 텔레비전에 당첨되기 위한 경품 응모권 **(c) 현지 슈퍼마켓에서 준 간식** (d) 곧 있을 콘서트의 VIP 표

지텔프 치트키

질문의 키워드 free가 그대로 언급된 주변을 주의 깊게 듣는다.

해설 | 여자가 'a local grocery store gave us free tote bags filled with snacks'라며 현지 식료품점이 간식으로 채워져 있는 무료 토트백을 줬다고 했다. 따라서 (c)가 정답이다.

Paraphrasing
a local grocery store 현지 식료품점 → a local supermarket 현지 슈퍼마켓

오답분석
(a) 여자가 화장품 체인점에서는 무료 로션을 나눠줬다고 언급했고, 토트백은 현지 식료품점이 줬다고 언급했으므로 오답이다.

어휘 | raffle ticket 경품 응모권, 복권 upcoming[ʌ́pkʌmiŋ] 곧 있을

30 특정세부사항 Why

난이도 ●●○

Why did Sarah consider her spot to be fortunate?	Sarah는 왜 그녀의 자리가 운이 좋다고 여겼는가?
(a) because it had a great view of the shows	**(a) 공연이 잘 보였기 때문에**
(b) because multiple stages were within sight	(b) 여러 개의 무대가 가까웠기 때문에
(c) because famous celebrities interviewed her friends	(c) 유명한 연예인들이 그녀의 친구들을 인터뷰했기 때문에
(d) because she could play games near the main stage	(d) 본 무대 근처에서 게임을 할 수 있었기 때문에

지텔프 치트키
질문의 키워드 spot이 그대로 언급된 주변을 주의 깊게 듣는다.

해설 | 여자가 'we were lucky; our spot was near the main stage'라며 자신의 자리가 본 무대 근처여서 운이 좋았다고 한 뒤, 'Because of that, we could see ~ all the major musical performances up close.'라며 그 덕분에 모든 주요 음악 공연을 바로 가까이에서 볼 수 있었다고 했다. 따라서 (a)가 정답이다.

Paraphrasing
fortunate 운이 좋은 → lucky 운이 좋은

오답분석
(b) 여자가 여러 개의 무대가 있었다고 언급하기는 했지만, 그녀의 자리와 여러 개의 무대가 모두 가까웠다고 한 것은 아니므로 오답이다.

어휘 | within sight 가까운, 보이는

31 특정세부사항 How

난이도 ●●○

Based on the conversation, how did Sarah and her friends quickly pass the waiting time?	대화에 따르면, Sarah와 그녀의 친구들은 어떻게 대기 시간을 빠르게 보냈는가?
(a) by watching fireworks go off in the air	(a) 공중에서 터지는 불꽃놀이를 봄으로써
(b) by talking about their favorite songs	(b) 가장 좋아하는 노래들에 관해 이야기함으로써
(c) by dancing to the musical performances	**(c) 음악 공연에 맞추어 춤을 춤으로써**
(d) by counting down until the ball dropped	(d) 볼이 떨어지기까지 카운트다운함으로써

지텔프 치트키
질문의 키워드 waiting time이 hours of waiting으로 paraphrasing되어 언급된 주변을 주의 깊게 듣는다.

해설 | 여자가 'Dancing and singing along to the songs made the six hours of waiting pass by quickly.'라며 (음악 공연의) 노래에 따라 춤추고 노래하는 것이 여섯 시간의 대기가 빨리 지나가게 만들어 줬다고 했다. 따라서 (c)가 정답이다.

어휘 | go off 터지다, 폭발하다

32 특정세부사항 What

난이도 ●●○

According to Sarah, what was the most enjoyable part of the festival? (a) the lineup of talented singers (b) the beautiful sight of the confetti **(c) the pleasant mood of the crowd** (d) the fresh air from the night sky	Sarah에 따르면, 축제에서 가장 즐거웠던 부분은 무엇이었는가? (a) 재능 있는 가수들의 라인업 (b) 색종이 조각들의 아름다운 광경 **(c) 사람들의 다정한 분위기** (d) 밤하늘의 상쾌한 공기

지텔프 치트키

질문의 키워드 most enjoyable이 enjoyed the most로 paraphrasing되어 언급된 주변을 주의 깊게 듣는다.

해설 | 여자가 'I think the part I enjoyed the most was the festive atmosphere'라며 가장 즐거웠던 부분은 축제 분위기였던 것 같다고 한 뒤, 'Everyone was ~ friendly.'라며 모든 사람이 다정했다고 했다. 따라서 (c)가 정답이다.

Paraphrasing
atmosphere 분위기 → mood 분위기
friendly 다정한 → pleasant 다정한

어휘 | pleasant[plézənt] 다정한, 즐거운

33 추론 다음에 할 일

난이도 ●●○

What will Robert most likely do after the conversation? (a) He will show Sarah his phone. **(b) He will take a look at some images.** (c) He is going to take his glasses off. (d) He is going to meet Sarah's friends.	Robert가 대화 이후에 할 일은 무엇일 것 같은가? (a) Sarah에게 그의 휴대폰을 보여 줄 것이다. **(b) 사진 몇 장을 볼 것이다.** (c) 그의 안경을 벗을 것이다. (d) Sarah의 친구들을 만날 것이다.

지텔프 치트키

다음에 할 일을 언급하는 후반을 주의 깊게 듣는다.

해설 | 여자가 'I took some pictures on my phone'이라며 사진을 몇 장 찍었다고 한 뒤, 'It's not the same as being there, but would you like to see them?'이라며 그곳(볼 드롭 행사)에 있는 것과 똑같지는 않지만 사진을 한번 볼 것인지를 묻자, 남자가 'Yes, please.'라며 좋다고 대답한 것을 통해, Robert는 대화 이후에 Sarah의 휴대폰에 있는 사진 몇 장을 볼 것임을 추론할 수 있다. 따라서 (b)가 정답이다.

Paraphrasing
see 보다 → take a look 보다

PART 2(34~39) Presentation 클라이머 신제품 소개

주제 제시: 신제품 소개

Good morning, everybody! I'm the sales director of Home Fit, and [34]I am thrilled to be here to tell you about our latest piece of exercise equipment, the Smart Stair Climber. As we all know, it is hard to exercise regularly due to time constraints and low motivation. Now, the Smart Stair Climber will help you find the time and energy to work out and get healthy.

제조사 소개

Before we talk about the climber, I would like to share our company's origin story. [35]Home Fit was started in 2010 when our founder James Sanchez, a former engineer, grew tired of wasting time driving back and forth from his local gym. His solution was simple: design and build fitness machines that could easily fit in one's home and provide efficient, full-body workouts. And we believe our newest product is the best one so far!

제품의 차별성: 핸들

Like traditional step machines, the Smart Stair Climber offers a low-impact, muscle-sculpting leg workout. But what makes our climber special is that it is equipped with movable handlebars. Users can adjust the resistance of these handlebars for an intense chest and arm workout while they exercise their lower bodies. This results in a complete muscular training session.

주요 기능1: 스마트 스크린

Now, let's talk about what makes this device smart. Our stair climber comes with a smart touch screen. Lacking motivation? No problem! Select one of the classes and have a certified trainer appear on-screen to make sure you finish your workout. Classes range from 10 minutes to one hour, all depending on your fitness goals. And [36]if you just want a little amusement, the smart screen can function as a television, so you can catch up on your favorite shows during your workout.

주요 기능2: 데이터 분석

What's more, the Smart Stair Climber automatically collects performance data, which includes average speed, total steps taken, calories burned, and time spent exercising. Not only can users track their progress, but the machine can further analyze the data. [37]Utilizing artificial intelligence technology, this device can recommend customized workout programs appropriate for an individual's fitness level. Having the Smart Stair Climber in your home is like living with a personal trainer!

Of course, [38]this climber is definitely a typical Home Fit product as it features a compact design made with durable materials. It is made of locally sourced steel

좋은 아침입니다, 여러분! 저는 Home Fit의 영업 담당자이고, [34]우리의 최신 운동 기구인 Smart Stair Climber에 관해 설명해 드리러 이곳에 오게 되어 아주 신이 납니다. 우리가 모두 알다시피, 시간 제약과 낮은 동기 부여 때문에 규칙적으로 운동하는 것은 어렵죠. 이제, Smart Stair Climber가 여러분이 운동할 시간과 활력을 찾고 건강해지는 데 도움을 줄 것입니다.

클라이머에 대해 이야기하기 전에, 우리 회사의 유래 이야기를 나누고자 합니다. [35]Home Fit은 2010년에 전 공학자였던 설립자 James Sanchez가 그의 동네 체육관에 왔다 갔다 운전하는 시간을 낭비하는 것에 싫증이 났을 때 시작되었습니다. 그의 해결책은 간단했어요. 집에 잘 들어맞을 수 있으면서 효율적인 전신 운동을 제공할 수 있는 체력 단련 기구들을 고안하고 만드는 것이었죠. 그리고 우리의 최신 제품이 지금까지 최고의 것이라고 생각합니다!

전통적인 계단 운동 기구처럼, Smart Stair Climber는 충격이 작고, 근육을 형성하는 다리 운동을 제공합니다. 하지만 우리의 클라이머를 특별하게 만드는 점은 이것에 움직일 수 있는 핸들이 장착되어 있다는 겁니다. 이용자들은 그들이 하체 운동을 하는 동안에 고강도의 가슴 및 팔 운동을 위해 이 핸들의 저항력을 조절할 수 있습니다. 이것은 결과적으로 완전한 근육 운동 시간이 됩니다.

이제, 이 기구를 똑똑하게 만드는 것이 무엇인지에 관해 이야기할게요. 저희 계단 클라이머에는 스마트 터치스크린이 딸려 있습니다. 동기 부여가 부족하시다고요? 문제없습니다! 수업들 중 하나를 선택하면 공인 트레이너가 화면에 나타나 여러분이 운동을 마무리하는 것을 보장합니다. 수업은 여러분의 체력 단련 목표에 따라, 범위가 10분부터 1시간까지입니다. 그리고 [36]만약 여러분이 그저 약간의 재미를 원하신다면, 스마트 스크린은 텔레비전으로 기능할 수 있어서, 운동하면서 밀린 좋아하는 프로그램을 따라잡으실 수 있습니다.

게다가, Smart Stair Climber는 평균 속도, 전체 걸음 수, 소모된 칼로리, 그리고 운동하는 데 든 시간을 포함하는 성과 데이터를 자동으로 수집합니다. 이용자가 자신의 진행 상황을 추적할 수 있을 뿐만 아니라, 기구가 데이터를 한층 더 분석할 수 있죠. [37]인공 지능 기술을 활용함으로써, 이 기구는 개인의 건강 수준에 적합한 맞춤형 운동 프로그램을 추천할 수 있습니다. 집에 Smart Stair Climber가 있는 것은 마치 개인 트레이너와 함께 사는 것과 같답니다!

물론, [38]이 클라이머는 내구성 있는 소재로 만들어진 소형 디자인을 특징으로 하기 때문에 분명히 전형적인 Home Fit 제품입니다. 이것은 현지에서 조달된

주요 특장점: 디자인	and comes with a two-year warranty. In addition, the machine is tall instead of wide, so it doesn't take up much space. Its foldable design and the wheels located on the bottom of the machine make it easy to transport and store. When this apparatus arrives at your home, some assembly is required, but our easy-to-follow instructions will make setting it up a breeze.	강철로 만들어지고 2년의 품질 보증이 딸려 있습니다. 게다가, 이 기구는 폭이 넓은 대신 높아서, 많은 공간을 차지하지 않죠. 접을 수 있는 디자인과 기구 아래쪽에 있는 바퀴들은 이것을 쉽게 이동하고 보관할 수 있게 만듭니다. 이 기구가 여러분의 집에 도착하면, 일부 조립은 필요하지만, 우리의 따라 하기 쉬운 설명서가 설치를 식은 죽 먹기로 만들 겁니다.
구매 정보	The Smart Stair Climber will be available starting May 15 at a price of $3,000, and it can be ordered at any of our stores or from our website, HomeFit.com. [39]We encourage all of you interested in this product to come to one of our shops. There, you will be able to test out the Smart Stair Climber yourself. Also, until the end of the month, those who purchase the device will be gifted a $50 in-store coupon that can be used in the month of June.	Smart Stair Climber는 3,000달러의 가격으로 5월 15일부터 이용 가능할 것이고, 모든 매장 또는 웹사이트 HomeFit.com에서 주문될 수 있습니다. [39]이 제품에 관심이 있으신 분들은 모두 저희 매장에 방문하시기를 권장합니다. 그곳에서, Smart Stair Climber를 직접 체험해 보실 수 있을 겁니다. 또한, 이달 말까지, 이 기구를 구매하시는 분들에게 6월에 저희 매장에서 사용하실 수 있는 50달러 상당의 쿠폰을 받으실 겁니다.
끝인사	Thank you for listening. I hope everyone here will consider this amazing opportunity. If there are any questions, I will be available at the Home Fit booth for the next 20 minutes.	들어주셔서 감사합니다. 여기 계신 모든 분들께서 이 굉장한 기회를 고려해 보시길 바랍니다. 질문이 있으시다면, 이후 20분간 Home Fit 부스에서 저를 만나실 수 있습니다.

어휘 | equipment[ikwípmənt] 기구 climber[kláimər] 클라이머(계단을 오르는 것을 반복하는 운동 기구) constraint[kənstréint] 제약 motivation[mòutəvéiʃən] 동기 부여 origin[ɔ́:ridʒin] 유래, 기원 founder[fáundər] 설립자 efficient[ifíʃənt] 효율적인 muscle-sculpting 근육을 형성하는 be equipped with ~이 장착되어 있다, ~을 갖추고 있다 movable[mú:vəbəl] 움직일 수 있는 adjust[ədʒʌ́st] 조절하다, 조정하다 resistance[rizístəns] 저항력 intense[inténs] 고강도의 certified[sə́:rtəfàid] 공인의, 보증된 amusement[əmjú:zmənt] 재미, 오락 function[fʌ́ŋkʃən] 기능하다 catch up on (밀린 것을) 따라잡다, 만회하다 automatically[ɔ̀:təmǽtikəli] 자동으로 collect[kəlékt] 수집하다 performance[pərfɔ́:rməns] 성과, 수행 track[træk] 추적하다 progress[prá:gres] 진행 상황 analyze[ǽnəlàiz] 분석하다 appropriate[əpróupriət] 적합한 typical[típikəl] 전형적인 feature[fí:tʃər] ~을 특징으로 하다 compact[kəmpǽkt] 소형의, 간편한 durable[dúrəbəl] 내구성 있는 locally[lóukəli] 현지에서 source[sɔ:rs] 조달하다, 얻다 warranty[wɔ́:rənti] 품질 보증 foldable[fóuldəbəl] 접을 수 있는 apparatus[æ̀pərǽitəs] 기구 assembly[əsémbli] 조립 instruction[instrʌ́kʃən] 설명서 breeze[bri:z] 식은 죽 먹기, 쉬운 일

34 주제/목적 담화의 목적

난이도 ●●○

What is the purpose of the talk?

(a) to explain the business goals of Home Fit
(b) to introduce a brand-new fitness machine
(c) to discuss the difficulty of exercising regularly
(d) to give people motivation to get healthy

담화의 목적은 무엇인가?

(a) Home Fit의 사업 목표를 설명하는 것
(b) 신형 운동 기구를 소개하는 것
(c) 규칙적으로 운동하는 것의 어려움을 논의하는 것
(d) 사람들에게 건강해지기 위한 동기 부여를 주는 것

지텔프 치트키

담화의 목적을 언급하는 초반을 주의 깊게 듣고 전체 맥락을 파악한다.

해설 | 화자가 'I am thrilled to be here to tell you about our latest piece of exercise equipment, the Smart Stair Climber'라며 최신 운동 기구인 Smart Stair Climber에 관해 설명해 주러 오게 되어 아주 신이 난다고 한 뒤, 담화 전반에 걸쳐 새로운 운동 기구인

Smart Stair Climber를 소개하는 내용이 이어지고 있다. 따라서 (b)가 정답이다.

Paraphrasing

our latest piece of exercise equipment 우리의 최신 운동 기구 → a brand-new fitness machine 신형 운동 기구

오답분석

(d) 화자가 담화 초반에 Smart Stair Climber가 건강해지는 데 도움을 줄 것이라고는 했지만, 이는 운동 기구를 소개하기 위한 부연 설명에 해당하고 '동기 부여를 주는 것'이 담화의 목적은 아니므로 오답이다.

어휘 | brand-new 신형의, 최신의

35 특정세부사항 When

난이도 ●●○

When did the founder of Home Fit start the business? (a) when he got tired of using traditional step machines (b) when he received a university degree in industrial design **(c) when he was bothered by the travel time to the gym** (d) when he no longer wanted a career as an engineer	Home Fit의 설립자는 언제 그 사업을 시작했는가? (a) 전통적인 계단 운동 기구를 사용하는 것에 싫증이 났을 때 (b) 산업 디자인 학사 학위를 받았을 때 **(c) 체육관으로 가는 이동 시간이 귀찮아졌을 때** (d) 공학자로서의 직업을 더 이상 원하지 않았을 때

지텔프 치트키

질문의 키워드 founder가 그대로 언급된 주변을 주의 깊게 듣는다.

해설 | 화자가 'Home Fit was started ~ when our founder ~ grew tired of wasting time driving back and forth from his local gym.'이라며 Home Fit은 설립자가 동네 체육관에 왔다 갔다 운전하는 시간을 낭비하는 것에 싫증이 났을 때 시작되었다고 했다. 따라서 (c)가 정답이다.

Paraphrasing

start the business 그 사업을 시작하다 → Home Fit was started Home Fit이 시작되었다
grew tired 싫증이 났다 → was bothered 귀찮아졌다
time driving back and forth 왔다 갔다 운전하는 시간 → travel time 이동 시간

어휘 | university degree 학사 학위 bother[bá:ðər] 귀찮게 하다, 괴롭히다

36 특정세부사항 Who

난이도 ●●○

According to the speaker, who will use the smart screen to watch TV? (a) those who have trouble concentrating during lessons (b) those who require encouragement from a professional (c) those who only have time for the 10-minute classes **(d) those who want to be entertained while they work out**	화자에 따르면, 텔레비전을 보기 위해 스마트 스크린을 사용할 사람은 누구인가? (a) 수업 중에 집중하는 데 어려움이 있는 사람들 (b) 전문가의 격려가 필요한 사람들 (c) 10분짜리 수업을 위한 시간만 있는 사람들 **(d) 운동하면서 즐겁고 싶은 사람들**

지텔프 치트키

질문의 키워드 TV가 television으로 언급된 주변을 주의 깊게 듣는다.

해설 | 화자가 'if you ~ want a little amusement, the smart screen can function as a television, so you can catch up on your favorite shows during your workout'이라며 재미를 원한다면 스마트 스크린은 텔레비전으로 기능할 수 있어서 운동하면서 밀린 좋아하는 프로그램을 따라잡을 수 있다고 했다. 따라서 (d)가 정답이다.

Paraphrasing
want ~ amusement 재미를 원하다 → want to be entertained 즐겁고 싶다

어휘 | concentrate [ká:nsəntreit] 집중하다 encouragement [inkə́:ridʒmənt] 격려

37 특정세부사항 What

난이도 ●○○

What does the Smart Stair Climber do with collected performance data?

(a) It suggests personalized exercise programs.
(b) It recommends a qualified personal trainer.
(c) It provides customized advertisements online.
(d) It analyzes how many calories one should consume.

Smart Stair Climber는 수집된 성과 데이터로 무엇을 하는가?

(a) 개인 맞춤형 운동 프로그램을 추천한다.
(b) 자격을 갖춘 개인 트레이너를 추천한다.
(c) 맞춤형 광고를 온라인으로 제공한다.
(d) 얼마만큼의 열량을 소모해야 하는지를 분석한다.

지텔프 치트키

질문의 키워드 performance data가 그대로 언급된 주변을 주의 깊게 듣는다.

해설 | 화자가 'Utilizing artificial intelligence technology, this device can recommend customized workout programs appropriate for an individual's fitness level.'이라며 인공 지능 기술을 활용함으로써 Smart Stair Climber는 개인의 건강 수준에 적합한 맞춤형 운동 프로그램을 추천할 수 있다고 했다. 따라서 (a)가 정답이다.

Paraphrasing
recommend customized workout programs 맞춤형 운동 프로그램을 추천하다 → suggests personalized exercise programs 개인 맞춤형 운동 프로그램을 추천하다

어휘 | personalized [pə́:rsənəlàizd] 개인 맞춤형의 advertisement [æ̀dvərtáizmənt] 광고 consume [kənsú:m] 소모하다, 섭취하다

38 추론 특정사실

난이도 ●●●

Based on the talk, what can be said about other Home Fit products?

(a) They are delivered completely assembled.
(b) They are made to be space-efficient.
(c) They use materials imported from overseas.
(d) They tend to be wider than they are tall.

담화에 따르면, 다른 Home Fit 제품들에 관해 말해질 수 있는 것은 무엇인가?

(a) 완전히 조립되어 배달된다.
(b) 공간 효율적이게 만들어진다.
(c) 해외에서 수입된 소재를 사용한다.
(d) 높기보다는 폭이 넓은 경향이 있다.

지텔프 치트키

질문의 키워드 Home Fit products가 Home Fit product로 언급된 주변을 주의 깊게 듣는다.

해설 | 화자가 'this climber is definitely a typical Home Fit product as it features a compact design made with durable materials'라며 클라이머가 소형 디자인을 특징으로 하기 때문에 분명히 전형적인 Home Fit 제품이라고 한 것을 통해, 다른 Home Fit의 제품들도 소형 디자인이라 공간을 적게 차지한다는 측면에서 공간 효율적일 것임을 추론할 수 있다. 따라서 (b)가 정답이다.

Paraphrasing

compact 소형의 → space-efficient 공간 효율적인

어휘 | assemble[əsémbəl] 조립하다 import[impɔ́ːrt] 수입하다 overseas[òuvərsíːz] 해외에서

39 특정세부사항 How

난이도 ●●○

How can people try out the smart device?	사람들은 스마트 기구를 어떻게 시용해 볼 수 있는가?
(a) by renting the device in advance	(a) 기구를 사전에 빌림으로써
(b) by booking a trial at Home Fit's booth	(b) Home Fit 부스에서 시용을 예약함으로써
(c) by signing up on Home Fit's website	(c) Home Fit의 웹 사이트에 가입함으로써
(d) by visiting a Home Fit store	**(d) Home Fit 매장을 방문함으로써**

지텔프 치트키

질문의 키워드 try out이 test out으로 paraphrasing되어 언급된 주변을 주의 깊게 듣는다.

해설 | 화자가 'We encourage all ~ to come to ~ our shops.'라며 제품에 관심이 있는 사람들은 모두 매장에 방문할 것을 권장한다고 한 뒤, 'There, you will be able to test out the Smart Stair Climber yourself.'라며 그곳에서 Smart Stair Climber를 직접 체험해 볼 수 있을 것이라고 했다. 따라서 (d)가 정답이다.

어휘 | trial[tráiəl] 시용, 시험 sign up 가입하다, 등록하다

PART 3(40~45) Conversation 탄력적 근로 시간제의 장단점 비교

안부 인사	F: Hi, Tom! Sorry to bother you. Do you have a minute to talk? M: Sure, Lisa! What brings you here today?	여: 안녕하세요, Tom! 방해해서 죄송해요. 잠깐 이야기할 시간 있으세요? 남: 물론이죠, Lisa! 오늘 여긴 무슨 일로 오셨어요?
주제 제시: 장단점 비교	F: [40]I'm thinking of implementing a flexible schedule at my company that will let my employees choose when they work. I was hoping that, being a management consultant, you could give me some advice. M: Sure. I can try. But why are you trying to set up that kind of system? It can be a major adjustment. F: Well, I have a lot of workers with young families. I think it would be good for those who have small children to take care of or those who have other responsibilities. Unfortunately, I can't decide if the change would be worth making. M: When I work with companies considering this kind of change, I always suggest discussing the system's advantages and disadvantages.	여: [40]직원들이 자신이 언제 일할지를 정할 수 있게 할 탄력적 근로 시간제를 우리 회사에서 시행하려고 생각 중이에요. 경영 자문 위원으로서, 당신이 몇 가지 조언을 해 줄 수 있기를 바라고 있었어요. 남: 물론이죠. 해 볼게요. 하지만 왜 그런 종류의 체계를 마련하려고 하는 거예요? 그것은 중대한 조정이 될 수 있잖아요. 여: 음, 아이가 아직 어린 가정이 있는 직원들이 많이 있어서요. 제 생각에 그것이 돌봐야 할 어린아이들이 있는 사람들이나 다른 책무들이 있는 사람들에게 좋을 것 같아요. 안타깝게도, 저는 이 변혁을 할 가치가 있을지 결정하지 못하겠어요. 남: 이런 종류의 변화를 고려하는 회사와 일할 때, 저는 항상 그 체계의 장단점에 대해 논의하는 것을 제안해요.

장점1: 사기 증대

F: That's a great idea. What are some of the biggest advantages of flexible schedules?

M: Well, as you may know, it increases workers' morale, which is connected to productivity. When workers can more easily manage the necessities of their private lives, their work time feels like less of a burden, greatly improving their work-life balance.

F: But don't the employees work the same number of hours?

M: Generally, yes. But [41]being able to adjust their schedules to run errands and deal with personal issues means they aren't worrying about those things while working.

장점2: 생산성 향상

F: While that would be ideal, it is hard for me to understand how that would enhance productivity.

M: Well, studies have consistently shown that productivity and quality of work increase greatly when flextime is offered. [42]Employees are happier when they feel respected as people, not just treated as workers. And everyone knows that happiness positively affects production.

장점3: 이직률 감소

F: That might keep my employees around for longer, too. The autonomy to do what they need would reduce the number of people who quit, which would be good for the company. It's a big issue now.

M: True. It would reduce your overall turnover and also your hiring and training costs.

단점1: 일정 조정의 어려움

F: That all sounds great, but [43]a large portion of my business requires collaboration between teams and direct interaction with clients. I'm not sure we could schedule meetings or attend to clients' needs.

M: That's definitely a concern. Employees still have to manage their time effectively. It can require more effort to schedule meetings with clients or between employees because of their differing schedules.

단점2: 직원 관리의 어려움

F: That's a major con. Is there anything else that I should be concerned about?

M: Well, [44]managing employees, in general, can be more difficult. When everyone has a different schedule, it can be hard to keep track of them and make sure they're working properly.

단점3: 직원 간 갈등 조성

F: I was worried about that. Maybe I should give flexible schedules only to those who have a good reason for needing them. What do you think?

M: Actually, that's another drawback. Flexible schedules can sometimes cause tension between employees who think scheduling is being done unfairly.

여: 좋은 생각이네요. 탄력적 근로 시간제의 가장 큰 장점에는 어떤 것들이 있나요?

남: 음, 당신도 아마 아시겠지만, 그것은 직원의 사기를 증대시키는데, 이는 생산성과 연결돼요. 직원들이 그들 사생활의 불가피한 일들을 더 쉽게 처리할 수 있을 때, 그들의 근무 시간이 덜한 부담으로 느껴지고, 이는 그들의 일과 삶의 균형을 크게 향상시키죠.

여: 하지만 직원들의 근무 시간은 똑같지 않나요?

남: 일반적으로, 그렇죠. 하지만 [41]볼일을 보고 개인적인 문제를 처리하기 위해 그들의 일정을 조정할 수 있다는 것은 일하는 동안 그들이 그런 것들에 대해 걱정하지 않고 있다는 것을 의미해요.

여: 이상적일 것 같긴 한데, 그것이 어떻게 생산성을 높일지는 이해하기 어렵네요.

남: 음, 연구들은 근무 시간 자유 선택제가 제공될 때 생산성과 업무의 질이 많이 증가한다는 것을 일관되게 보여줘 왔어요. [42]직원들은 그들이 단지 근로자로 취급받는 게 아니라, 사람으로서 존중받는다고 느낄 때 더 행복해해요. 그리고 모두가 행복이 생산에 긍정적으로 영향을 미친다는 것을 알죠.

여: 그것은 제 직원들을 더 오래 일하게 할 수도 있겠네요. 그들이 필요한 일을 하는 자율성은 그만두는 사람의 수를 줄일 것이고, 이것은 회사에 좋을 거예요. 그게 지금 큰 문제거든요.

남: 맞아요. 그것은 당신 회사의 전반적인 이직률을 낮추고 고용 및 교육 비용도 줄여 줄 거예요.

여: 다 좋게 들리지만, [43]제 사업의 대부분은 팀 간의 공동 작업과 고객과의 직접적인 상호 작용이 필요해서요. 우리가 미팅 일정을 잡거나 고객의 요구를 처리할 수 있을지 모르겠어요.

남: 그건 확실히 우려스러운 점이네요. 직원들은 항상 자신들의 시간을 효과적으로 관리해야 해요. 서로 다른 일정 때문에 고객들과의 미팅이나 직원들 간의 미팅 일정을 잡는 데 더 많은 노력이 필요할 수 있어요.

여: 그건 중대한 반대 입장이네요. 제가 걱정해야 할 다른 게 또 있을까요?

남: 음, [44]전반적으로, 직원들을 관리하는 게 더 어려울 수 있어요. 모두가 서로 다른 일정을 가지고 있으면, 그들에 대해 계속 파악하고 있고 그들이 제대로 일하고 있는지를 확인하는 것이 어려울 수 있어요.

여: 저는 그것에 대해 걱정했어요. 아마 탄력적 근로 시간제를 그것이 필요한 타당한 이유가 있는 사람들에게만 줘야 할 것 같아요. 어떻게 생각하세요?

남: 사실, 그건 또 하나의 문제점이에요. 탄력적 근로 시간제는 가끔 불공평하게 일정 수립이 되고 있다고 생각하는 직원들 간의 갈등을 일으킬 수 있어요.

여자의 결정

F: Oh, I never thought about that! It could be a problem.
M: Yes, indeed. So, has this helped you make a decision?
F: I think so. [45]Employees have only been staying at the company for an average of two years, which has been troublesome. **I think I'll have a go at it.** [45]That'll probably increase their average tenure.

여: 오, 저는 그것에 대해서는 한 번도 생각해 보지 못했어요! 그것이 문제가 될 수 있겠네요.
남: 네, 그렇고 말고요. 그럼, 이게 당신이 결정하는 데 도움이 되었나요?
여: 그런 것 같아요. [45]직원들이 회사에 평균 2년 동안만 머무르는데, 이게 골치 아픈 일이거든요. **저는 그걸 한번 해 보려고요.** [45]그게 아마 그들의 평균 재직 기간을 늘려줄 거예요.

어휘 | implement [ímpləmənt] 시행하다, 도입하다 management consultant 경영 자문 위원 adjustment [ədʒʌ́stmənt] 조정, 수정 responsibility [rispɑ̀:nsəbíləti] 책무, 책임 morale [mərǽl] 사기, 의욕 productivity [pròudʌktívəti] 생산성 necessity [nəsésəti] 불가피한 일, 필요성 burden [bə́:rdən] 부담 run errands 볼일을 보다, 심부름을 하다 enhance [inhǽns] 높이다, 향상시키다 consistently [kənsístəntli] 일관되게 flextime [flékstàim] 근무 시간 자유 선택제 autonomy [ɔ:tɑ́:nəmi] 자율성, 자주성 turnover [tə́:rnouvər] 이직률 portion [pɔ́:rʃən] 부분 collaboration [kəlæ̀bəréiʃən] 공동 작업, 협동 interaction [ìntərǽkʃən] 상호 작용 attend to ~을 처리하다 effectively [iféktivli] 효과적으로 con [kɑ:n] 반대 입장, 반대론 in general 전반적으로, 보통 keep track of ~에 대해 계속 파악하고 있다 properly [prɑ́:pərli] 제대로, 적절히 good [gud] 타당한, 좋은 drawback [drɔ́:bæk] 문제점, 결점 tension [ténʃən] 갈등, 긴장 troublesome [trʌ́bəlsəm] 골치 아픈, 성가신 have a go 한번 해 보다 tenure [ténjər] 재직 기간

40 특정세부사항 What

난이도 ●○○

What is Lisa considering doing in her company?

(a) implementing a new management consulting system
(b) allowing workers to schedule their own work hours
(c) setting up a day-care center for employees with children
(d) giving more remote work opportunities to younger workers

Lisa가 그녀의 회사에서 하려고 고려하고 있는 것은 무엇인가?

(a) 새로운 경영 자문 체계를 도입하는 것
(b) 직원들이 자신의 근무 시간 일정을 세울 수 있게 하는 것
(c) 아이가 있는 직원들을 위한 어린이집을 마련하는 것
(d) 젊은 직원들에게 더 많은 원격 근무 기회를 주는 것

지텔프 치트키

질문의 키워드 considering doing이 thinking of implementing으로 paraphrasing되어 언급된 주변을 주의 깊게 듣는다.

해설 | 여자가 'I'm thinking of implementing a flexible schedule at my company that will let my employees choose when they work.'라며 직원들이 자신이 언제 일할지를 정할 수 있게 할 탄력적 근로 시간제를 회사에서 시행하려고 생각 중이라고 했다. 따라서 (b)가 정답이다.

Paraphrasing

let ~ employees choose when they work 직원들이 언제 일할지를 정할 수 있게 하다 → allowing workers to schedule their own work hours 직원들이 자신의 근무 시간 일정을 세울 수 있게 하는 것

어휘 | day-care center 어린이집 remote work 원격 근무

41 특정세부사항 장·단점

난이도 ●●○

How could flexible work schedules be good for workers?

(a) They can reduce the time spent on commuting.
(b) They can take time for personal matters.
(c) They will allot more time to increasing productivity.
(d) They will treat each other with more respect.

탄력적 근로 시간제는 직원들에게 어떻게 좋을 수 있는가?

(a) 통근에 드는 시간을 줄일 수 있다.
(b) 개인적인 일들을 위한 시간을 가질 수 있다.
(c) 생산성을 증대시키는 데 더 많은 시간을 할당할 것이다.
(d) 서로를 더 존중하면서 대할 것이다.

지텔프 치트키

질문의 키워드 flexible work schedules와 관련된 긍정적인 흐름을 파악한다.

해설 | 남자가 'being able to adjust their schedules ~ means they aren't worrying about those things while working'이라며 직원들이 볼일을 보고 개인적인 문제를 처리하기 위해 자신의 일정을 조정할 수 있다는 것은 일하는 동안 그런 것들에 대해 걱정하지 않고 있다는 것을 의미한다고 했다. 따라서 (b)가 정답이다.

Paraphrasing

personal issues 개인적인 문제 → personal matters 개인적인 일들

오답분석

(c) 남자가 탄력적 근로 시간제 때문에 증대된 직원의 사기가 생산성으로 연결된다고는 했지만, 직원들이 생산성을 증대시키는 데 더 많은 시간을 할당할 것인지는 언급하지 않았으므로 오답이다.

어휘 | allot[əlάːt] 할당하다

42 추론 특정사실

난이도 ●●○

Based on the conversation, what most likely happens to workers who are allowed to make their own schedules?

(a) They work fewer hours than before.
(b) They develop better attitudes toward their jobs.
(c) They learn better time management skills.
(d) They are more likely to take training courses.

대화에 따르면, 스스로의 일정을 수립하도록 허용된 직원들에게 무슨 일이 일어날 것 같은가?

(a) 이전보다 더 적은 시간을 일한다.
(b) 일에 대해 더 나은 태도를 발달시킨다.
(c) 더 나은 시간 관리 기술을 배운다.
(d) 교육 과정을 수강할 가능성이 더 크다.

지텔프 치트키

질문의 키워드 make ~ own schedules가 flextime으로 paraphrasing되어 언급된 주변을 주의 깊게 듣는다.

해설 | 남자가 'Employees are happier when they feel respected as people, not just treated as workers.'라며 직원들은 그들이 단지 근로자로 취급받는 것이 아니라 사람으로서 존중받는다고 느낄 때 더 행복해한다고 한 뒤, 'And everyone knows that happiness positively affects production.'이라며 모두가 행복이 생산에 긍정적으로 영향을 미친다는 것을 안다고 한 것을 통해, 스스로의 일정을 수립하도록 허용된 직원들은 일에 대해 더 나은 태도를 발달시킬 것임을 추론할 수 있다. 따라서 (b)가 정답이다.

43 특정세부사항 장·단점

난이도 ●●○

How will a flexible schedule system negatively affect Lisa's company?

(a) It will cause difficulty in scheduling meetings.
(b) It will require using new productivity software.
(c) It will increase the cost of finding new employees.
(d) It will necessitate more customer service staff.

탄력적 근로 시간제는 Lisa의 회사에 어떻게 부정적으로 영향을 미칠 것인가?

(a) 미팅 일정을 잡는 데 어려움을 야기할 것이다.
(b) 새로운 생산성 소프트웨어를 사용하는 것을 필요로 할 것이다.
(c) 새 직원을 찾는 비용을 늘릴 것이다.
(d) 더 많은 고객 서비스 직원을 필요하게 만들 것이다.

지텔프 치트키

질문의 키워드 flexible schedule system과 관련된 부정적인 흐름을 파악한다.

해설 | 여자가 'a large portion of my business requires collaboration between teams and direct interaction with clients'라며 사업의 대부분은 팀 간의 공동 작업과 고객과의 직접적인 상호 작용이 필요하다고 한 뒤, 'I'm not sure we could schedule meetings or attend to clients' needs.'라며 탄력적 근로 시간제 시행 시 미팅 일정을 잡거나 고객의 요구를 처리할 수 있을지 모르겠다고 했다. 따라서 (a)가 정답이다.

어휘 | necessitate [nəsésiteit] ~을 필요하게 만들다

44 특정세부사항 Why

난이도 ●●○

According to Tom, why might managers find the new system challenging?

(a) because they cannot monitor their employees directly
(b) because they cannot do fair performance evaluations
(c) because they cannot form good professional relationships
(d) because they cannot transfer workers between departments

Tom에 따르면, 왜 관리자들은 새로운 체계가 도전적이라고 생각할지도 모르는가?

(a) 직원들을 직접 감시할 수 없기 때문에
(b) 공정한 성과 평가를 할 수 없기 때문에
(c) 좋은 직업적 관계를 형성할 수 없기 때문에
(d) 부서 간에 직원들을 이동시킬 수 없기 때문에

지텔프 치트키

질문의 키워드 challenging이 difficult로 paraphrasing되어 언급된 주변을 주의 깊게 듣는다.

해설 | 남자가 'managing employees, in general, can be more difficult'라며 탄력적 근로 시간제 시행 시 전반적으로 직원들을 관리하는 것이 더 어려울 수 있다고 한 뒤, 'When everyone has a different schedule, it can be hard to keep track of them and make sure they're working properly.'라며 모두가 서로 다른 일정을 가지고 있으면 직원들에 대해 계속 파악하고 있고 직원들이 제대로 일하고 있는지를 확인하는 것은 어려울 수 있다고 했다. 따라서 (a)가 정답이다.

Paraphrasing
keep track of them 그들에 대해 계속 파악하고 있다 → monitor ~ employees 직원들을 감시하다

어휘 | challenging [tʃǽlindʒiŋ] 도전적인, 어려운 monitor [mάːnitər] 감시하다, 감독하다 evaluation [ivæ̀ljuéiʃən] 평가
transfer [trænsfə́ːr] 이동시키다 department [dipάːrtmənt] 부서

45 추론 특정사실

난이도 ●●○

What is probably a conclusive factor in Lisa's decision?

(a) that there is too much tension between her workers
(b) that she hopes to improve the company's image
(c) that her employees do not stay with the company long
(d) that her company needs more young workers

Lisa의 결정에 있어 결정적인 요인은 무엇일 것 같은가?

(a) 그녀의 직원들 사이에 너무 많은 갈등이 있다는 것
(b) 그녀가 회사의 이미지를 개선하기를 원한다는 것
(c) 그녀의 직원들이 회사에 오래 머무르지 않는다는 것
(d) 그녀의 회사에 젊은 직원들이 더 필요하다는 것

지텔프 치트키

여자의 결정을 언급하는 후반을 주의 깊게 듣는다.

해설 | 여자가 'Employees have only been staying at the company for an average of two years, which has been troublesome.'이라며 직원들이 회사에 평균 2년 동안만 머무르는 것이 골치 아픈 일이라고 한 뒤, 'That'll probably increase their average tenure.'라며 탄력적 근로 시간제 시행이 직원들의 평균 재직 기간을 늘려줄 것이라고 한 것을 통해, 그녀의 직원들이 회사에 오래 머무르지 않는 것이 Lisa가 탄력적 근로 시간제 시행 여부를 결정하는 것에 있어 결정적인 요인일 것임을 추론할 수 있다. 따라서 (c)가 정답이다.

Paraphrasing
Employees have only been staying at the company for an average of two years 직원들이 회사에 평균 2년 동안만 머무르다
→ employees do not stay with the company long 직원들이 회사에 오래 머무르지 않다

어휘 | conclusive [kənklúːsiv] 결정적인

PART 4[46~52] Explanation 집에서 팩을 만드는 5단계의 과정

인사 + 주제 제시

Welcome, everyone! Thank you for joining Mandala Beauty Lab's skin-care seminar. These days, making beauty products at home is growing in popularity among young people because it's environmentally friendly, healthy, cheap, and even fun. This is especially true of facial masks, which are one of the easiest things to make using ingredients you already have. Today, [46]I'm going to share with you the secret to making your own masks at home!

I know you're thinking: "I don't have the chemicals needed to make a mask!" But the truth is, you can replicate the actions of the special chemicals in commercial masks very easily. You just have to know what to do.

1단계: 팩의 용도 설정

[47]The first step to creating your own mask is similar to what you would do if you were buying one in the store. You have to decide what you want the mask to do. For instance, do you want a mask to hydrate your skin? Or maybe you need one to deal with an acne breakout or a skin condition like a rash.

환영합니다, 여러분! Mandala Beauty Lab의 피부 관리 세미나에 참석해 주셔서 감사합니다. 요즘, 집에서 미용 제품을 만드는 것은 환경친화적이고, 건강에 좋고, 저렴하며, 게다가 재미있기까지 해서 젊은이들 사이에서 인기가 많아지고 있습니다. 이것은 특히 마스크 팩에 해당되는데, 이것은 여러분이 이미 가지고 있는 재료들을 사용해서 만들 수 있는 가장 쉬운 것들 중 하나입니다. 오늘, [46]저는 집에서 여러분만의 팩을 만드는 비법을 공유할 것입니다!

저는 여러분이 '저는 팩을 만드는 데 필요한 화학 제품이 없어요!'라고 생각하고 계신 것을 압니다. 하지만 사실, 여러분은 시판용 팩에 있는 특별한 화학 물질의 기능을 매우 쉽게 모사하실 수 있습니다. 여러분은 그저 무엇을 해야 할지 아시기만 하면 됩니다.

[47]여러분만의 팩을 만드는 첫 번째 단계는 여러분이 상점에서 그것을 산다면 하게 될 일과 비슷합니다. 여러분은 팩이 해 줬으면 하는 일을 정해야 합니다. 예를 들어, 여러분은 피부에 수분을 공급하는 팩을 원하십니까? 혹은 여러분은 여드름 발생이나 발진과 같은 피부 질환을 다룰 수 있는 것이 필요하실지도 모릅니다.

2단계: 피부 유형 고려	The second step is to consider how your skin will react to different ingredients. If you have oily skin, for example, you probably want to avoid creating oil-based masks, which make your skin oilier. [48]If you have dry skin, on the other hand, additional oils may make your skin softer and more elastic.	두 번째 단계는 여러분의 피부가 서로 다른 성분에 어떻게 반응할지 고려하는 것입니다. 예를 들어, 여러분이 지성 피부를 가지고 계신다면, 아마 피부를 더 기름기 많게 만드는 오일 기반의 팩을 만드는 것을 피하고 싶으실 것입니다. [48]반면에, 여러분이 건성 피부를 가지고 계신다면, 추가적인 오일은 여러분의 피부를 더 부드럽고 탄력 있게 만들지도 모릅니다.
3단계: 재료 탐색	Step three is to determine what materials you have that you can use in your masks. Most people's initial instinct is to check their dressing table or medicine cabinet for ingredients like lotions or ointments, but [49]there's a much better place to look: the kitchen! Most of the things required for making masks can be found in your pantry or refrigerator, from weak acids like vinegar to various fruits to oils to milk and honey.	세 번째 단계는 여러분이 팩에 사용할 수 있는 어떤 재료를 가지고 있는지 알아내는 것입니다. 대부분 사람들의 최초 본능은 로션이나 연고와 같은 재료를 얻기 위해 화장대나 약품 수납장을 확인하는 것이지만, [49]살펴보기 훨씬 더 좋은 장소가 있는데, 그것은 부엌입니다! 팩을 만드는 데 필요한 대부분의 것들을 여러분의 식료품 저장실이나 냉장고에서 찾으실 수 있는데, 식초 같은 약산부터 다양한 과일, 오일, 우유와 꿀까지 말이죠.
4단계: 혼합물 제조	Step four is to create a mixture. Often, this is just as simple as [50]stirring together an active ingredient and some sort of sticky base that will allow it to adhere to the face. If you want a mask that cleans and tightens your pores, a good option is citric acid, which is found in orange juice and some orange pulp, to act as a mild cleanser along with a bit of aloe to soothe the skin. To bind these together, mix them into thick, plain yogurt. If, however, you need a mask to treat a condition like acne, you'll want a mixture with medicinal effects. Try combining manuka honey, turmeric, and sea salt. All of these are used in traditional medicine for their healing qualities. When mixed, they help fight the infection, irritation, and oil production that are associated with acne. It may seem simple, but that's all it takes.	네 번째 단계는 혼합물을 만드는 것입니다. 종종, 이것은 [50]유효 성분과 그것이 얼굴에 부착되도록 해 줄 일종의 어떤 끈적거리는 기본 재료를 함께 섞는 것 정도로 간단합니다. 여러분이 모공을 깨끗하고 팽팽하게 하는 팩을 원하신다면, 좋은 선택은 오렌지 주스와 몇몇 오렌지 과육에서 발견되는 구연산으로, 피부를 진정시키는 약간의 알로에와 함께 순한 세안제와 같은 기능을 합니다. 이것들을 함께 결합하기 위해, 걸쭉한 플레인 요거트에 그것들을 넣어서 섞으십시오. 하지만, 만약 여드름 같은 질환을 치료하기 위해 팩이 필요하시다면, 여러분은 약용 효과가 있는 혼합물을 원하실 것입니다. 마누카 꿀, 강황, 그리고 바다 소금을 결합해 보십시오. 이것들 모두는 그것들의 치료 능력 때문에 전통 약물에 사용됩니다. 혼합되면, 그것들은 여드름과 관련된 감염, 염증, 그리고 유분 분비와 싸우는 데 도움이 됩니다. 단순하게 보일지도 모르지만, 그거면 됩니다.
5단계: 얼굴 도포	Once you've created your unique mask solution, the only thing left to do is to apply it to the face. While [51(c)]you could do this with a makeup brush, or even a pastry brush, [51(b)/(d)]the simplest way may be to just rub it on with your hands. Just make sure to [51(a)]avoid sensitive areas, like around the eyes. Even though the ingredients you've used are natural, they could cause a bit of irritation.	일단 여러분만의 독자적인 팩 용액을 만드셨다면, 남은 유일한 일은 얼굴에 그것을 바르는 것입니다. [51(c)]여러분은 이것을 메이크업 브러시로 하실 수도 있고, 또는 페이스트리 브러시로도 하실 수 있지만, [51(b)/(d)]가장 간단한 방법은 그냥 여러분의 손으로 그것을 문지르는 것일지도 모릅니다. 눈 주위와 같이 [51(a)]민감한 부분만 피해 주시면 됩니다. 여러분이 사용한 성분이 천연이긴 하지만, 약간의 염증을 유발할 수 있습니다.
끝인사	Those are the basics of making masks. [52]I've printed out a few mask recipes for you to try at home. Feel free to take one off the registration table by the exit door as you head to your next beauty seminar.	이것들이 팩을 만드는 기본 원리들입니다. [52]저는 여러분이 집에서 해 보실 수 있는 몇 가지 팩 조리법을 출력해 왔습니다. 다음 미용 세미나로 가시면서 출구 옆에 있는 등록 테이블에서 [52]자유롭게 하나씩 가져가 주십시오.

어휘 | chemical [kémikəl] 화학 제품, 화학 물질 replicate [répləkeit] 모사하다, 복제하다 commercial [kəmə́ːrʃəl] 시판용의, 상업적인 hydrate [háidreit] 수분을 공급하다, 수화시키다 breakout [bréikaut] 발생 rash [ræʃ] 발진, 뾰루지 elastic [ilǽstik] 탄력 있는 dressing table 화장대 ointment [ɔ́intmənt] 연고 pantry [pǽntri] 식료품 저장실

active ingredient 유효 성분(생물학적으로 활성인 의약품 또는 살충제의 성분) sticky [stíki] 끈적거리는 adhere [ədhír] 부착되다, 들러붙다
tighten [táitən] 팽팽하게 하다 pore [pɔːr] 모공 citric acid 구연산 pulp [pʌlp] 과육 along with ~과 함께
soothe [suːð] 진정시키다, 달래다 bind [baind] 결합하다 medicinal [mədísinəl] 약용의, 약효 있는 turmeric [tə́ːrmərik] 강황
infection [infékʃən] 감염 irritation [ìrətéiʃən] 염증 be associated with ~과 관련되다 solution [səlúːʃən] 용액
sensitive [sénsətiv] 민감한, 예민한 registration [rèdʒistréiʃən] 등록

46 주제/목적 담화의 주제

난이도 ●●○

What topic is the speaker mainly discussing?

(a) the materials used in commercial facial masks
(b) how to properly care for the skin
(c) different kinds of facial masks
(d) how to create a beauty product at home

화자가 주로 논의하고 있는 주제는 무엇인가?

(a) 시판용 마스크 팩에 사용되는 재료들
(b) 피부를 제대로 돌보는 방법
(c) 마스크 팩의 여러 가지 종류
(d) 집에서 미용 제품을 만드는 방법

지텔프 치트키

담화의 주제를 언급하는 초반을 주의 깊게 듣고 전체 맥락을 파악한다.

해설 | 화자가 'I'm going to share with you the secret to making your own masks at home'이라며 집에서 자신만의 팩을 만드는 비법을 공유할 것이라고 한 뒤, 담화 전반에 걸쳐 집에서 미용 제품의 일종인 마스크 팩을 만드는 과정을 설명하는 내용이 이어지고 있다. 따라서 (d)가 정답이다.

Paraphrasing
secret to making ~ masks 팩을 만드는 비법 → how to create a beauty product 미용 제품을 만드는 방법

오답분석

(a) 화자가 담화 중간에 마스크 팩을 만드는 데 사용되는 재료들을 언급하기는 했지만, 이는 집에서 마스크 팩을 만들기 위한 재료이지 시판용 마스크 팩의 재료가 아니므로 오답이다.

어휘 | care for ~을 돌보다, 보살피다

47 특정세부사항 What

난이도 ●●○

According to the speaker, what is the first step to making a mask?

(a) buying the appropriate chemicals
(b) determining what skin-care treatment is desired
(c) finding ingredients that offer hydration
(d) curing some skin ailments

화자에 따르면, 팩을 만들기 위한 첫 번째 단계는 무엇인가?

(a) 적절한 화학 제품을 사는 것
(b) 어떤 피부 관리 처치를 바라는지를 정하는 것
(c) 수분 공급을 제공하는 재료를 찾는 것
(d) 몇몇 피부 질환을 치료하는 것

지텔프 치트키

질문의 키워드 first step이 그대로 언급된 주변을 주의 깊게 듣는다.

해설 | 화자가 'The first step ~ is similar to what you would do if you were buying one in the store.'라며 팩을 만드는 첫 번째 단계는 상점에서 팩을 산다면 하게 될 일과 비슷하다고 한 뒤, 'You have to decide what you want the mask to do.'라며 팩이 해 줬으면 하는 일을 정해야 한다고 했다. 따라서 (b)가 정답이다.

Paraphrasing

decide what you want the mask to do 팩이 해 줬으면 하는 일을 정하다 → determining what skin-care treatment is desired 어떤 피부 관리 처치를 바라는지를 정하는 것

어휘 | appropriate [əpróuprieit] 적절한 ailment [éilmənt] 질환, 병

48 추론 특정사실

난이도 ●●○

Who will most likely use oil to make a mask?	누가 팩을 만들기 위해 오일을 사용할 것 같은가?
(a) those who need hydrated skin	**(a) 수분이 많은 피부가 필요한 사람들**
(b) those with an allergy to ointments	(b) 연고에 알레르기가 있는 사람들
(c) those whose skin types are oily	(c) 피부 유형이 지성인 사람들
(d) those who experience acne breakouts	(d) 여드름 발생을 겪는 사람들

지텔프 치트키

질문의 키워드 oil이 oils로 언급된 주변을 주의 깊게 듣는다.

해설 | 화자가 'If you have dry skin, ~ additional oils may make your skin softer and more elastic.'이라며 건성 피부를 가지고 있다면 추가적인 오일이 피부를 더 부드럽고 탄력 있게 만들지도 모른다고 한 것을 통해, 피부가 건조하여 수분이 많은 피부가 필요한 사람들이 팩을 만들기 위해 오일을 사용할 것임을 추론할 수 있다. 따라서 (a)가 정답이다.

49 특정세부사항 What

난이도 ●○○

According to the speaker, what can one do to obtain the elements for masks?	화자에 따르면, 팩을 위한 성분을 얻기 위해 무엇을 할 수 있는가?
(a) recycle remaining cosmetic products	(a) 남아 있는 화장품을 재활용한다
(b) check in their medicine chests	(b) 구급상자를 확인한다
(c) look around in the kitchen	**(c) 부엌을 둘러본다**
(d) visit a shop that sells vinegar	(d) 식초를 파는 상점을 방문한다

지텔프 치트키

질문의 키워드 elements가 things required로 paraphrasing되어 언급된 주변을 주의 깊게 듣는다.

해설 | 화자가 'there's a much better place to look: the kitchen'이라며 재료를 살펴보기 훨씬 더 좋은 장소가 부엌이라고 한 뒤, 'Most of the things required for making masks can be found in your pantry or refrigerator'라며 팩을 만드는 데 필요한 대부분의 것들을 식료품 저장실이나 냉장고에서 찾을 수 있다고 했다. 따라서 (c)가 정답이다.

어휘 | element [éləmənt] 성분, 요소 medicine chest (가정용) 구급상자

50 특정세부사항 How

난이도 ●●●

Based on the talk, how should one get a mask to stay on the face?

(a) by not moving until the mask is set
(b) by using a chunky base of citrus
(c) by adding in an adhesive substance
(d) by soothing the skin beforehand

담화에 따르면, 어떻게 팩이 얼굴 위에 그대로 있게 할 수 있는가?

(a) 팩이 굳어질 때까지 움직이지 않음으로써
(b) 감귤류 과일의 덩어리가 든 기본 재료를 사용함으로써
(c) 끈적거리는 물질을 첨가함으로써
(d) 사전에 피부를 진정시킴으로써

지텔프 치트키

질문의 키워드 stay on ~ face가 adhere to ~ face로 paraphrasing되어 언급된 주변을 주의 깊게 듣는다.

해설 | 화자가 'stirring together an active ingredient and some sort of sticky base that will allow it to adhere to the face'라며 유효 성분과 그것이 얼굴에 부착되도록 해 줄 일종의 어떤 끈적거리는 기본 재료를 함께 섞으라고 했다. 따라서 (c)가 정답이다.

Paraphrasing
sticky base 끈적거리는 기본 재료 → an adhesive substance 끈적거리는 물질

어휘 | chunky[tʃʌ́ŋki] 덩어리가 든, 두툼한 adhesive[ədhíːsiv] 끈적거리는, 부착력이 있는 substance[sʌ́bstəns] 물질
beforehand[bifɔ́ːrhænd] 사전에

51 Not/True Not 문제

난이도 ●●○

What advice about applying a mask was not mentioned in the talk?

(a) It should not be done to sensitive areas.
(b) It should be done with gloves.
(c) One can use a makeup brush.
(d) One can spread it using the hands.

팩을 바르는 것에 대한 어떤 조언이 담화에서 언급되지 않았는가?

(a) 민감한 부분에는 발라지면 안 된다.
(b) 장갑을 끼고 발라져야 한다.
(c) 메이크업 브러시를 사용할 수 있다.
(d) 손을 사용하여 바를 수 있다.

지텔프 치트키

질문의 키워드 applying이 apply로 언급된 주변을 주의 깊게 들으며 언급되는 것을 하나씩 소거한다.

해설 | (b)는 화자가 'the simplest way may be to just rub it on with your hands'라며 팩을 바르는 가장 간단한 방법은 손으로 팩을 문지르는 것일지도 모른다고 언급했으므로 담화의 내용과 일치하지 않는다. 따라서 (b)가 정답이다.

오답분석
(a) 화자가 팩을 바를 때 민감한 부분을 피하라고 언급하였다.
(c) 화자가 팩을 바르는 것을 메이크업 브러시로 할 수 있다고 언급하였다.
(d) 화자가 팩을 바르는 가장 간단한 방법은 손으로 문지르는 것일지도 모른다고 언급하였다.

어휘 | spread[spred] 바르다, 도포하다

52 특정세부사항 What

난이도 ●●○

What are listeners encouraged to take when they leave the room?

(a) free samples of homemade facial masks
(b) registration forms for the next seminar
(c) a printout of the presentation transcript
(d) directions to follow at home

청자들은 장소를 떠날 때 무엇을 가져가도록 권장되는가?

(a) 집에서 만든 마스크 팩의 무료 샘플
(b) 다음 세미나를 위한 등록 양식
(c) 발표 필기록의 인쇄물
(d) 집에서 따라 하기 위한 사용법

지텔프 치트키

질문의 키워드 encouraged to take가 Feel free to take로 paraphrasing되어 언급된 주변을 주의 깊게 듣는다.

해설 | 화자가 'I've printed out a few mask recipes for you to try at home.'이라며 집에서 해 볼 수 있는 몇 가지 팩 조리법을 출력해 왔다고 한 뒤, 'Feel free to take one'이라며 자유롭게 하나씩 가져가 달라고 했다. 따라서 (d)가 정답이다.

Paraphrasing

recipes 조리법 → directions 사용법

어휘 | transcript[trǽnskript] 필기록, 사본 direction[dərékʃən] 사용법, 지침서

03회 실전모의고사

문제집 p.12

정답 및 문제 유형 분석표

PART 1		PART 2		PART 3		PART 4	
27	(d) 특정세부사항	34	(b) 특정세부사항	40	(b) 특정세부사항	46	(c) 주제/목적
28	(b) 특정세부사항	35	(b) 추론	41	(b) 특정세부사항	47	(b) 특정세부사항
29	(c) 특정세부사항	36	(d) Not/True	42	(d) 특정세부사항	48	(c) 특정세부사항
30	(a) Not/True	37	(c) 특정세부사항	43	(a) 특정세부사항	49	(a) 특정세부사항
31	(d) 추론	38	(c) 특정세부사항	44	(b) 추론	50	(b) 추론
32	(d) 특정세부사항	39	(a) 특정세부사항	45	(d) 추론	51	(d) 특정세부사항
33	(c) 추론					52	(a) 특정세부사항

취약 유형 분석표

유형	맞힌 개수
주제/목적	/1
특정세부사항	/17
Not/True	/2
추론	/6
TOTAL	26

PART 1(27~33) Conversation 워크숍 준비에 관한 두 친구의 대화

안부 인사

F: Hi, Matthew! I haven't seen you in a while. How have you been these days?

주제 제시: 워크숍 준비

M: Hey, Jennifer. Actually, [27]I've been overloaded with work recently. I was put in charge of organizing the Food Enterprise Workshop.

F: That's this weekend, right?

M: Yes. It will be held over three days at the convention center in Greenport City.

남자의 책무

F: Do you always help run the workshops?

M: I transferred departments a few months ago, remember? I moved from marketing to events management, so these types of workshops are my responsibility now.

F: Oh, yes. I remember. Well, I'm sure you're doing a great job in your new role.

M: I'm trying my best, but there is a lot to do. [28]We have more guest speakers than last year, and we are also expecting to have twice the number of attendees.

워크숍 주제

F: Most of us in the accounting department couldn't make it to the workshop last year. What does it cover?

M: It gives participants interested in the business of food a comprehensive education on the food system. This year, attendees will learn about the state of agriculture, sustainable practices that can be adopted to cut down on food waste, and the supply chain.

여: 안녕, Matthew! 한동안 널 못 봤네. 요즘 어떻게 지냈어?

남: 안녕, Jennifer. 사실, [27]난 최근에 일을 너무 많이 받았어. 식품 기업 워크숍을 준비하는 것을 담당하게 되었거든.

여: 그게 이번 주말이잖아, 맞지?

남: 응. Greenport City에 있는 컨벤션 센터에서 3일 동안 열릴 거야.

여: 넌 항상 워크숍을 개최하는 걸 돕는 거야?

남: 난 몇 달 전에 부서 이동을 했잖아, 기억하지? 내가 마케팅에서 행사 관리 부서로 이동해서, 이러한 종류의 워크숍들이 이제 내 책임이야.

여: 오, 맞아. 기억해. 음, 난 네가 새로운 역할을 잘하고 있을 것이라 확신해.

남: 난 최선을 다하고 있지만, 할 일이 산더미야. [28]작년보다 더 많은 초청 연사들이 있고, 참석자 수도 두 배가 될 것으로 예상하고 있어.

여: 우리 회계 부서의 대부분은 작년 워크숍에 참석하지 못했어. 그건 무엇을 다루니?

남: 식품 사업에 관심이 있는 참석자들에게 식품계에 대한 종합적인 교육을 제공해. 올해는, 참석자들이 농업의 형세, 음식물 쓰레기를 줄이기 위해 채택될 수 있는 지속 가능한 관행, 그리고 공급망에 대해 배울 거야.

F: [29]What will the supply chain speech be about?

M: It will basically explain how food gets moved from farms to supermarkets and restaurant tables.

워크숍 연사

F: Sounds interesting! So I take it that many of the speakers are chefs.

M: Some are, but we have a diverse group of people. There will be speeches made by restaurant owners, farmers, [30(c)]executives of grocery store chains, [30(d)]nutritionists, and even [30(b)]our CEO.

F: Oh, really?

M: Yep. [31]He will give a talk about how our company became a leader in the food distribution industry.

F: I see. So what happens after the speeches?

팀 활동 참여

M: Participants will take part in team exercises where they can apply what they learned from the talks to solve real-world problems in the food industry.

F: That must be useful.

M: We also give them time to network. It's a good opportunity to create productive relationships that could be helpful later in their careers. In fact, two people that met at last year's workshop ended up going into business together. They opened their own food truck.

워크숍 참여 혜택

F: Wow! [32]I imagine the price of the workshop must be high considering all the benefits.

M: It's not cheap, but it's worth it. The three-day ticket includes six meals, unlimited snacks and refreshments, a t-shirt, and, of course, access to all the events, which will be ten talks and five activities. But I'm proud to say we were able to offer free passes to a few students from the Greenport City Culinary Academy.

F: Really? What did they have to do to receive a pass?

M: They had to write an essay on what they think is the biggest issue facing the food industry today.

남자가 다음에 할 일

F: Do you think the same free passes will be available again next year?

M: I don't see why not. Why do you ask?

F: My niece is studying at the Greenport Academy. I think she would be interested in attending the workshop.

M: Oh. Well, [33]if you give me her email address, I can send her the essay information tomorrow so she can prepare for next year.

여: [29]공급망 강연은 무엇에 관한 거야?

남: 기본적으로 음식이 어떻게 농장에서부터 슈퍼마켓과 식당 테이블까지 이동되는지를 설명할 거야.

여: 재미있겠다! 그럼 연사들 중 대부분이 요리사들이겠구나.

남: 일부는 그렇지만, 다양한 집단의 사람들이 있을 거야. 식당 주인들, 농부들, [30(c)]식료품 체인점 임원들, [30(d)]영양사들, 그리고 심지어 [30(b)]우리 회사 최고 경영자가 하는 강연도 있을 거야.

여: 오, 정말?

남: 응. [31]그는 우리 회사가 식품 유통 업계에서 어떻게 선두가 되었는지에 관해 강연할 거야.

여: 그렇구나. 그럼 강연 다음에는 뭐가 있어?

남: 참석자들은 강연에서 배운 것을 식품 산업의 현실적인 문제들을 해결하는 데 적용할 수 있는 팀 활동에 참여할 거야.

여: 그건 분명 유용하겠다.

남: 우리는 그들에게 인적 정보망을 형성할 수 있는 시간도 줘. 그건 나중에 그들의 경력에 도움이 될 수 있는 건설적인 관계를 형성하기에 좋은 기회지. 실제로, 작년 워크숍에서 만난 두 명이 결국 같이 사업을 시작했어. 그들의 푸드 트럭을 개업했지.

여: 와! [32]모든 이점을 고려하면 워크숍의 가격이 분명 비쌀 것 같다는 생각이 들어.

남: 싸진 않지만, 그만한 가치가 있어. 3일권은 여섯 끼의 식사, 무제한 간식과 다과, 티셔츠, 그리고 물론, 열 개의 강연과 다섯 개의 활동까지 모든 행사의 입장을 포함해. 그렇지만 우리가 Greenport City 요리 학교의 몇몇 학생들에게는 무료입장권을 제공할 수 있었다는 점을 자랑스럽게 말할 수 있지.

여: 정말? 그들이 입장권을 받기 위해 무엇을 해야 했는데?

남: 그들이 생각하기에 오늘날의 식품 업계가 마주하는 가장 큰 문제가 무엇인지에 관해 에세이를 써야 했어.

여: 내년에도 그것과 같은 무료입장권이 다시 이용 가능할 것이라고 생각해?

남: 안될 이유는 없지. 왜 물어보는 거야?

여: 내 조카가 Greenport 학교에서 공부하고 있거든. 내 생각에 그녀가 워크숍 참석에 관심이 있을 것 같아.

남: 오. 음, [33]그녀의 이메일 주소를 내게 주면, 그녀가 내년을 준비할 수 있도록 에세이 정보를 내가 내일 보내줄 수 있어.

어휘 | overload[òuvərlóud] 너무 많이 주다, 지나치게 부담시키다 in charge of ~을 담당하는 organize[ɔ́:rgənaiz] 준비하다 transfer[trænsfə́:r] 이동하다 management[mǽnidʒmənt] 관리, 운영 responsibility[rispɑ̀:nsəbíləti] 책임 participant[pɑ:rtísipənt] 참석자, 참가자 comprehensive[kɑ̀:mprihénsiv] 종합적인 agriculture[ǽgrikʌltʃər] 농업 sustainable[səstéinəbəl] 지속 가능한 adopt[ədɑ́:pt] 채택하다 cut down on ~을 줄이다, 삭감하다 supply chain 공급망

basically[béisikli] 기본적으로 diverse[daivə́:rs] 다양한 executive[igzékjətiv] 임원 nutritionist[nutríʃənist] 영양사 distribution[dìstribjú:ʃən] 유통 industry[índəstri] 업계, 산업 take part in ~에 참여하다 network[nétwə:rk] 인적 정보망을 형성하다; 망 productive[prədʌ́ktiv] 건설적인 relationship[riléiʃənʃip] 관계 go into business 사업을 시작하다 benefit[bénifit] 이점 unlimited[ʌnlímitid] 무제한의 refreshment[rifréʃmənt] 다과, 간식 face[feis] 마주하다

27 특정세부사항 Why

난이도 ●●○

Why has Matthew been working a lot these days?

(a) because he is transferring to a different department
(b) because he is planning to speak at a food convention
(c) because he is running an event management company
(d) because he is preparing for an industry workshop

Matthew는 왜 근래에 일을 많이 해 오고 있는가?

(a) 다른 부서로 이동하고 있기 때문에
(b) 식품 대회에서 강연할 계획을 하고 있기 때문에
(c) 이벤트 관리 회사를 운영하고 있기 때문에
(d) 업계 워크숍을 준비하고 있기 때문에

지텔프 치트키

질문의 키워드 working a lot이 overloaded with work로 paraphrasing되어 언급된 주변을 주의 깊게 듣는다.

해설 | 남자가 'I've been overloaded with work recently'라며 최근에 일을 너무 많이 받았다고 한 뒤, 'I was put in charge of organizing the Food Enterprise Workshop.'이라며 식품 기업 워크숍을 준비하는 것을 담당하게 되었다고 했다. 따라서 (d)가 정답이다.

Paraphrasing
organizing the Food Enterprise Workshop 식품 기업 워크숍을 준비하는 것 → preparing for an industry workshop 업계 워크숍을 준비하고 있는

오답분석
(a) 남자가 몇 달 전에 이미 부서 이동을 했다고 했고, 그것이 남자가 근래에 일을 많이 해 오고 있는 이유도 아니므로 오답이다.

어휘 | convention[kənvénʃən] 대회, 협의회, 회의

28 특정세부사항 How

난이도 ●●○

How will this year's workshop be different from that of last year?

(a) It will have fewer attendees.
(b) It will feature more presenters.
(c) It will offer plenty of drinks.
(d) It will last for twice as long.

올해 워크숍은 작년의 것에 비해 어떻게 다를 것인가?

(a) 참석자 수가 더 적을 것이다.
(b) 더 많은 발표자들이 출연할 것이다.
(c) 충분한 음료를 제공할 것이다.
(d) 두 배 긴 시간 동안 지속될 것이다.

지텔프 치트키

질문의 키워드 last year가 그대로 언급된 주변을 주의 깊게 듣는다.

해설 | 남자가 'We have more guest speakers than last year'라며 작년보다 더 많은 초청 연사들이 있다고 했다. 따라서 (b)가 정답이다.

Paraphrasing
have more guest speakers 더 많은 초청 연사들이 있다 → feature more presenters 더 많은 발표자들이 출연하다

어휘 | feature[fí:tʃər] 출연하다, 특별히 포함시키다 presenter[prizéntər] 발표자

29 특정세부사항 What

난이도 ●○○

What will the participants learn at the workshop about the distribution network?

(a) how to successfully sell produce
(b) how to network with professionals in the food industry
(c) how food moves from farms to grocery stores
(d) how the food chain works in nature

워크숍에서 참석자들은 유통망에 대해 무엇을 배울 것인가?

(a) 어떻게 농산물을 성공적으로 판매하는지
(b) 어떻게 식품 업계의 전문가들과 인적 정보망을 형성하는지
(c) 어떻게 음식이 농장에서부터 식료품점까지 이동하는지
(d) 어떻게 자연에서 먹이 사슬이 작동되는지

지텔프 치트키

질문의 키워드 distribution network가 supply chain으로 paraphrasing되어 언급된 주변을 주의 깊게 듣는다.

해설 | 여자가 'What will the supply chain speech be about?'이라며 공급망 강연은 무엇에 관한 것일지를 묻자, 남자가 'It will basically explain how food gets moved from farms to supermarkets and restaurant tables.'라며 워크숍의 공급망 강연에서 음식이 어떻게 농장에서부터 슈퍼마켓과 식당 테이블까지 이동되는지를 설명할 것이라고 했다. 따라서 (c)가 정답이다.

Paraphrasing
supermarkets 슈퍼마켓 → grocery stores 식료품점

어휘 | produce [prádju:s] 농산물 professional [prəféʃənəl] 전문가; 전문적인 food chain 먹이 사슬

30 Not/True Not 문제

난이도 ●●○

According to Matthew, who will not give a speech at the workshop?

(a) participants from last year's event
(b) the CEO of Matthew and Jennifer's
(c) managers of grocery store chains
(d) experts in the nutrition field

Matthew에 따르면, 워크숍에서 강연하지 않을 사람은 누구인가?

(a) 작년 행사의 참석자들
(b) Matthew와 Jennifer의 최고 경영자
(c) 식료품 체인점의 관리자들
(d) 영양학 분야의 전문가들

지텔프 치트키

질문의 키워드 give a speech가 speeches made로 paraphrasing되어 언급된 주변을 주의 깊게 들으며 언급되는 것을 하나씩 소거한다.

해설 | (a)는 언급되지 않았으므로, (a)가 정답이다.

오답분석
(b) 남자가 자신들의 회사 최고 경영자가 하는 강연이 있을 것이라고 언급하였다.
(c) 남자가 식료품 체인점의 임원들이 하는 강연이 있을 것이라고 언급하였다.
(d) 남자가 영양사들이 하는 강연이 있을 것이라고 언급하였다.

어휘 | field [fi:ld] 분야

31 추론 특정사실 난이도 ●●●

What kind of company do Jennifer and Matthew probably work for?	Jennifer와 Matthew는 어떤 종류의 회사에서 일하는 것 같은가?
(a) one dedicated to eliminating food waste	(a) 음식물 쓰레기를 없애는 데 전념하는 곳
(b) one pushing for sustainable agricultural practices	(b) 지속 가능한 농업 관행을 추진하는 곳
(c) one focused on selling nutritional supplements	(c) 영양 보충제를 판매하는 것에 주력하는 곳
(d) one specializing in food distribution services	**(d) 식품 유통 서비스를 전문적으로 다루는 곳**

지텔프 치트키

질문의 키워드 company가 그대로 언급된 주변을 주의 깊게 듣는다.

해설 | 남자가 'He will give a talk about how our company became a leader in the food distribution industry.'라며 자신들의 회사가 식품 유통 업계에서 어떻게 선두가 되었는지에 관해 그들 회사의 최고 경영자가 강연할 것이라고 한 것을 통해, Jennifer와 Matthew의 회사는 식품 유통 업계에 속해 있음을 추론할 수 있다. 따라서 (d)가 정답이다.

어휘 | dedicated [dédikeitid] 전념하는 eliminate [ilímineit] 없애다 push for ~을 추진하다, 추구하다 specialize [spéʃəlaiz] 전문적으로 다루다

32 특정세부사항 Why 난이도 ●●○

Why does Jennifer assume that the workshop costs a lot?	Jennifer는 왜 워크숍이 비쌀 것이라고 추정하는가?
(a) because consumer prices are higher this year	(a) 올해 소비자 가격이 더 비싸기 때문에
(b) because company profits rely on event ticket sales	(b) 회사의 수익이 행사 표 판매에 달려 있기 때문에
(c) because the prizes are not cheap to make	(c) 경품 제작이 저렴하지 않기 때문에
(d) because participants receive many advantages	**(d) 참석자들이 많은 혜택을 얻기 때문에**

지텔프 치트키

질문의 키워드 costs a lot이 price ~ high로 paraphrasing되어 언급된 주변을 주의 깊게 듣는다.

해설 | 여자가 'I imagine the price of the workshop must be high considering all the benefits.'라며 모든 이점을 고려하면 워크숍의 가격이 분명 비쌀 것 같다는 생각이 든다고 했다. 따라서 (d)가 정답이다.

Paraphrasing

assume 추정하다 → imagine ~인 것 같은 생각이 들다
all the benefits 모든 이점 → many advantages 많은 혜택

어휘 | prize [praiz] 경품, 상품 advantage [ədvǽntidʒ] 혜택, 장점

33 추론 다음에 할 일 난이도 ●●○

What will Matthew most likely do tomorrow?	Matthew가 내일 할 일은 무엇일 것 같은가?
(a) let Jennifer know his email address	(a) Jennifer에게 그의 이메일 주소를 알려준다
(b) review an essay from a student	(b) 학생이 보낸 에세이를 검토한다
(c) share information about a writing task	**(c) 작문 과제에 대한 정보를 공유한다**
(d) visit a niece living in Greenport City	(d) Greenport City에 사는 조카를 방문한다

지텔프 치트키

다음에 할 일을 언급하는 후반을 주의 깊게 듣는다.

해설 | 남자가 'if you give me her email address, I can send her the essay information tomorrow so she can prepare for next year'라며 여자의 조카의 이메일 주소를 자신에게 주면 여자의 조카가 내년을 준비할 수 있도록 에세이 정보를 내일 보내줄 수 있다고 했다. 따라서 (c)가 정답이다.

Paraphrasing

the essay information 에세이 정보 → information about a writing task 작문 과제에 대한 정보

PART 2[34~39] Presentation 꽃꽂이 입문 과정 홍보

주제 제시: 꽃꽂이 입문 과정	Good afternoon, everyone. I am the director of The Flower Academy, and I am here to announce that enrollment is officially open for our Floral Arrangement Introductory Course, our first class made specifically for beginners.	안녕하세요, 여러분. 저는 The Flower Academy의 원장이며, 초보자를 위해 특별히 개설된 저희의 첫 번째 수업인 꽃꽂이 입문 과정의 등록이 공식적으로 열렸음을 알려 드리기 위해 이 자리에 나왔습니다.
학원 소개	[34]The Flower Academy trains and gives licenses to thousands of individuals who achieve rewarding careers as flower shop owners, wholesale flower salespeople, and wedding florists. But we believe that studying the art of floristry should not be restricted to people in certain professions. Hobbyists interested in flower arrangement should have opportunities to learn this craft too. That's why we are launching the Floral Arrangement Introductory Course.	[34]The Flower Academy는 꽃집 주인, 꽃 도매 판매상, 그리고 웨딩 플로리스트로서 보람 있는 경력을 성취하는 수천 명의 사람들을 교육하고 그들에게 자격증을 드립니다. 하지만 저희는 화훼 재배 기술을 배우는 것이 특정 직업군의 사람들에게만 국한되어서는 안 된다고 생각합니다. 꽃꽂이에 관심이 있는 취미 생활자들에게도 이 기술을 배울 기회가 있어야 하죠. 이게 바로 저희가 꽃꽂이 입문 과정을 시작하려는 이유입니다.
과정의 목표 소개	[35]Our three-month introductory course meets twice a week and is designed to bring beginners up to an intermediate level of floristry knowledge. The classes are taught by Ms. Jean Bernard, a talented industry professional who received her floral arrangement certification at The Flower Academy, so students can rest assured that they are in the hands of a qualified instructor.	[35]저희의 3개월짜리 입문 과정은 주 2회 열리며 초보자들의 화훼 재배 지식을 중급 수준으로 끌어올리도록 계획되어 있습니다. The Flower Academy에서 꽃꽂이 자격증을 받은 유능한 산업 전문가인 Ms. Jean Bernard가 수업을 가르치므로, 학생들은 자격을 갖춘 강사의 관리하에 있다고 안심해도 됩니다.
과정 첫째 달 소개	[36(b)/(c)]The first month of the course will cover how to select, handle, and maintain flowers. The building blocks of flower arrangement will also be introduced. Under the guidance of Ms. Bernard, [36(a)]students will use common techniques and apply simple styles to produce their first arrangements. Each of the designs will be given thorough feedback, letting students know how they can improve.	[36(b)/(c)]이 과정의 첫 번째 달은 꽃을 어떻게 고르고, 다루며, 그리고 유지하는지를 포함할 것입니다. 꽃꽂이의 구성 요소도 소개될 것입니다. Ms. Bernard의 지도하에, [36(a)]학생들은 그들의 첫 꽃꽂이를 만들기 위해 일반적인 기술을 사용하고 간단한 방식을 적용할 것입니다. 디자인마다 꼼꼼한 피드백이 주어질 것이며, 이는 학생들에게 어떻게 발전할 수 있는지를 알려 줄 것입니다.

과정 둘째 달 소개

Students will see the most progress in the second month. Since they will possess a firm grasp of the basics by this point, students will be encouraged to experiment with advanced techniques and designs. During these classes, the teacher will be more hands-off in order to allow students' creativity to flourish. After all, creativity is one of the most important aspects of flower arrangement.

과정 셋째 달 소개

The third and final month of the course is sure to be a treat for all participants. During this time, [37]different guest experts will come in each week and teach their specialties. Students will receive training from event and holiday designers, as well as aromatic and color-matching masters. Students will also have the opportunity to design their own bouquets, wreaths, and table centerpieces. [37]The goal is to expose students to many specific fields within the floral industry so they can find and pursue what really interests them.

수업 방식 소개

This amazing course is available both online and in-person, with the in-person class being held at our downtown studio for the price of $800. The tuition fee does not include the cost of the flowers. Due to supply constraints, spots are limited to 30 students for the in-person class and 50 students for the online one.

We at The Flower Academy understand that some prospective students may be concerned about the quality of an online floral arrangement course. But have no fear! [38]We have gone to great lengths to ensure a meaningful and educational experience. Online students will receive flowers and supplies the day before each class so that they are prepared. In addition, students will have access to both live and recorded classes. This way, students can ask teachers questions and also review lessons.

끝인사 + 홍보

[39]The first 15 participants to sign up will receive a 10 percent discount on their tuition. We recommend you call The Flower Academy and enroll in our Floral Arrangement Introductory Course as soon as possible to [39]take advantage of this offer.

학생들은 두 번째 달에 가장 큰 진전을 볼 것입니다. 이 시점에는 그들이 기본을 확실히 파악하고 있을 것이기 때문에, 학생들은 고급 기술과 디자인을 시도하도록 격려될 것입니다. 이 수업 동안에는, 학생들의 창의성이 잘 자랄 수 있도록 하기 위해서 강사는 보다 더 손을 뗄 겁니다. 무엇보다도, 창의성이 꽃꽂이의 가장 중요한 측면 중 하나이죠.

과정의 세 번째 달이자 마지막 달은 분명히 모든 참가자들에게 즐거움을 줄 겁니다. 이 시기에는, [37]다양한 객원 전문가들이 매주 참여하여 자신들의 전공 분야를 가르칠 겁니다. 학생들은 향료와 배색의 대가뿐만 아니라, 행사 및 축제 디자이너로부터 교육을 받을 겁니다. 학생들에게는 자신만의 꽃다발, 화환, 그리고 테이블 중앙 장식을 디자인할 기회도 있을 것입니다. [37]그 목적은 학생들에게 화훼 산업의 다양한 세부 분야를 접하게 해서 그들이 진정으로 자신의 관심을 끄는 것을 찾고 추구할 수 있도록 하는 것입니다.

이 흥미로운 과정은 온라인과 대면으로 모두 수강 가능하며, 대면 수업은 우리의 시내 스튜디오에서 800달러의 가격으로 열립니다. 수업료는 꽃 가격을 포함하고 있지 않습니다. 물품 제약으로 인해, 자리가 대면 수업은 30명, 그리고 온라인 수업은 50명으로 제한됩니다.

저희 The Flower Academy는 일부 예비 학생들이 온라인 꽃꽂이 과정의 질에 대해 염려할지도 모른다는 것을 알고 있습니다. 하지만 걱정하지 마십시오! [38]저희는 의미 있고 교육적인 경험을 보장하기 위해 철저히 모든 노력을 다했습니다. 온라인 학생들은 그들이 준비될 수 있도록 꽃과 물품을 각 수업 전날에 받을 것입니다. 덧붙여서, 학생들은 실시간 및 녹화된 수업 모두 이용할 수 있을 것입니다. 이렇게 해서, 학생들은 강사들에게 질문을 할 수 있고 수업을 복습할 수도 있습니다.

[39]등록하시는 첫 15명의 참가자분들은 수업료의 10퍼센트 할인을 받으실 겁니다. 이 혜택을 누리시려면 The Flower Academy에 전화하셔서 가능한 한 빨리 저희 꽃꽂이 입문 과정에 등록하시길 권장합니다.

어휘 | announce [ənáuns] 알려 주다 enrollment [inróulmənt] 등록 floral arrangement 꽃꽂이 introductory [ìntrədʌ́ktəri] 입문의 specifically [spəsífikli] 특별히, 구체적으로 license [láisəns] 자격증 wholesale [hóulseil] 도매의 floristry [flɔ́:ristri] 화훼 재배술 restrict [ristríkt] 국한시키다 profession [prəféʃən] 직업 craft [kræft] 기술, 공예 intermediate [ìntərmí:diət] 중급의 certification [sə̀:rtifikéiʃən] 자격증 rest assured 안심해도 된다 in the hands of ~의 관리하에 있는 qualified [kwɑ́:lifaid] 자격을 갖춘 building block 구성 요소 guidance [gáidəns] 지도 thorough [θə́:rou] 꼼꼼한 possess [pəzés] 지니다 grasp [græsp] 파악, 이해 experiment [ikspérəmənt] 시도하다, 실험하다 flourish [flə́:riʃ] 잘 자라다 aspect [ǽspekt] 측면 treat [tri:t] 즐거움을 주는 것 specialty [spéʃəlti] 전공 분야 wreath [ri:θ] 화환 constraint [kənstréint] 제약 prospective [prəspéktiv] 예비의 go to great lengths 철저히 모든 노력을 다하다 take advantage of ~을 누리다, 이용하다

34 특정세부사항 What

난이도 ●●○

What does The Flower Academy do?

(a) produce excellent wedding planners
(b) give certifications to diverse florists
(c) sell flowers in a wholesale market
(d) manage flower shop franchises

The Flower Academy는 무엇을 하는가?

(a) 훌륭한 웨딩 플래너들을 양성한다
(b) 다양한 플로리스트들에게 자격증을 준다
(c) 도매 시장에서 꽃을 판매한다
(d) 꽃집 체인점을 운영한다

지텔프 치트키

질문의 키워드 The Flower Academy를 소개하는 초반을 주의 깊게 듣는다.

해설 | 화자가 'The Flower Academy trains and gives licenses to thousands of individuals ~ as ~ wedding florists.'라며 The Flower Academy는 웨딩 플로리스트를 포함한 수천 명의 사람들을 교육하고 그들에게 자격증을 준다고 했다. 따라서 (b)가 정답이다.

Paraphrasing
licenses 자격증 → certifications 자격증

오답분석

(a) 화자가 웨딩 플로리스트를 교육하고 그들에게 자격증을 준다고는 언급했지만, 웨딩 '플래너'들을 양성한다고 한 것은 아니므로 오답이다.

35 추론 묘사

난이도 ●●○

Which best describes the design of the Floral Arrangement Introductory Course?

(a) It guarantees individuals receive floral arrangement certifications.
(b) It provides beginners in floristry with an intermediate level of knowledge.
(c) It helps students develop into qualified instructors in three months.
(d) It fosters an environment of learning for industry professionals.

꽃꽂이 입문 과정의 계획을 가장 잘 묘사하는 것은 무엇인가?

(a) 사람들이 꽃꽂이 자격증을 받는 것을 보장한다.
(b) 화훼 재배술의 초보자들에게 중급 수준의 지식을 제공한다.
(c) 학생들이 3개월 만에 자격을 갖춘 강사로 성장하도록 돕는다.
(d) 산업 전문가들을 위한 학습 환경을 조성한다.

지텔프 치트키

질문의 키워드 design이 designed로 언급된 주변을 주의 깊게 듣는다.

해설 | 화자가 'Our three-month introductory course ~ is designed to bring beginners up to an intermediate level of floristry knowledge.'라며 3개월짜리 입문 과정은 초보자들의 화훼 재배 지식을 중급 수준으로 끌어올리도록 계획되어 있다고 했으므로, 꽃꽂이 입문 과정은 초보자들에게 중급 수준의 지식을 제공할 것임을 추론할 수 있다. 따라서 (b)가 정답이다.

어휘 | guarantee[gæ̀rəntíː] 보장하다 foster[fɔ́ːstər] 조성하다

36 Not/True　Not 문제

난이도 ●●○

Which of the following will not be learned during the first month of the course?

(a) how to use general floral design techniques
(b) how to make a choice of flowers
(c) how to take care of flowers
(d) how to maintain a profitable flower shop

다음 중 과정의 첫 번째 달 동안 배우지 않을 것은 무엇인가?

(a) 일반적인 꽃 디자인 기술을 이용하는 방법
(b) 꽃을 선택하는 방법
(c) 꽃을 관리하는 방법
(d) 수익성이 있는 꽃집을 유지하는 방법

지텔프 치트키

질문의 키워드 first month가 그대로 언급된 주변을 주의 깊게 들으며 언급되는 것을 하나씩 소거한다.

해설 | (d)는 언급되지 않았으므로, (d)가 정답이다.

오답분석

(a) 화자가 첫 번째 달에 꽃꽂이를 만들기 위해 일반적인 기술을 사용할 것이라고 언급하였다.
(b) 화자가 첫 번째 달은 꽃을 어떻게 고르는지를 포함한다고 언급하였다.
(c) 화자가 첫 번째 달은 꽃을 어떻게 다루는지를 포함한다고 언급하였다.

어휘 | take care of ~을 관리하다, 다루다

37 특정세부사항　Why

난이도 ●●●

Based on the talk, why will students be exposed to diverse experts?

(a) to provide them with a chance to meet potential employers
(b) to introduce them to a range of clients
(c) to help them discover where their interests lie
(d) to assist in finding teachers who suit them best

담화에 따르면, 학생들은 왜 다양한 전문가들을 접하게 될 것인가?

(a) 그들에게 잠재적인 고용주를 만날 기회를 제공하기 위해서
(b) 다양한 고객들에게 그들을 소개하기 위해서
(c) 그들의 관심이 어디에 있는지 발견하는 데 도움을 주기 위해서
(d) 그들과 가장 잘 맞는 교사를 찾는 데 도움을 주기 위해서

지텔프 치트키

질문의 키워드 diverse experts가 different ~ experts로 paraphrasing되어 언급된 주변을 주의 깊게 듣는다.

해설 | 화자가 'different guest experts will come in each week and teach their specialties'라며 마지막 달에는 다양한 객원 전문가들이 매주 참여하여 자신들의 전공 분야를 가르칠 것이라고 한 뒤, 'The goal is to expose students to many specific fields within the floral industry so they can find and pursue what really interests them.'이라며 그 목적은 학생들에게 화훼 산업의 다양한 세부 분야를 접하게 해서 그들이 진정으로 자신의 관심을 끄는 것을 찾고 추구할 수 있도록 하는 것이라고 했다. 따라서 (c)가 정답이다.

Paraphrasing

find ~ what ~ interests them 그들의 관심을 끄는 것을 찾다 → discover where their interests lie 그들의 관심이 어디에 있는지 발견하다

어휘 | a range of 다양한

38 특정세부사항 How

난이도 ●●○

According to the speaker, how does The Flower Academy ensure online students will have a positive experience?

(a) by offering chances to meet teachers in person
(b) by having fewer spots than the offline class
(c) by delivering materials one day before class
(d) by providing written transcripts of each class

화자에 따르면, The Flower Academy는 어떻게 온라인 학생들이 긍정적인 경험을 할 것을 보장하는가?

(a) 강사를 직접 만날 기회를 제공함으로써
(b) 오프라인 수업보다 더 적은 수의 자리를 보유함으로써
(c) 수업 하루 전날에 재료를 배달함으로써
(d) 각 수업의 서면 강의록을 제공함으로써

지텔프 치트키

질문의 키워드 online students가 그대로 언급된 주변을 주의 깊게 듣는다.

해설 | 화자가 'We have gone to great lengths to ensure a meaningful ~ experience.'라며 온라인 학생들에게 의미 있고 교육적인 경험을 보장하기 위해 철저히 모든 노력을 다했다고 한 뒤, 'Online students will receive flowers and supplies the day before each class so that they are prepared.'라며 온라인 학생들은 그들이 준비될 수 있도록 꽃과 물품을 각 수업 전날에 받을 것이라고 했다. 따라서 (c)가 정답이다.

Paraphrasing

ensure ~ a positive experience 긍정적인 경험을 보장하다 → ensure a meaningful ~ experience 의미 있는 경험을 보장하다
the day before each class 각 수업 전날 → one day before class 수업 하루 전날

어휘 | transcript[trǽnskript] 강의록, 글로 옮긴 기록

39 특정세부사항 Why

난이도 ●●○

Why does The Flower Academy suggest calling without delay?

(a) It will offer a reduced price to some enrollees.
(b) It will answer questions for a limited time.
(c) It expects the class to reach capacity quickly.
(d) It needs to purchase supplies as soon as possible.

The Flower Academy는 왜 지체 없이 전화할 것을 추천하는가?

(a) 일부 등록자들에게 할인된 가격을 제공할 것이다.
(b) 제한된 시간 동안 질문에 응답할 것이다.
(c) 수업이 정원에 빠르게 도달할 것으로 예상한다.
(d) 가능한 한 빨리 물품을 구매해야 한다.

지텔프 치트키

질문의 키워드 suggest calling이 recommend you call로 paraphrasing되어 언급된 주변을 주의 깊게 듣는다.

해설 | 화자가 'The first 15 participants to sign up will receive a 10 percent discount on their tuition.'이라며 등록하는 첫 15명의 참가자들이 수업료의 10퍼센트 할인을 받을 것이라고 한 뒤, 'take advantage of this offer'라며 이 혜택을 누리라고 했다. 따라서 (a)가 정답이다.

Paraphrasing

without delay 지체 없이 → as soon as possible 가능한 한 빨리
participants to sign up 등록하는 참가자들 → enrollees 등록자들

어휘 | enrollee[inròulíː] 등록자 capacity[kəpǽsəti] 정원

PART 3(40~45) Conversation 두 식기세척기의 장단점 비교

안부 인사

F: Hi, Alex. It's been a while since we've seen each other. How's it going?

M: Not great, Jane. [40]My dishwasher broke a few days ago, and now I have to replace it. I really can't live without one. I've narrowed it down to two units, but deciding is so difficult. It's kind of a major purchase, so [40]I want to make sure that I pick the right one.

주제 제시: 장단점 비교

F: That's true. If you end up not liking the one you buy, you'll have to live with it for years.

M: Exactly! That's why I haven't bought one yet.

F: I have a suggestion. Let's go over the pros and cons of the two units. That might help you pick one over the other.

M: That's a great idea! The two models that I think would be best for me are the McGuffin Easy Wash and the Giddora Jet Spray.

F: Oh, I've heard good things about both of those models. [41]They were rated as the top two models by *Consumer Reviews* magazine, so I think either would be a great choice.

M: Yes, [41]that's why I'm having so much trouble making a decision.

Easy Wash 장점

F: I get your dilemma now. So, tell me, what's drawing you to the Easy Wash?

M: Well, first of all, it's from McGuffin. You know McGuffin is well known for its high-quality appliances, so I think it would be very reliable.

F: That's a good point. Their products are famous for lasting for a long time and needing very little maintenance.

M: Also, it's a built-in unit, so I wouldn't have to worry about it looking out of place in my kitchen.

F: I understand. It's always nice when your appliances all match each other.

M: I think so too. Plus, unlike the other models I looked at, [42]it features a stainless-steel interior that helps prevent the unit from rusting for many years.

Easy Wash 단점

F: It sounds almost perfect. Does it have any major drawbacks?

M: Actually, yes. The one negative the magazine mentioned was that it is a bit loud. Some people even said that it sounded kind of like a construction site. Since the kitchen and living area in my apartment are combined, I might not be able to run the machine while I'm trying to work in the living room because of the noise.

여: 안녕, Alex. 우리 얼굴 본 지 꽤 됐다. 어떻게 지내고 있어?

남: 좋지는 않아, Jane. [40]며칠 전에 내 식기세척기가 고장 났고, 이제 그걸 바꿔야 해. 식기세척기 없이는 정말 못 살거든. 두 개의 제품으로 좁혀 봤는데, 결정하는 게 너무 어렵네. 이건 좀 중요한 구매라서, [40]내가 제대로 된 걸 고르는지 확실히 하고 싶어.

여: 맞아. 만약 결국 네가 사는 것이 마음에 들지 않게 된다면, 너는 그것을 몇 년 동안이나 감수해야 할 거야.

남: 바로 그거야! 그게 내가 아직 식기세척기를 사지 못한 이유지.

여: 내가 제안 하나 할게. 두 제품의 장단점을 짚어보자. 둘 중 하나를 골라내는 데 도움이 될 거야.

남: 그거 좋은 생각이다! 내 생각에 나에게 가장 좋을 것 같은 두 모델은 McGuffin사의 Easy Wash와 Giddora사의 Jet Spray야.

여: 오, 나는 그 두 모델 모두에 관해 좋은 이야기를 들어 본 적이 있어. [41]Consumer Reviews 잡지에 의해 두 개의 상위 모델로 평가되었으니, 둘 중 어느 것이든 훌륭한 선택이 될 거라고 생각해.

남: 맞아, [41]그게 내가 결정을 내리는 데 이렇게 많은 어려움을 겪고 있는 이유지.

여: 이제 네 딜레마를 이해하겠다. 그럼, 말해봐, 무엇이 너를 Easy Wash에 끌리게 하니?

남: 음, 첫째로, 이건 McGuffin사에서 나온 거잖아. 너도 알다시피 McGuffin사가 고품질 가전제품으로 잘 알려져 있어서, 굉장히 믿음직하다고 생각해.

여: 그거 좋은 지적이네. 그 회사 제품들은 오래가고 보수 관리가 거의 필요 없는 것으로 유명하잖아.

남: 또, 붙박이 제품이라서, 내 주방에 어울리지 않아 보일 걱정은 하지 않아도 돼.

여: 이해해. 모든 가전제품들이 서로 어울리면 언제나 좋지.

남: 나도 그렇게 생각해. 게다가, 내가 본 다른 모델들과 다르게, [42]오랜 세월 동안 제품이 녹슬지 않도록 방지하는 것을 돕는 스테인리스강 내부가 특징이야.

여: 거의 완벽할 것 같네. 큰 결점이라도 있는 거야?

남: 사실, 맞아. 잡지에서 언급한 한 가지 단점은 조금 시끄럽다는 거였어. 어떤 사람들은 심지어 그것이 공사장 같은 소리가 났다고 했대. 우리 아파트는 주방과 거실이 합쳐져 있어서, 소음 때문에 내가 거실에서 일하려고 하는 동안에는 기계를 작동할 수 없을지도 몰라.

F: Oh, that could certainly be a problem, especially since you often have to work from home.
M: Right. About half of my work is now done from home, so it would be a big problem for me.
F: What about the Giddora unit? What are its biggest pros?
M: I was considering the Jet Spray because it has several layers of soundproofing material. It's one of the quietest dishwashers available now.

Jet Spray 장점

F: As you pointed out, the noise level is important, but there are better selling points for an appliance.
M: You're right. That's not my only consideration. All of the reviews say that [43]it can get off even the hardest-to-remove, stuck-on food from pots and pans because it has stronger water sprayers than those of its competitors.

Jet Spray 단점

F: That sounds good then. What are its shortcomings?
M: Unfortunately, [44]it consumes more electricity and water than the Easy Wash. It wouldn't be the most economical choice over time, even though the two units cost the same amount.
F: Hmm . . . Additional utility costs could really add up fast, I bet.

남자의 결정

M: Yes. Anyway, I think you helped me see which is best for me.
F: Really? You have made up your mind now?
M: Yes, I believe so. [45]I think it's better if I get the unit that won't disturb me while I'm doing work in the living room.
F: I think you're making the right choice, Alex.

여: 오, 그건 분명히 문제가 될 수 있겠는데, 특히 네가 재택근무를 자주 해야 하니까 말이야.
남: 맞아. 내 업무의 절반 정도는 이제 집에서 이루어지니까, 나에게는 큰 문제일 거야.
여: Giddora사 제품은 어때? 가장 큰 장점은 뭐야?
남: 방음재가 여러 겹 있기 때문에 나는 Jet Spray를 고려하고 있었어. 그건 지금 구할 수 있는 가장 조용한 식기세척기 중 하나야.
여: 네가 지적한 것처럼, 소음 수준은 중요하지만, 가전제품에는 더 나은 강조점들이 있잖아.
남: 네 말이 맞아. 그게 내 유일한 고려 사항은 아니야. 모든 후기에 [43]그것에 경쟁품의 분무기보다 더 강력한 분무기가 있어서 가장 제거하기 힘든 눌어붙은 음식물도 냄비와 팬에서 제거할 수 있다고 쓰여 있어.
여: 그럼 그거 좋을 것 같은데. 그것의 단점은 뭐야?
남: 유감스럽게도, [44]그건 Easy Wash보다 더 많은 양의 전기와 물을 사용해. 비록 두 제품이 같은 가격이더라도, [44]장기적으로 봤을 때 가장 경제적인 선택은 아닐 것 같아.
여: 흠... 추가적인 전기 수도 요금은 실제로 빠르게 늘어날 수 있지, 내가 장담해.
남: 응. 어쨌든, 내게 어느 것이 가장 좋을지 찾도록 네가 도와준 것 같아.
여: 정말? 이제 마음을 정했어?
남: 응, 그런 것 같아. [45]내가 거실에서 일하는 동안 나를 방해하지 않을 제품을 사는 것이 더 좋을 것 같아.
여: 네가 옳은 선택을 한 것 같아, Alex.

어휘 | narrow down 좁히다 unit[jú:nit] (제품의) 한 개, 장치 live with ~을 감수하다 suggestion[sədʒéstʃən] 제안, 제의 pros and cons 장단점 draw[drɔ:] (흥미를) 끌다, 매혹하다 appliance[əpláiəns] 가전제품 reliable[riláiəbəl] 믿음직한 maintenance[méintənəns] 보수 관리 built-in 붙박이의 out of place 어울리지 않는 feature[fí:tʃər] ~의 특징을 이루다, 포함하다 prevent[privént] 방지하다, 막다 rust[rʌst] 녹슬다; 녹 drawback[drɔ́:bæk] 결점 negative[négətiv] 단점; 부정적인 construction[kənstrʌ́kʃən] 공사 soundproofing material 방음재 selling point (상품의) 강조점 stuck-on 눌어붙은 shortcoming[ʃɔ́:rtkʌmiŋ] 단점 economical[ì:kənɑ́:mikəl] 경제적인 utility cost 전기 수도 요금

40 특정세부사항 What

난이도 ●○○

What is Alex attempting to decide?

(a) whether to repair a broken machine
(b) which electronic appliance to buy
(c) how to install his new dishwasher
(d) what to do about a kitchen renovation

Alex가 결정하려고 시도하는 것은 무엇인가?

(a) 고장 난 기계를 고쳐야 할지
(b) 어느 가전제품을 구매할지
(c) 새로운 식기세척기를 어떻게 설치할지
(d) 주방 수리를 어떻게 해야 할지

지텔프 치트키

질문의 키워드 decide가 deciding으로 언급된 주변을 주의 깊게 듣는다.

해설 | 남자가 'My dishwasher broke a few days ago, and now I have to replace it.'이라며 식기세척기가 고장 나서 바꿔야 한다고 한 뒤, 'I want to make sure that I pick the right one'이라며 제대로 된 것을 고르는지를 확실히 하고 싶다고 했다. 따라서 (b)가 정답이다.

Paraphrasing

dishwasher 식기세척기 → electronic appliance 가전제품

어휘 | electronic [ilèktrá:nik] 전자의 renovation [rènəvéiʃən] 수리, 개조

41 특정세부사항 Why

난이도 ●●○

Why is Alex having trouble picking between the two dishwasher models? (a) because they both were used by Jane **(b) because they both have high evaluations** (c) because they both were rated as the most costly (d) because they both have unique wash settings	왜 Alex는 두 식기세척기 모델 중에서 선택하는 것을 힘들어하고 있는가? (a) 둘 다 Jane에 의해 사용되었기 때문에 **(b) 둘 다 높은 평가를 받고 있기 때문에** (c) 둘 다 가장 값비싼 것으로 평가받았기 때문에 (d) 둘 다 독특한 세척 설정을 갖추고 있기 때문에

지텔프 치트키

질문의 키워드 having trouble이 그대로 언급된 주변을 주의 깊게 듣는다.

해설 | 여자가 'They were rated as the top two models ~, so I think either would be a great choice.'라며 두 식기세척기 모델 모두 상위 모델로 평가되었으니 어느 것이든 훌륭한 선택이 될 것이라고 하자, 남자가 'that's why I'm having so much trouble making a decision'이라며 그것이 그가 결정을 내리는 데 많은 어려움을 겪고 있는 이유라고 했다. 따라서 (b)가 정답이다.

Paraphrasing

picking 선택하는 → making a decision 결정을 내리는

rated as the top ~ models 상위 모델로 평가된 → have high evaluations 높은 평가를 받다

어휘 | evaluation [ivæljuéiʃən] 평가 costly [kɔ́:stli] 값비싼

42 특정세부사항 장·단점

난이도 ●●●

According to Alex, what is the benefit of a stainless-steel interior? (a) It allows the machine to be built-in. (b) It matches the interior of the kitchen. (c) It makes the removal of rust easier. **(d) It keeps the washer from corroding.**	Alex에 따르면, 스테인리스강 내부의 장점은 무엇인가? (a) 기계가 붙박이로 넣어지도록 허용한다. (b) 주방의 실내 장식과 어울린다. (c) 녹의 제거를 더 쉽게 만든다. **(d) 식기세척기가 부식되는 것을 막는다.**

지텔프 치트키

질문의 키워드 stainless-steel interior와 관련된 긍정적인 흐름을 파악한다.

해설 | 남자가 'it features a stainless-steel interior that helps prevent the unit from rusting for many years'라며 Easy Wash는 오랜 세월 동안 제품이 녹슬지 않도록 방지하는 것을 돕는 스테인리스강 내부가 특징이라고 했다. 따라서 (d)가 정답이다.

Paraphrasing
prevent ~ from rusting 녹슬지 않도록 방지하다 → keeps ~ from corroding 부식되는 것을 막다

오답분석
(b) 남자가 Easy Wash가 주방에 잘 어울린다고는 언급하였으나, 그 이유가 붙박이 제품이기 때문이지 스테인리스강 내부 때문이 아니므로 오답이다.
(c) 남자가 스테인리스강 내부가 제품이 녹슬지 않도록 방지하는 것을 돕는다고는 언급하였으나, 녹의 제거를 더 쉽게 만드는지는 언급하지 않았으므로 오답이다.

어휘 | corrode [kəróud] 부식되다

43 특정세부사항 How

난이도 ●●○

How are Giddora dishwashers able to clean dishes more thoroughly than other brands? **(a) by featuring stronger sprayers** (b) by running longer than competitors (c) by using harder scrubbing brushes (d) by heating water to higher temperatures	어떻게 Giddora사의 식기세척기가 다른 브랜드보다 더 완벽히 식기를 세척할 수 있는가? **(a) 더 강력한 분무기를 포함함으로써** (b) 경쟁품보다 더 오래 작동함으로써 (c) 더 단단한 솔을 사용함으로써 (d) 더 높은 온도로 물을 가열함으로써

지텔프 치트키
질문의 키워드 than other brands가 than ~ competitors로 paraphrasing되어 언급된 주변을 주의 깊게 듣는다.

해설 | 남자가 'it can get off even the hardest-to-remove, stuck-on food ~ because it has stronger water sprayers than those of its competitors'라며 Giddora사의 식기세척기에 경쟁품의 분무기보다 더 강력한 분무기가 있어서 가장 제거하기 힘든 눌어붙은 음식물도 냄비와 팬에서 제거할 수 있다고 했다. 따라서 (a)가 정답이다.

Paraphrasing
clean dishes ~ thoroughly 완벽히 식기를 세척하다 → get off even the hardest-to-remove, stuck-on food from pots and pans 가장 제거하기 힘든 눌어붙은 음식물도 냄비와 팬에서 제거하다

어휘 | thoroughly [θə́:rəli] 완벽히, 철저히 scrubbing brush (세척) 솔

44 추론 특정사실

난이도 ●●○

Why most likely would the Jet Spray eventually be more expensive? (a) It requires overpriced water filters. **(b) It has higher ongoing operating costs.** (c) It needs expensive repairs frequently. (d) It has a larger upfront expense than similar products.	Jet Spray는 왜 결국 더 비쌀 것 같은가? (a) 너무 비싼 물 여과기가 필요하다. **(b) 지속적인 작동 비용이 더 비싸다.** (c) 비싼 수리가 자주 필요하다. (d) 유사한 제품들보다 선금 비용이 더 비싸다.

지텔프 치트키

질문의 키워드 more expensive가 wouldn't be ~ economical로 paraphrasing되어 언급된 주변을 주의 깊게 듣는다.

해설 | 남자가 'it consumes more electricity and water than the Easy Wash'라며 Jet Spray가 Easy Wash보다 더 많은 양의 전기와 물을 사용한다고 한 뒤, 'It wouldn't be the most economical choice over time'이라며 Jet Spray가 장기적으로 봤을 때 가장 경제적인 선택은 아닐 것 같다고 한 것을 통해, Jet Spray는 Easy Wash보다 지속적인 작동 비용이 더 비싸므로 결국 더 비쌀 것임을 추론할 수 있다. 따라서 (b)가 정답이다.

어휘 | overpriced [òuvərpráist] 너무 비싼 ongoing [ɑ́:ngouiŋ] 지속적인 frequently [frí:kwəntli] 자주 upfront [ʌ̀pfrʌ́nt] 선금의

45 추론 다음에 할 일

난이도 ●●○

Based on the conversation, what will Alex probably do following the conversation?

(a) look for an apartment with a larger living room
(b) seek out some other alternatives from McGuffin
(c) call someone to repair his current dishwasher
(d) purchase the Jet Spray model from Giddora

대화에 따르면, Alex가 대화 이후에 할 일은 무엇일 것 같은가?

(a) 거실이 더 넓은 아파트를 찾는다
(b) McGuffin사에서 다른 몇몇 대안을 찾는다
(c) 지금의 식기세척기를 수리할 사람을 부른다
(d) Giddora사의 Jet Spray 모델을 구입한다

지텔프 치트키

다음에 할 일을 언급하는 후반을 주의 깊게 듣는다.

해설 | 남자가 'I think it's better if I get the unit that won't disturb me while I'm doing work in the living room.'이라며 거실에서 일하는 동안 자신을 방해하지 않을 제품을 사는 것이 더 좋을 것 같다고 한 것을 통해, Alex는 가장 조용한 식기세척기 중 하나인 Giddora사의 Jet Spray 모델을 구입할 것임을 추론할 수 있다. 따라서 (d)가 정답이다.

어휘 | alternative [ɔ:ltə́:rnətiv] 대안

PART 4(46~52) Explanation 초보 주택 구입자를 위한 5가지 조언

인사 + 주제 제시

Good evening, everybody, and welcome to *Dream House*, the show that teaches you what to look for in a property. Are you finding it stressful to buy your first home? If you want to put your mind at ease, don't worry! You're in good hands. On today's show, we're going to focus on everything first-time homebuyers need to know.

Now, I've been in this business for a long time and have seen people experience nearly every emotion after purchasing a home, including the dreaded buyer's remorse—that's when people regret their purchase. It's important to plan ahead to avoid this, [46]so let me give you a few tips to ensure that you pick the perfect house.

안녕하세요, 여러분, 부동산에서 무엇을 알아봐야 하는지 가르쳐 주는 프로그램인 「Dream House」에 오신 것을 환영합니다. 첫 집을 구입하는 것에 스트레스를 받고 계신가요? 만약 마음을 놓고 싶으시다면, 걱정하지 마세요! 안심하셔도 됩니다. 오늘의 방송에서는, 초보 주택 구입자분들이 아셔야 할 모든 것에 집중할 겁니다.

자, 제가 이 업계에 오랫동안 있으면서 염려하던 구입자들이 자신의 구입을 후회할 때 느꼈던 회한을 포함해서, 사람들이 주택 구입 후 겪는 거의 모든 감정을 봐 왔습니다. 이것을 방지하기 위해서는 미리 계획을 세우는 것이 중요하기 때문에, [46]여러분이 이상적인 집을 고르는 것을 보장하는 몇 가지 조언을 드리겠습니다.

조언1: 예산 확인

First, [47]before you begin shopping for a home in earnest, you should figure out what you can afford. Not everyone has the assets to buy whatever home they want, so you may need to get approved for a mortgage loan in advance. Plus, you should calculate how much you can comfortably pay for your mortgage each month before you fall in love with a home outside of your budget.

조언2: 필수 요소 목록 작성

Second, when you're done sorting out your finances, think about what you need in a new home and make a list of must-haves both for now and the future. For instance, if you're single, you could get by with a one-bedroom condo with a workspace, but what happens if you start a family? Instead of a small condo, investing in a home with more room could serve you better. Conversely, [48]for people approaching their golden years, a small condo is the best option . . . you don't want to have to deal with a large home that requires a lot of upkeep. Rather than purchasing something that only suits your current needs, you should look for something you won't have to replace soon.

조언3: 동네 결정

My third tip is to determine the type of neighborhood you want to live in. Would you prefer to live [49]downtown, where you can easily walk to shops, restaurants, and cultural venues? Or do you want to raise some animals and need the acreage afforded by a rural area? If you want to enjoy access to both the city and nature, there are even options like the suburbs and planned communities. The location you choose is crucial because even the perfect house will disappoint you if it's not in a place that works for you.

조언4: 부동산 중개인 고용

[50]Another tip is one that some people skip to try and save money—use a professional real estate agent. You may think buying a home on your own is a budget-friendly option, but hiring a professional is actually more economical most of the time. Real estate agents know the market, so they can prevent you from overpaying. In addition, they are seasoned negotiators who can often get you a lower price. [51]They may also have unadvertised pocket listings that you wouldn't be able to find without their help, which gives you more options.

조언5: 최종 점검

Lastly, [52]ensure the home has been inspected before you finalize the purchase. Reach out to licensed home inspectors, who can find problems that you may not notice, such as a bad foundation or hidden structural damage. Once the home is sold, you have to deal with

첫째로, [47]본격적으로 집 물색을 시작하기 전에, 여러분이 얼마만큼을 살 여유가 있는지를 계산해야 합니다. 모든 사람들이 원하는 어떤 집이든 살 수 있는 자산을 가지고 있는 것은 아니니, 주택 담보 대출의 승인을 미리 받을 필요가 있을 수도 있습니다. 게다가, 예산을 벗어나는 집과 사랑에 빠지기 전에 여러분이 주택 담보 대출에 매달 얼마만큼씩 수월하게 지불할 수 있는지를 계산해 봐야 합니다.

둘째로, 재정을 정리하고 나면, 새로운 집에 필요한 것들을 생각해 보고 현재와 미래 모두에 꼭 필요한 요소들의 목록을 만들어 보세요. 예를 들어, 여러분이 미혼자라면, 작업 공간이 있는 방 한 개짜리 아파트로 그럭저럭 살아갈 수 있겠지만, 가정을 이루게 된다면 어떻게 될까요? 작은 아파트 대신에, 더 많은 공간이 있는 집에 투자하는 것이 여러분에게 더 도움이 될 겁니다. 반대로, [48]노년에 가까워지고 있는 사람들에게는, 작은 아파트가 최고의 선택지입니다... 많은 유지를 필요로 하는 큰 집을 관리해야 하고 싶지는 않을 테니까요. 현재의 필요에만 적합한 것을 구입하는 것 대신, 얼마 안 가서 교체하지 않아도 될 것을 찾아봐야 합니다.

제 세 번째 조언은 여러분이 살고 싶은 동네의 종류를 결정하라는 것입니다. [49]상점, 식당, 그리고 문화와 관련된 장소에 쉽게 걸어갈 수 있는 도심지에 살기를 선호하시나요? 혹은 동물을 기르고 싶어서 시골 지역에 있는 땅이 필요하신가요? 만약 도시와 자연 모두에의 접근을 즐기고 싶으시다면, 교외와 신도시 같은 선택지도 있답니다. 완벽한 집이라도 여러분에게 맞는 곳에 있지 않다면 실망을 안겨 줄 것이기 때문에 여러분이 고르는 위치는 매우 중요합니다.

[50]또 다른 조언은 일부 사람들이 돈을 절약하려고 생략하는 것인데, 그것은 바로 전문적인 부동산 중개인을 이용하라는 것입니다. 혼자 힘으로 집을 구입하는 것이 저렴한 방법이라고 생각하실 수 있지만, 사실 전문가를 고용하는 것이 대부분의 경우에 더 경제적입니다. 부동산 중개인은 시장을 알고 있어서, 여러분이 필요 이상으로 지불하는 것을 막아줄 수 있습니다. 이 밖에도, 그들은 대개 여러분들이 더 저렴한 가격에 살 수 있게 하는 숙련된 협상가들입니다. [51]그들은 또한 그들의 도움 없이는 여러분이 알아낼 수 없는 광고되지 않은 호주머니 속에 감춰진 리스트를 가지고 있을 수 있는데, 이는 여러분에게 더 많은 선택지를 제공할 겁니다.

마지막으로, [52]구입을 확정 짓기 전에 집이 점검되었는지 확인하십시오. 안 좋은 토대나 보이지 않는 구조적 손상과 같이, 여러분이 알아차리지 못할 수도 있는 문제를 발견할 수 있는 공인 주택 조사관에게 연락하세요. 일단 집이 팔리게 되면, 여러분이 이런 것들을

	these things, so you want to know what kind of issues exist and have them repaired beforehand.	처리해야 하니, 어떤 문제가 있는지 알고 그것들이 미리 수리되길 원하실 겁니다.
끝인사	Well, there you go. I hope you found these tips helpful. Be sure to tune in to next week's episode of *Dream House*, where we'll take an in-depth look at home insurance.	자, 어떠십니까. 이 조언들이 여러분에게 도움이 되었기를 바랍니다. 주택 보험을 면밀히 살펴볼 예정인 「Dream House」의 다음 주 방송도 꼭 시청해 주시기 바랍니다.

어휘 | property [prá:pərti] 부동산 put one's mind at ease 마음을 놓다 in good hands 안심할 수 있는, 잘 관리되는 dreaded [drédid] 염려하는, 두려운 remorse [rimɔ́:rs] 회한 in earnest 본격적으로 figure out 계산하다, 알아내다 asset [ǽset] 자산 mortgage loan 주택 담보 대출 comfortably [kʌ́mfərtəbli] 수월하게 sort out 정리하다, 처리하다 finance [fáinæns] 재정, 자금 get by 그럭저럭 살아가다 conversely [ká:nvə:rsli] 반대로 golden years 노년, 노후 upkeep [ʌ́pki:p] 유지 acreage [éikəridʒ] 땅 planned community 신도시 crucial [krú:ʃəl] 매우 중요한 real estate agent 부동산 중개인 budget-friendly 저렴한 seasoned [sí:zənd] 숙련된 negotiator [nigóuʃieitər] 협상가 inspect [inspékt] 점검하다 finalize [fáinəlàiz] 확정 짓다 inspector [inspéktər] 조사관 foundation [faundéiʃən] 토대 structural [strʌ́ktʃərəl] 구조적인 in-depth 면밀한 insurance [inʃúrəns] 보험

46 주제/목적 담화의 목적

난이도 ●○○

What is the purpose of the talk? (a) to give tips on securing a home mortgage loan (b) to explain how to negotiate a real estate deal **(c) to show how to choose an ideal home** (d) to point out some problems that new houses have	담화의 목적은 무엇인가? (a) 주택 담보 대출을 확보하기 위한 조언을 주는 것 (b) 부동산 거래를 협상하는 방법을 설명하는 것 **(c) 이상적인 집을 고르는 방법을 알려 주는 것** (d) 새집이 가지고 있는 몇몇 문제들을 지적하는 것

지텔프 치트키

담화의 목적이 언급되는 초반을 주의 깊게 듣고 전체 맥락을 파악한다.

해설 | 화자가 'so let me give you a few tips to ensure that you pick the perfect house'라며 청자들이 이상적인 집을 고르는 것을 보장하는 몇 가지 조언을 주겠다고 한 뒤, 담화 전반에 걸쳐 이상적인 집을 고르는 방법을 설명하는 내용이 이어지고 있다. 따라서 (c)가 정답이다.

Paraphrasing

pick the perfect house 이상적인 집을 고르다 → choose an ideal home 이상적인 집을 고르다

어휘 | secure [səkjúr] 확보하다 negotiate [nigóuʃieit] 협상하다

47 특정세부사항 What

난이도 ●●○

What should potential buyers do before they start shopping for a new home? (a) consider if it is necessary to possess their own home **(b) analyze how much they can pay based on their budget** (c) visit open houses in neighborhoods they are interested in (d) select a financial institution for their mortgage needs	잠재적인 구입자들이 새로운 집 물색을 시작하기 전에 해야 하는 것은 무엇인가? (a) 자가를 소유하는 것이 필요한지를 고려한다 **(b) 예산에 따라 얼마를 지불할 수 있는지를 검토한다** (c) 관심 있는 동네의 공개 주택을 방문한다 (d) 주택 담보 대출의 필요에 따라 금융 기관을 선택한다

지텔프 치트키

질문의 키워드 before ~ start shopping이 before ~ begin shopping으로 paraphrasing되어 언급된 주변을 주의 깊게 듣는다.

해설 | 화자가 'before you begin shopping for a home in earnest, you should figure out what you can afford'라며 본격적으로 집 물색을 시작하기 전에 얼마만큼을 살 여유가 있는지를 계산해야 한다고 했다. 따라서 (b)가 정답이다.

Paraphrasing
what you can afford 얼마만큼을 살 여유가 있는지 → how much they can pay 얼마를 지불할 수 있는지

어휘 | analyze[ǽnəlàiz] 검토하다 financial institution 금융 기관

48 특정세부사항 Which

난이도 ●●○

According to the talk, which type of place would be best for a person approaching retirement age?

(a) a one-bedroom condo with a workspace
(b) a home with a large backyard
(c) a small home needing little maintenance
(d) a condo with room for their family members

담화에 따르면, 은퇴 연령에 가까워지고 있는 사람에게 가장 알맞은 종류의 집은 어떤 것인가?

(a) 작업 공간이 있는 방 한 개짜리 아파트
(b) 큰 뒷마당이 있는 집
(c) 보수 관리가 거의 필요 없는 작은 집
(d) 가족 구성원을 위한 공간이 있는 아파트

지텔프 치트키

질문의 키워드 retirement age가 golden years로 paraphrasing되어 언급된 주변을 주의 깊게 듣는다.

해설 | 화자가 'for people approaching their golden years, a small condo is the best option'이라며 노년에 가까워지고 있는 사람들에게는 작은 아파트가 최고의 선택지라고 한 뒤, 'you don't want to have to deal with a large home that requires a lot of upkeep'이라며 그 이유는 노년에 많은 유지를 필요로 하는 큰 집을 관리해야 하고 싶지는 않을 것이기 때문이라고 했다. 따라서 (c)가 정답이다.

Paraphrasing
upkeep 유지 → maintenance 보수 관리

어휘 | retirement[ritáiərmənt] 은퇴

49 특정세부사항 What

난이도 ●●○

According to the speaker, what is the advantage of living in an urban area?

(a) the ability to get around on foot
(b) admittance to free cultural events
(c) the low number of dangerous animals
(d) access to exclusive communities

화자에 따르면, 도시 지역에 사는 것의 장점은 무엇인가?

(a) 도보로 돌아다닐 수 있음
(b) 무료 문화 행사에의 입장
(c) 적은 수의 위험한 동물
(d) 전용 지역 사회에의 접근

지텔프 치트키

질문의 키워드 urban area가 downtown으로 paraphrasing되어 언급된 주변을 주의 깊게 듣는다.

해설 | 화자가 'downtown, where you can easily walk to ~ cultural venues'라며 도심지에서는 문화와 관련된 장소 등에 쉽게 걸어갈 수 있다고 했다. 따라서 (a)가 정답이다.

Paraphrasing
walk 걷다 → get around on foot 도보로 돌아다니다

오답분석

(b) 화자가 도심지에 살면 문화와 관련된 장소에 쉽게 걸어갈 수 있다고는 언급하였으나, 무료 문화 행사에 입장할 수 있다고 한 것은 아니므로 오답이다.

어휘 | admittance [ædmítəns] 입장, 허가 exclusive [iksklú:siv] 전용의, 독점적인

50 추론 특정사실

난이도 ●●●

Why most likely do people decide not to hire a real estate agent?

(a) because they are familiar with the market
(b) because they have a limited budget
(c) because they are skilled negotiators
(d) because they have overpaid previously

사람들은 왜 부동산 중개인을 고용하지 않기로 결정하는 것 같은가?

(a) 시장을 잘 알고 있기 때문에
(b) 제한된 예산을 가지고 있기 때문에
(c) 숙련된 협상가이기 때문에
(d) 이전에 필요 이상으로 지불한 적이 있기 때문에

지텔프 치트키

질문의 키워드 hire ~ agent가 use ~ agent로 paraphrasing되어 언급된 주변을 주의 깊게 듣는다.

해설 | 화자가 'Another tip is one that some people skip to try and save money—use a professional real estate agent.'라며 또 다른 조언인 전문적인 부동산 중개인을 이용하라는 것은 일부 사람들이 돈을 절약하려고 생략하는 것이라고 한 것을 통해, 부동산 중개인을 고용하지 않기로 결정하는 사람들은 제한된 예산을 가지고 있을 것임을 추론할 수 있다. 따라서 (b)가 정답이다.

어휘 | skilled [skild] 숙련된, 노련한 previously [prí:viəsli] 이전에, 미리

51 특정세부사항 What

난이도 ●●○

In what way can real estate agents benefit home seekers?

(a) They can connect buyers to banks with lower interest rates.
(b) They reduce the time needed to complete a purchase.
(c) They only get paid if they secure the best possible price.
(d) They may know about properties that are not being marketed.

부동산 중개인은 집을 구하는 사람들에게 어떤 방법으로 도움이 될 수 있는가?

(a) 구입자들과 낮은 이율을 가진 은행을 연결할 수 있다.
(b) 구입을 완료하는 데 필요한 시간을 줄여 준다.
(c) 가능한 가장 저렴한 가격을 확보해야만 보수를 받는다.
(d) 광고되고 있지 않은 부동산에 관해 알 수도 있다.

지텔프 치트키

질문의 키워드 real estate agents가 그대로 언급된 주변을 주의 깊게 듣는다.

해설 | 화자가 'They may also have unadvertised pocket listings that you wouldn't be able to find without their help, which gives you more options.'라며 부동산 중개인들이 광고되지 않은 호주머니 속에 감춰진 리스트를 가지고 있을 수 있는데, 이는 주택 구입

자들에게 더 많은 선택지를 제공할 것이라고 했다. 따라서 (d)가 정답이다.

Paraphrasing

unadvertised 광고되지 않은 → not being marketed 광고되고 있지 않은

어휘 | interest rate 이율 market[má:rkit] 광고하다

52 특정세부사항 What

난이도 ●●○

According to the talk, what should buyers make sure of prior to closing the deal on a new home?

(a) that the home has been thoroughly examined
(b) that the home has no mortgage debt
(c) that the water pressure is adequate
(d) that the inspectors they use are licensed

담화에 따르면, 구입자들이 새로운 집의 거래를 마무리하기 전에 확실히 해야 하는 것은 무엇인가?

(a) 집이 철저히 검사되었다는 것
(b) 집에 주택 담보 채무가 없다는 것
(c) 수압이 적당하다는 것
(d) 그들이 이용하는 조사관들이 면허가 있다는 것

지텔프 치트키

질문의 키워드 closing the deal이 finalize the purchase로 paraphrasing되어 언급된 주변을 주의 깊게 듣는다.

해설 | 화자가 'ensure the home has been inspected before you finalize the purchase'라며 구입을 확정 짓기 전에 집이 점검되었는지 확인하라고 했다. 따라서 (a)가 정답이다.

Paraphrasing

has been inspected 점검되었다 → has been ~ examined 검사되었다

어휘 | debt[det] 채무 adequate[ǽdikwət] 적당한

04회 실전모의고사

문제집 p.16

정답 및 문제 유형 분석표

PART 1		PART 2		PART 3		PART 4	
27	(d) 주제/목적	34	(d) 특정세부사항	40	(b) 특정세부사항	46	(a) 특정세부사항
28	(b) 특정세부사항	35	(c) Not/True	41	(a) 특정세부사항	47	(b) Not/True
29	(c) 추론	36	(b) 특정세부사항	42	(c) 특정세부사항	48	(c) 특정세부사항
30	(b) 특정세부사항	37	(b) 추론	43	(b) 특정세부사항	49	(d) 추론
31	(c) 추론	38	(a) 특정세부사항	44	(a) 특정세부사항	50	(b) 특정세부사항
32	(d) 특정세부사항	39	(b) 특정세부사항	45	(c) 추론	51	(a) 특정세부사항
33	(a) 추론					52	(a) 특정세부사항

취약 유형 분석표

유형	맞힌 개수
주제/목적	/ 1
특정세부사항	/ 17
Not/True	/ 2
추론	/ 6
TOTAL	26

PART 1 (27~33) Conversation 언어 교환 프로그램에 관한 두 친구의 대화

안부 인사

M: Hi, Brittney! How are you doing?

주제 제시: 언어 교환

F: Hey, Doug. I'm doing well. [27]I've been really involved with a language exchange program I joined a few months ago.

M: Oh, interesting. What language are you learning?

F: I'm learning French.

M: I didn't know you were interested in French.

언어 교환 참가 이유

F: I took classes in high school. And I've always liked the way the language sounds.

M: It is the language of love.

F: That's right. But [28]the biggest reason I'm drawn to French is that it is a global language. I read that there are around 300 million speakers of French around the world.

언어 교환 방식

M: I had no idea. So how does your language exchange work?

F: Once a week, we meet at a café, and the organizer randomly puts the French learners and English learners into pairs. Then, [29]we set a timer and spend 10 minutes chatting in English about what we're up to and about everyday topics.

M: When the time is up, do you speak French?

F: Yes. [29]We'll hold a similar conversation in French for 10 minutes, followed by 10 minutes for feedback. At this time, we correct errors and teach each other more natural expressions. After that, we change partners once more and do the process again.

남: 안녕, Brittney! 어떻게 지내?

여: 안녕, Doug. 난 잘 지내고 있어. [27]몇 달 전에 가입한 언어 교환 프로그램에 정말 몰두하고 있지.

남: 오, 흥미롭네. 무슨 언어를 배우고 있어?

여: 프랑스어를 배우고 있어.

남: 네가 프랑스어에 관심이 있는 줄은 몰랐네.

여: 고등학교 때 수업을 들었어. 그리고 난 항상 그 언어가 소리를 내는 방식을 좋아했거든.

남: 그건 사랑의 언어잖아.

여: 맞아. 하지만 [28]내가 프랑스어에 끌렸던 가장 큰 이유는 이게 세계 공통어라는 거야. 전 세계에 약 3억 명의 프랑스어 사용자들이 있다고 읽었어.

남: 전혀 몰랐네. 그래서 언어 교환은 어떻게 진행돼?

여: 일주일에 한 번, 우리는 카페에서 만나고, 주최 측이 무작위로 프랑스어 학습자들과 영어 학습자들을 짝지어줘. 그러고 나서, [29]우리는 타이머를 설정하고 10분간 근황이 어떤지와 일상적인 주제들에 관해 영어로 이야기를 나누면서 시간을 보내.

남: 시간이 다 되면, 프랑스어로 말하는 거야?

여: 응. [29]프랑스어로도 비슷한 대화를 10분간 하고, 10분의 피드백이 이어져. 이 시간에는, 틀린 곳을 바로잡고 서로에게 더 자연스러운 표현들을 가르쳐 줘. 그다음에, 우리는 파트너를 한 번 더 바꾸고 그 과정을 다시 반복하지.

M: I see.

문화 견학

F: And once a month, we go on a cultural outing. The program has already taken us to a French restaurant, where we ordered in the language. We've also visited lecture halls to hear speeches by French scholars.

언어 교환 장점

M: That sounds fun. Do you think the program has improved your language skills?

F: Definitely! I've learned a lot of new words and phrases. And [30]my exchange partners have given me praise for my pronunciation, which they say is starting to sound a bit more like a native speaker.

M: That's quite a compliment.

F: It sure is. But I'd say the greatest benefit of the program so far is the fact that I finally feel comfortable speaking French. Everyone in the group is patient and friendly, so I don't feel embarrassed if I make mistakes.

모임 규모 + 구성원

M: That's very important. How many members are in the group?

F: Participation varies from week to week, but there's probably an average of 12 to 20 participants per exchange.

M: That's a lot.

F: Yes. And the group is diverse. [31]In addition to France, we have speakers from Canada, Belgium, and Cameroon. I love hearing all the different French accents.

여자가 다음에 할 일

M: [32]Have you given any thought to traveling to a French-speaking country? Maybe it's time you put your language skills to the test.

F: It's funny you mention that. I'm planning on taking a trip next summer. The only problem is I don't know which country to visit.

M: Why not France? That seems like the obvious choice.

F: I would rather go to a smaller country for a more intimate experience. I have to do more research, but I'm strongly considering visiting Luxembourg.

M: That's unexpected. Do they speak French there?

F: Yes. It's the national language. And I hear the country is beautiful in the summer.

M: Well, when you go, take some pictures for me.

F: I will. [33]I'll even bring you a souvenir.

남: 그렇구나.

여: 그리고 한 달에 한 번씩, 우리는 문화 견학을 가. 그 프로그램은 이미 우리를 프랑스 음식점으로 데려갔는데, 그곳에서 우리는 그 언어로 주문했어. 우리는 프랑스 학자들의 연설을 듣기 위해 강의실을 방문하기도 했지.

남: 재미있을 것 같다. 그 프로그램이 네 언어 실력을 향상시켰다고 생각하니?

여: 물론이지! 난 새로운 단어와 관용구를 많이 배웠어. 그리고 [30]내 언어 교환 파트너들이 내 발음을 칭찬해 줬는데, 그들이 말하길 내 발음이 조금 더 원어민처럼 들리기 시작한대.

남: 그거 상당한 칭찬이네.

여: 그럼. 하지만 지금까지 이 프로그램의 가장 큰 장점은 내가 마침내 프랑스어로 말하는 걸 편안하게 느낀다는 점이라고 생각해. 모임의 모든 사람이 인내심이 있고 친절해서, 내가 실수를 하더라도 부끄럽지 않아.

남: 그거 정말 중요하다. 그 모임에는 회원이 몇 명이나 있어?

여: 매주 참여도가 다르지만, 한 번의 교환당 평균 12명에서 20명 정도가 있는 것 같아.

남: 사람이 많네.

여: 응. 그리고 모임 구성원들이 다양해. [31]프랑스뿐만 아니라, 캐나다, 벨기에, 그리고 카메룬에서 온 언어 사용자들도 있어. 난 서로 다른 모든 프랑스어 억양을 듣는 걸 정말 좋아해.

남: [32]프랑스어를 사용하는 나라로 여행 가는 걸 생각해 본 적 있어? 어쩌면 네 언어 실력을 시험해 볼 때가 되었을 수도 있잖아.

여: 네가 그 말을 하다니 신기하다. 난 내년 여름에 여행을 갈 계획을 세우고 있어. 유일한 문제는 어느 나라를 방문할지 모르겠다는 거야.

남: 프랑스는 어때? 확실한 선택일 것 같아.

여: 나는 좀 더 깊은 경험을 위해 더 작은 나라로 가고 싶어. 조사를 더 해 봐야겠지만, 난 룩셈부르크에 가는 걸 적극적으로 고려하고 있어.

남: 그건 예상 밖이네. 거기서도 프랑스어를 사용해?

여: 응. 그 나라의 국어야. 그리고 여름에 그 나라가 아름답다고 들었어.

남: 음, 네가 간다면, 날 위해 사진 좀 찍어 줘.

여: 그럴게. [33]기념품도 사다 줄게.

어휘 | be involved with ~에 몰두하다 be drawn to ~에 끌리다 global language 세계 공통어 organizer [ɔ́:rgənàizər] 주최, 주최자 randomly [rǽndəmli] 무작위로 correct [kərékt] 바로잡다, 정정하다 outing [áutiŋ] 견학 scholar [skɑ́:lər] 학자 improve [imprú:v] 향상시키다 phrase [freiz] 관용구 praise [preiz] 칭찬 pronunciation [prənʌ̀nsiéiʃən] 발음 compliment [kɑ́:mpləmənt] 칭찬 patient [péiʃənt] 인내심이 있는 embarrassed [imbǽrəst] 부끄러운 diverse [daivə́:rs] 다양한 obvious [ɑ́:bviəs] 확실한 intimate [íntimət] 깊은, 상세한 unexpected [ʌ̀nikspéktid] 예상 밖의 souvenir [sù:vənír] 기념품

27 주제/목적 대화의 주제

난이도 ●○○

What are Doug and Brittney discussing?

(a) the most effective way to conduct a language exchange
(b) the difficulties Brittney faced learning French
(c) the French class Doug and Brittney took in high school
(d) the language exchange program Brittney participates in

Doug와 Brittney는 무엇을 논의하고 있는가?

(a) 언어 교환을 하기 위한 가장 효과적인 방식
(b) Brittney가 프랑스어를 배우면서 마주한 어려움
(c) Doug와 Brittney가 고등학교 때 들었던 프랑스어 수업
(d) Brittney가 참여하는 언어 교환 프로그램

지텔프 치트키

대화의 주제를 언급하는 초반을 주의 깊게 듣고 전체 맥락을 파악한다.

해설 | 여자가 'I've been really involved with a language exchange program I joined a few months ago.'라며 몇 달 전에 가입한 언어 교환 프로그램에 정말 몰두하고 있다고 한 뒤, 대화 전반에 걸쳐 언어 교환 프로그램에 관해 논의하는 내용이 이어지고 있다. 따라서 (d)가 정답이다.

Paraphrasing

joined 가입했다 → participates 참여하다

어휘 | effective [iféktiv] 효과적인 conduct [kəndʌ́kt] (특정한 활동을) 하다

28 특정세부사항 What

난이도 ●●○

What is Brittney's main reason for learning French?

(a) It was a language she learned in high school.
(b) It has a high number of global speakers.
(c) It is considered the language of love.
(d) It is easy for her to pronounce.

Brittney가 프랑스어를 배우는 주된 이유는 무엇인가?

(a) 그녀가 고등학교에서 배운 언어였다.
(b) 전 세계적인 사용자가 많다.
(c) 사랑의 언어로 여겨진다.
(d) 그녀가 발음하기 쉽다.

지텔프 치트키

질문의 키워드 main reason이 biggest reason으로 paraphrasing되어 언급된 주변을 주의 깊게 듣는다.

해설 | 여자가 'the biggest reason I'm drawn to French is that it is a global language'라며 프랑스어에 끌렸던 가장 큰 이유는 프랑스어가 세계 공통어이기 때문이라고 한 뒤, 'I read that there are around 300 million speakers of French around the world.'라며 전 세계에 약 3억 명의 프랑스어 사용자들이 있다고 읽었다고 했다. 따라서 (b)가 정답이다.

Paraphrasing

around 300 million speakers 약 3억 명의 사용자들 → a high number of ~ speakers 사용자가 많은
around the world 전 세계에 → global 전 세계적인

오답분석

(a) 여자가 고등학교 때 프랑스어 수업을 들었다고는 언급했지만, 그것이 프랑스어를 배우는 주된 이유라고 한 것은 아니므로 오답이다.

어휘 | pronounce [prənáuns] 발음하다

29 추론 특정사실

난이도 ●●●

What are participants most likely required to do during the language exchange?

(a) speak with every person in the group at least once
(b) use their second language at all times
(c) spend equal time speaking both languages
(d) talk about what they heard at the French lectures

언어 교환 중에 참가자들은 무엇을 하도록 요구될 것 같은가?

(a) 모임의 모든 사람과 적어도 한 번씩 대화하기
(b) 그들의 제2 언어를 항상 사용하기
(c) 두 언어를 사용하는 데 동일한 시간을 들이기
(d) 프랑스어 강의에서 들었던 것에 관해 이야기하기

지텔프 치트키

질문의 키워드 during the language exchange와 관련된 주변 내용을 주의 깊게 듣는다.

해설 | 여자가 'we set a timer and spend 10 minutes chatting in English about ~ everyday topics'라며 타이머를 설정하고 10분간 일상적인 주제 등에 관해 영어로 이야기를 나누면서 시간을 보낸다고 한 뒤, 'We'll hold a similar conversation in French for 10 minutes'라며 프랑스어로도 비슷한 대화를 10분간 한다고 한 것을 통해, 언어 교환 중에 참가자들은 영어와 프랑스의 두 언어를 사용하는 데 동일한 시간을 들이도록 요구될 것임을 추론할 수 있다. 따라서 (c)가 정답이다.

오답분석

(a) 여자가 파트너를 한 번 더 바꾸고 과정을 다시 반복한다고는 언급했지만, 모임의 '모든' 사람과 적어도 한 번씩 대화하도록 요구된다는 내용은 언급하지 않았으므로 오답이다.

어휘 | second language 제2 언어

30 특정세부사항 What

난이도 ●●○

What compliment did Brittney receive from her exchange partners?

(a) that she does not make mistakes
(b) that her pronunciation has improved
(c) that she is speaking French confidently
(d) that her feedback is valuable

Brittney는 그녀의 언어 교환 파트너들에게 무슨 칭찬을 받았는가?

(a) 그녀가 실수하지 않는다는 것
(b) 그녀의 발음이 개선되었다는 것
(c) 프랑스어를 자신 있게 말한다는 것
(d) 그녀의 피드백이 유익하다는 것

지텔프 치트키

질문의 키워드 compliment가 praise로 paraphrasing되어 언급된 주변을 주의 깊게 듣는다.

해설 | 여자가 'my exchange partners have given me praise for my pronunciation, ~ starting to sound ~ like a native speaker'라며 언어 교환 파트너들이 자신의 발음이 원어민처럼 들리기 시작한다며 칭찬해 줬다고 했다. 따라서 (b)가 정답이다.

Paraphrasing

pronunciation ~ sound ~ more like a native speaker 발음이 더 원어민처럼 들리다 → pronunciation has improved 발음이 개선되었다

오답분석

(c) 여자가 프랑스어로 말하는 것을 편안하게 느낀다는 점이 언어 교환 프로그램의 가장 큰 장점이라고는 언급했지만, 그것이 언어 교환 파트너들이 해 준 칭찬이라고 한 것은 아니므로 오답이다.

31 추론 묘사

난이도 ●●○

According to Brittney, how could the language partners be described?

(a) They participate consistently from week to week.
(b) They frequently travel to different countries.
(c) They come from different French-speaking countries.
(d) They don't feel embarrassed when they make mistakes.

Brittney에 따르면, 언어 파트너들은 어떻게 묘사될 수 있는가?

(a) 매주 일관되게 참여한다.
(b) 다른 나라로 여행을 자주 간다.
(c) 다양한 프랑스어 사용 국가 출신이다.
(d) 실수를 해도 부끄러워하지 않는다.

지텔프 치트키

질문의 키워드 language partners와 관련된 주변 내용을 주의 깊게 듣는다.

해설 | 여자가 'In addition to France, we have speakers from Canada, Belgium, and Cameroon.'이라며 프랑스뿐만 아니라, 캐나다, 벨기에, 그리고 카메룬에서 온 언어 사용자들도 있다고 한 뒤, 'I love hearing ~ different French accents.'라며 서로 다른 프랑스어 억양을 듣는 것을 좋아한다고 한 것을 통해, 언어 교환 프로그램의 파트너들이 다양한 프랑스어 사용 국가 출신임을 추론할 수 있다. 따라서 (c)가 정답이다.

어휘 | consistently [kənsístəntli] 일관되게 frequently [frí:kwəntli] 자주

32 특정세부사항 How

난이도 ●○○

How does Doug suggest Brittney test her language ability?

(a) by watching more French films
(b) by conversing with French scholars
(c) by joining a similar language program
(d) by taking a trip to another country

Doug는 Brittney에게 그녀의 언어 능력을 어떻게 시험해 보라고 제안하는가?

(a) 프랑스 영화를 더 많이 봄으로써
(b) 프랑스의 학자들과 대화를 나눔으로써
(c) 비슷한 언어 프로그램에 참여함으로써
(d) 다른 나라에 여행을 감으로써

지텔프 치트키

질문의 키워드 test가 put ~ to the test로 paraphrasing되어 언급된 주변을 주의 깊게 듣는다.

해설 | 남자가 'Have you given any thought to traveling to a French-speaking country?'라며 프랑스어를 사용하는 나라로 여행 가는 것을 생각해 본 적이 있는지를 물은 뒤, 'Maybe it's time you put your language skills to the test.'라며 여자의 언어 실력을 시험해 볼 때가 되었을 수도 있다고 했다. 따라서 (d)가 정답이다.

Paraphrasing
traveling to a French-speaking country 프랑스어를 사용하는 나라로 여행 가는 → taking a trip to another country 다른 나라에 여행을 감

어휘 | converse [kənvə́:rs] 대화를 나누다

33 추론 다음에 할 일

난이도 ●●○

Based on the conversation, what will Brittney probably do for Doug next summer?

(a) buy a gift during her travels

대화에 따르면, Brittney는 내년 여름에 Doug를 위해 무엇을 할 것 같은가?

(a) 여행 선물을 산다

(b) take some pictures of France
(c) give advice on visiting Luxembourg
(d) provide a brochure for tourists

(b) 프랑스 사진을 몇 장 찍는다
(c) 룩셈부르크를 방문하는 것에 관한 조언을 한다
(d) 관광객을 위한 소책자를 제공한다

지텔프 치트키

다음에 할 일을 언급하는 후반을 주의 깊게 듣는다.

해설 | 여자가 'I'll even bring you a souvenir.'라며 남자에게 기념품을 사다 주겠다고 한 것을 통해, 그녀는 내년 여름에 룩셈부르크로 여행을 가서 남자를 위한 선물을 살 것임을 추론할 수 있다. 따라서 (a)가 정답이다.

Paraphrasing

a souvenir 기념품 → a gift during ~ travels 여행 선물

오답분석

(b) 여자가 남자를 위해 여행 사진을 찍어 주겠다고는 언급했지만, 여자는 프랑스가 아닌 룩셈부르크로 여행을 가는 것이므로 오답이다.

어휘 | brochure [brouʃúr] 소책자, 안내서

PART 2 (34~39) Presentation 취업 박람회 홍보

주제 제시: 취업 박람회

Whether you're a freshman or a senior, the time will come when your university life will end and your working life will begin. My goal as a manager in the career development center is to ease that transition. That's why I'm here today to tell you about our annual job fair that will take place on campus next Friday.

여러분이 신입생이든 졸업반이든, 대학 생활이 끝나고 직장 생활이 시작되는 때는 올 겁니다. 진로 개발 센터의 팀장으로서 제 목표는 그 과도기를 수월하게 하는 것이죠. 그게 바로 제가 오늘 이곳에서 여러분께 다음 주 금요일에 학교에서 열릴 연례 취업 박람회에 관해 설명해 드리러 온 이유입니다.

박람회 대상

[34]The job fair is for students, regardless of major, who want to jumpstart their careers. While we understand that many will turn to online applications, we of the career development center want to emphasize how important job fairs can be to your future professional success. According to a recent survey, employers are 30 percent more likely to hire candidates that they met in person than those who applied online.

[34]취업 박람회는, 전공에 상관없이, 경력에 시동을 걸고 싶은 학생들을 위한 것입니다. 많은 분들이 온라인 지원에 의지할 것으로 알고는 있지만, 우리 진로 개발 센터는 취업 박람회가 여러분의 향후 직업적 성공에 얼마나 중요할 수 있는지를 강조하고자 합니다. 최근 한 조사에 따르면, 고용주들이 온라인으로 지원한 사람들보다 직접 만났던 지원자들을 채용할 가능성이 30퍼센트 더 높습니다.

박람회 정보

With that said, let me give you some information about the job fair. [35(c)]It will take place from 10 a.m. to 4 p.m. [35(b)]in front of the Humanities Building. More than 50 companies will be hosting booths, with representatives from several key industries, including marketing, engineering, and finance.

말이 나온 김에, 취업 박람회에 관한 정보를 좀 더 드릴게요. [35(b)]그것은 인문대 건물 앞에서 [35(c)]오전 10시부터 오후 4시까지 열릴 것입니다. 50개 이상의 기업들이 부스를 열 것이고, 마케팅, 공학, 그리고 금융을 포함한 여러 핵심 산업의 대표자들이 함께할 겁니다.

[36]Having exposure to different companies can give insight into positions and roles you may not have considered before. For example, last year, a student majoring in business figured that he would have to work as an analyst for the rest of his life, a future he was

[36]다양한 기업에 노출되는 것은 여러분이 이전에 고려해 보지 않았을 직무와 역할에 관한 식견을 줄 수 있습니다. 예를 들어, 작년에, 경영학을 전공한 한 학생은 그의 여생 동안 분석가로서 일해야 할 것이라고 생각했는데, 이것은 그가 흥미로워하지 않던 미래였습니다.

박람회 참여의 의의

not excited about. But at the job fair, he talked with representatives of a real estate company. He was happy to learn that his business knowledge was in demand as a loan officer, meaning he could have a rewarding career helping customers get the funds to buy their first home.

Also, a job fair is where you can establish a professional network. This may seem nerve-racking at first, but a job fair presents many opportunities to practice introducing yourself in a professional setting. Once you're comfortable, get to know both your fellow job fair attendees and hosts. From your network, you can receive job leads and career advice and develop meaningful relationships.

박람회 워크숍

In addition to the booths, two skill development workshops will be available. The first will be in the morning and will go over how to craft an effective résumé that will be sure to score you an interview. [37]The afternoon session will focus on the skills you need to pass that interview. Hiring managers from human resource departments will share question-answering strategies that will impress the interviewer.

참여 방법

If you wish to attend one or both of the skill workshops, please see me after this talk so I can sign you up. Availability is limited, as the sessions will be held in the auditorium. However, no reservations are necessary for the job fair itself. [38]When you arrive, make sure to first check in with the staff at the entrance. After, you will receive a name tag.

혜택

We are pleased to announce that light snacks and refreshments will be provided by our university's dining hall. Many of the booths have graciously promised to give away gifts and free merchandise, so come early.

준비물 + 끝인사

As a final note, [39]we ask that all attendees dress in business attire. If you have a résumé or work samples, we recommend you bring those as well to facilitate the experience. So if you want to start your career off on the right foot, come to our job fair!

하지만 취업 박람회에서, 그는 한 부동산 회사의 대표자들과 이야기를 나눴죠. 그의 경영학 지식이 대출 담당 직원으로서 수요가 있다는 점을 알게 되어 그는 기뻤고, 이는 그가 고객들이 그들의 첫 주택을 구입할 자금을 얻도록 도와주는 보람 있는 직업을 가질 수 있다는 것을 의미했어요.

또한, 취업 박람회는 여러분이 직업적 인적 정보망을 형성할 수 있는 곳이기도 합니다. 이것이 처음에는 긴장되게 하는 것처럼 보일 수 있지만, 취업 박람회는 직업적 환경에서 자기소개하는 것을 연습할 많은 기회를 제공합니다. 여러분의 마음이 편안해지면, 취업 박람회 동료 참석자들과 주최자들을 알아가 보세요. 여러분의 인적 정보망에서, 여러분은 취업 지도와 경력 조언을 받을 수 있고 유의미한 관계도 발전시킬 수 있습니다.

부스 외에, 두 개의 기량 개발 워크숍도 이용 가능할 것입니다. 첫 번째 워크숍은 오전에 있을 것이고 여러분이 분명 면접 기회를 얻게 할 효과적인 이력서 작성법을 살펴볼 것입니다. [37]오후 시간은 여러분이 면접을 통과하기 위해 필요한 기술들에 초점을 맞출 겁니다. 인사 부서의 채용 담당자들이 면접관의 기억에 남을 질의응답 전략들을 공유할 예정입니다.

만약 하나 또는 두 기량 워크숍 모두에 참석하기를 원하신다면, 제가 등록해 드릴 수 있도록 이 강연 이후에 저를 찾아 주세요. 이 활동들은 강당에서 개최될 예정이기 때문에, 이용 가능한 자리가 제한되어 있습니다. 하지만, 취업 박람회 자체에는 예약이 필요하지 않습니다. [38]도착하시면, 먼저 입구에 있는 직원에게 반드시 입장 절차를 밟으세요. 그 후에, 이름표를 받으실 겁니다.

우리 대학 식당에서 가벼운 간식과 다과를 제공해 드릴 것임을 알려 드리게 되어 기쁩니다. 많은 부스들이 감사하게도 선물과 무료 제품들을 나눠 드리기로 약속하였으니, 일찍 오시기 바랍니다.

마지막으로, [39]모든 참석자분들은 비즈니스 정장을 입을 것을 요청드립니다. 이력서나 작업 샘플이 있으시다면, 경험을 촉진할 수 있도록 그것들을 가져오시는 것도 추천해 드립니다. 그러니 경력을 잘 시작하고 싶으시다면, 우리 취업 박람회로 오세요!

어휘 | freshman [fréʃmən] 신입생, 1학년 senior [síːniər] 졸업반, 상급생, 선배 ease [iːz] 수월하게 하다 transition [trænzíʃən] 과도기 annual [ǽnjuəl] 연례의, 1년마다 하는 fair [fer] 박람회, 전시회 take place 열리다 regardless of ~에 상관없이 jumpstart [dʒʌ́mpstɑːrt] 시동을 걸다, 활성화하다 application [æ̀plikéiʃən] 지원, 지원서 emphasize [émfəsaiz] 강조하다 candidate [kǽndidət] 지원자 representative [rèprizéntətiv] 대표자 analyst [ǽnəlist] 분석가 in demand 수요가 있는 nerve-racking 긴장되게 하는 fellow [félou] 동료 résumé [rézəmei] 이력서 score [skɔːr] 얻게 하다 strategy [strǽtədʒi] 전략 availability [əvèiləbíləti] 이용 가능한 것 reservation [rèzərvéiʃən] 예약 graciously [gréiʃəsli] 고맙게도 business attire 비즈니스 정장 facilitate [fəsíliteit] 촉진하다, 용이하게 하다 start off on the right foot 잘 시작하다

34 특정세부사항 Who

난이도 ●○○

Who are the target students of the job fair?

(a) those who applied through an online form
(b) those who seek a career in the development center
(c) those who responded to a recent employment survey
(d) those who would like to boost their career opportunities

취업 박람회의 대상 학생들은 누구인가?

(a) 온라인 양식으로 지원한 사람들
(b) 개발 센터에서 직업을 찾는 사람들
(c) 최근 취업 설문 조사에 응답한 사람들
(d) 직업 기회를 증진시키고 싶은 사람들

지텔프 치트키

질문의 키워드 target students와 관련된 주변 내용을 주의 깊게 듣는다.

해설 | 화자가 'The job fair is for students ~ who want to jumpstart their careers.'라며 취업 박람회는 경력에 시동을 걸고 싶은 학생들을 위한 것이라고 했다. 따라서 (d)가 정답이다.

Paraphrasing
jumpstart 시동을 걸다 → boost 증진시키다

어휘 | respond [rispá:nd] 응답하다 boost [bu:st] 증진시키다

35 Not/True True 문제

난이도 ●●○

According to the speaker, which is true about the job fair?

(a) It features a presentation by engineering students.
(b) It takes place outside of the university.
(c) It lasts for a period of six hours.
(d) It includes booths made by the student body.

화자에 따르면, 취업 박람회에 관해 사실인 것은?

(a) 공과 대학 학생들의 발표를 포함한다.
(b) 대학교 밖에서 열린다.
(c) 6시간 동안 계속된다.
(d) 학생회에 의해 만들어진 부스를 포함한다.

지텔프 치트키

보기의 키워드와 담화의 내용을 대조하며 듣는다.

해설 | (c)는 화자가 'It will take place from 10 a.m. to 4 p.m.'이라며 박람회는 오전 10시부터 오후 4시까지 열릴 것이라고 언급했으므로 담화의 내용과 일치한다. 따라서 (c)가 정답이다.

오답분석

(a) 화자가 공학 등을 포함한 여러 핵심 산업의 대표자들이 함께할 것이라고는 언급했지만, 공과 대학 학생들의 발표를 포함한다는 내용은 언급하지 않았다.
(b) 화자가 취업 박람회는 학교의 인문대 건물 앞에서 열린다고 언급하였다.
(d) 화자가 기업들이 부스를 열 것이라고는 언급했지만, 학생회가 부스를 만든다는 내용은 언급하지 않았다.

어휘 | student body 학생회, 전교생

36 특정세부사항 How

난이도 ●●●

How does the job fair give a new understanding of career opportunities?

취업 박람회는 어떻게 직업 기회에 관한 새로운 이해를 제공하는가?

(a) by providing information about student loans
(b) by informing students about jobs they did not consider before
(c) by giving tips on the most promising occupations in the future
(d) by notifying students about financial compensation

(a) 학자금 대출에 관해 정보를 제공함으로써
(b) 학생들에게 그들이 이전에 고려하지 않았던 직업에 관해 알려 줌으로써
(c) 미래에 가장 유망한 직업들에 관한 정보를 줌으로써
(d) 학생들에게 재정적 보상에 관해 알림으로써

지텔프 치트키

질문의 키워드 understanding이 insight로 paraphrasing되어 언급된 주변을 주의 깊게 듣는다.

해설 | 화자가 'Having exposure to different companies can give insight into ~ roles you may not have considered before.'라며 다양한 기업에 노출되는 것이 이전에 고려해 보지 않았을 직무와 역할에 관한 식견을 줄 수 있다고 한 뒤, 작년 취업 박람회에서 새로운 직업 기회를 알게 된 한 학생의 예시를 언급하고 있다. 따라서 (b)가 정답이다.

Paraphrasing
give insight into positions and roles 직무와 역할에 관한 식견을 주다 → informing ~ about jobs 직업에 관해 알려 줌

어휘 | student loan 학자금 대출 promising [prɑ́:misiŋ] 유망한 occupation [ɑ̀:kupéiʃən] 직업 notify [nóutifai] 알리다

37 추론 특정사실

난이도 ●●○

Based on the talk, why would students probably participate in the afternoon development workshop?

(a) to identify potential employers
(b) to prepare for job interviews
(c) to learn how to write a résumé
(d) to develop additional work skills

담화에 따르면, 학생들은 왜 오후 개발 워크숍에 참석할 것 같은가?

(a) 미래의 고용주를 알아보기 위해서
(b) 취업 면접을 준비하기 위해서
(c) 이력서를 작성하는 방법을 배우기 위해서
(d) 추가적인 업무 능력을 개발하기 위해서

지텔프 치트키

질문의 키워드 afternoon이 그대로 언급된 주변을 주의 깊게 듣는다.

해설 | 화자가 'The afternoon session will focus on the skills you need to pass that interview.'라며 오후 시간은 면접을 통과하기 위해 필요한 기술들에 초점을 맞출 것이라고 한 것을 통해, 학생들은 취업 면접을 준비하기 위해 오후 개발 워크숍에 참석할 것임을 추론할 수 있다. 따라서 (b)가 정답이다.

오답분석
(c) 화자가 워크숍에서 이력서 작성법을 살펴볼 것이라고는 언급했지만, 이는 오전에 있을 첫 번째 워크숍에 관한 것이므로 오답이다.

어휘 | identify [aidéntəfài] 알아보다, 확인하다

38 특정세부사항 What

난이도 ●○○

What should students first do when they arrive at the job fair?

(a) sign in to get a name badge
(b) introduce themselves to a representative

취업 박람회에 도착하면 학생들은 무엇을 가장 먼저 해야 하는가?

(a) 이름표를 받기 위해 도착 서명을 한다
(b) 대표자에게 자기소개를 한다

(c) help themselves to the free food
(d) find a seat in the auditorium

(c) 무료 음식을 자유롭게 먹는다
(d) 강당에서 자리를 찾는다

—○ 지텔프 치트키

질문의 키워드 arrive가 그대로 언급된 주변을 주의 깊게 듣는다.

해설 | 화자가 'When you arrive, make sure to first check in with the staff at the entrance.'라며 도착하면 먼저 입구에 있는 직원에게 반드시 입장 절차를 밟으라고 한 뒤, 'After, you will receive a name tag.'라며 그 후에 이름표를 받을 것이라고 했다. 따라서 (a)가 정답이다.

Paraphrasing
check in 입장 절차를 밟다 → sign in 도착 서명을 하다
receive a name tag 이름표를 받다 → get a name badge 이름표를 받다

어휘 | sign in 도착 서명을 하다, 이름을 기록하다

39 특정세부사항 How 난이도 ●●○

How should all attendees prepare for the job fair?

(a) They should bring their recommendation letters.
(b) They should wear professional clothes.
(c) They should register for a training workshop.
(d) They should come early to the dining hall.

모든 참석자들은 취업 박람회를 어떻게 준비해야 하는가?

(a) 그들의 추천서를 가져와야 한다.
(b) 전문적인 복장을 하여야 한다.
(c) 교육 워크숍에 등록해야 한다.
(d) 식당에 일찍 와야 한다.

—○ 지텔프 치트키

질문의 키워드 attendees가 그대로 언급된 주변을 주의 깊게 듣는다.

해설 | 화자가 'we ask that all attendees dress in business attire'라며 모든 참석자들이 비즈니스 정장을 입을 것을 요청한다고 했다. 따라서 (b)가 정답이다.

Paraphrasing
dress in business attire 비즈니스 정장을 입다 → wear professional clothes 전문적인 복장을 하다

오답분석
(d) 화자가 부스들이 선물과 무료 제품들을 나눠줄 예정이므로 일찍 오라고는 언급했지만, 식당에 일찍 와야 한다고 한 것은 아니므로 오답이다.

어휘 | recommendation letter 추천서

PART 3 [40~45] Conversation 키오스크 주문 방식과 전통적인 주문 방식의 장단점 비교

| 안부 인사 | M: Hi, Maria! Have you been to Krungthep Kitchen, the new Thai restaurant downtown?
F: Yes, Tony. The food was great. However, ⁴⁰I was | 남: 안녕, Maria! 시내에 새로 생긴 태국 음식점인 Krungthep Kitchen에 가봤니?
여: 응, Tony. 음식이 정말 맛있었어. 하지만, ⁴⁰나는 효 |

주제 제시: 장단점 비교

most impressed by the efficient self-service ordering system. I'm considering something like that for the restaurant I plan to open later this year, but I'm not sure if it's the best way to go.

M: I liked it too. When I owned my coffee shop, I thought about using those kinds of kiosks. So I've done a lot of research comparing the self-service system with the traditional one of employing people to take orders. I found there are several advantages and disadvantages to both.

키오스크 장점

F: Oh, really? What are the benefits of using kiosks from the owner's perspective?

M: Well, the main one is that operating costs are significantly lower. [41]That is because you don't need as many employees, so you pay less for wages and other labor-related expenses.

F: That makes sense. It also seems to be a good way to reduce human error. There is less potential for miscommunication and confusion, right?

M: Exactly. There's no chance for an employee to misunderstand or forget what the customer wants.

F: Wonderful. How else could kiosks help my business?

M: Well, they can be used to promote expensive menu items or add-ons more effectively than an employee can. As a result, there is a tendency for customers to place higher-value orders. This can lead to a tremendous increase in revenue for a restaurant.

키오스크 단점

F: Wow! That's amazing. Then, what about the downsides of the self-service system?

M: There are a few, actually. For one, [42]they can be quite expensive to set up.

F: I was a little concerned about that. Um, how much do they cost?

M: Well, the average price is about $5,000 per kiosk.

F: Oh, I would need at least four, so that would add up quickly. Um, are there any other disadvantages I should be aware of?

M: Another thing to keep in mind is that technical glitches can result in customers not being able to place orders. When this happens, you cannot make any money until a technician resolves the problem.

F: These are some valid concerns.

M: Definitely. You'd need to make sure you have policies and procedures in place to address these issues. It would be necessary to invest time and money in training your staff to use the system efficiently as well.

율적인 셀프서비스 주문 방식에 가장 감명받았어. 내가 올해 말에 문을 열 계획인 식당에도 그런 걸 고려하고 있는데, 그게 최선의 방법일지에 대해서는 확신이 없어.

남: 나도 그게 마음에 들었어. 내가 커피숍을 운영하고 있었을 때, 그런 종류의 키오스크를 이용하는 걸 고려했었어. 그래서 셀프서비스 방식과 주문받을 사람을 고용하는 전통적인 방식을 비교하는 조사를 많이 했어. 둘 다 여러 장점과 단점이 있다는 걸 알게 되었지.

여: 오, 정말? 주인의 입장에서 키오스크를 사용하는 것의 장점은 어떤 거야?

남: 음, 주요한 것은 운영 비용이 상당히 더 저렴하다는 거야. [41]그만큼 많은 직원이 필요하지 않으니까, 임금이랑 다른 노무비를 적게 부담하지.

여: 일리가 있네. 인간의 실수를 줄일 수 있는 좋은 방법 같기도 해. 의사소통 오류나 혼동의 가능성이 적잖아, 그렇지?

남: 맞아. 고객이 원하는 것을 직원이 오해하거나 잊어버릴 가능성도 없어.

여: 훌륭하네. 키오스크가 내 사업에 또 어떻게 도움이 될 수 있을까?

남: 음, 비싼 품목이나 추가 메뉴를 직원이 할 수 있는 것보다 더 효과적으로 홍보하는 데 사용될 수 있어. 결과적으로, 고객이 더 높은 가격의 주문을 하는 경향이 있지. 이것은 식당의 엄청난 수익 증가로 이어질 수 있어.

여: 와! 놀랍다. 그럼, 셀프서비스 방식의 부정적인 면은 어때?

남: 사실, 몇 가지가 있어. 우선 하나는, [42]설치하는 것이 상당히 비쌀 수 있다는 거야.

여: 난 그게 조금 걱정이었어. 음, 그건 비용이 얼마나 들어?

남: 음, 키오스크당 평균 가격은 5,000달러 정도야.

여: 오, 나는 적어도 네 개가 필요할 텐데, 그럼 금방 액수가 커지겠다. 음, 내가 알고 있어야 할 다른 단점들이 또 있을까?

남: 명심해야 할 또 다른 것은 기술적 결함으로 고객들이 주문하지 못할 수 있다는 거야. 이런 일이 발생하면, 기술자가 문제를 해결할 때까지 너는 돈을 전혀 벌 수 없어.

여: 이것들은 꽤 타당한 걱정거리네.

남: 물론이지. 이러한 문제들을 해결하기 위해서는 반드시 정책과 절차가 가동할 준비가 되어 있도록 해야 할 필요가 있을 거야. 직원들이 그 방식을 효율적으로 사용하도록 교육하는 데 시간과 돈을 투자하는 것도 필요할 거야.

전통 방식 장점	F: I see. What about the traditional method? What are its plusses and minuses? M: The biggest advantage is that it allows you to promote customer loyalty by providing more personalized service. F: What do you mean? M: [43]Your staff members can take custom orders, answer questions, make small talk, and so on. This increases customer satisfaction, which makes it more likely that people will revisit your restaurant. F: That's a huge advantage.	여: 그렇구나. 전통적인 방식은 어때? 장점과 단점은 뭐야? 남: 가장 큰 장점은 그게 개인 맞춤형 서비스를 제공함으로써 고객 충성도를 촉진시키게 해 준다는 거야. 여: 무슨 뜻이야? 남: [43]직원들은 맞춤형 주문을 받고, 질문에 답변하고, 담소를 나누는 등의 것들을 할 수 있어. 이게 고객 만족을 증대하고, 이는 사람들이 네 식당에 재방문할 가능성을 높이지. 여: 그건 엄청난 장점이네.
전통 방식 단점	M: Sure, but there is also a downside. These interactions are time-consuming, so [44]it takes longer on average to process an order than in a self-service system. F: And that would mean fewer orders overall. M: Right. If you don't find some way to compensate for this, [44]your business would likely generate less profit.	남: 그럼, 하지만 단점도 있어. 이런 상호 작용은 시간이 오래 걸려서, [44]주문을 처리하는 데 셀프서비스 방식보다 평균적으로 더 오래 걸려. 여: 그럼 그건 전반적으로 더 적은 주문 수를 의미하겠구나. 남: 맞아. 이걸 상쇄할 수 있는 방법을 찾지 못한다면, [44]네 사업은 적은 수익을 낼 가능성이 있어.
여자의 결정	F: I see. Thanks for all of the information. M: No problem at all. I hope it has helped you with your decision. F: I think it has. [45]Despite the initial expense, I think the option that leads to higher value orders would be best.	여: 그렇구나. 모든 정보를 알려줘서 고마워. 남: 고맙기는. 네 결정에 도움이 되었기를 바랄게. 여: 도움이 된 것 같아. [45]초기 비용에도 불구하고, 나는 더 높은 가격의 주문으로 이어지는 선택지가 가장 좋을 것 같아.

어휘 | efficient [ifíʃənt] 효율적인 employ [implɔ́i] 고용하다 perspective [pərspéktiv] 입장, 관점 operating cost 운영 비용 significantly [signífikəntli] 상당히 expense [ikspéns] 비용, 지출 potential [pəténʃəl] 가능성 miscommunication [mìskəmjù:nikéiʃən] 의사소통 오류 confusion [kənfjú:ʒən] 혼동 promote [prəmóut] 홍보하다, 촉진시키다 add-on 추가물 tendency [téndənsi] 경향 tremendous [trəméndəs] 엄청난 revenue [révənu:] 수익 keep in mind 명심하다 technical glitch 기술적 결함 resolve [rizɑ́:lv] 해결하다 valid [vǽlid] 타당한 procedure [prəsí:dʒər] 절차 in place 가동할 준비가 되어 있는 customer loyalty 고객 충성도 satisfaction [sæ̀tisfǽkʃən] 만족 compensate [kɑ́:mpenseit] 상쇄하다, 보상하다

40 특정세부사항 What

난이도 ●○○

What did Maria find most impressive about Krungthep Kitchen? (a) the restaurant's proximity to entertainment venues **(b) the automated order-processing system** (c) the authentic Thai dishes included on the menu (d) the kitchen's ability to produce many dishes	Maria가 Krungthep Kitchen에 관해 가장 인상적으로 느꼈던 것은 무엇인가? (a) 식당의 오락 시설과의 인접성 **(b) 자동화된 주문 처리 방식** (c) 메뉴에 포함되어 있는 정통 태국 요리 (d) 많은 요리를 만들어 낼 수 있는 주방의 능력

지텔프 치트키

질문의 키워드 most impressive가 most impressed로 paraphrasing되어 언급된 주변을 주의 깊게 듣는다.

해설 | 여자가 'I was most impressed by the efficient self-service ordering system'이라며 효율적인 셀프서비스 주문 방식에 가장 감명을 받았다고 했다. 따라서 (b)가 정답이다.

Paraphrasing
self-service ordering system 셀프서비스 주문 방식 → automated order-processing system 자동화된 주문 처리 방식

어휘 | proximity[prɑːksíməti] 인접성, 가까움 automated[ɔ́ːtəmèitid] 자동화된 authentic[ɔːθéntik] 정통의

41 특정세부사항 Why

난이도 ●●○

Why does using kiosks result in lower operating costs?

(a) because an owner can hire fewer staff members
(b) because an owner can monitor restaurant expenses
(c) because customers order certain menu items often
(d) because customers return less food due to fewer errors

키오스크를 사용하는 것이 왜 더 저렴한 운영 비용으로 이어지는가?

(a) 주인이 더 적은 직원을 고용할 수 있기 때문에
(b) 주인이 식당 지출을 조정할 수 있기 때문에
(c) 고객들이 특정 메뉴 상품을 자주 주문하기 때문에
(d) 더 적은 실수로 인해 고객들이 음식 반납을 덜 하기 때문에

지텔프 치트키

질문의 키워드 operating costs가 그대로 언급된 주변을 주의 깊게 듣는다.

해설 | 남자가 'That is because you don't need as many employees, so you pay less for wages and other labor-related expenses.'라며 키오스크 사용 시에는 그만큼 많은 직원이 필요하지 않아서 임금과 다른 노무비를 적게 부담한다고 했다. 따라서 (a)가 정답이다.

Paraphrasing
employees 직원 → staff members 직원

어휘 | monitor[mɑ́ːnitər] 조정하다, 감시하다

42 특정세부사항 장·단점

난이도 ●●○

Based on the conversation, what is a disadvantage of the self-service system?

(a) It requires a technician to be available at all times.
(b) It prevents customers from selecting costly options.
(c) It involves a significant investment to set up.
(d) It stops functioning regularly for maintenance.

대화에 따르면, 셀프서비스 방식의 단점은 무엇인가?

(a) 기술자가 항상 이용 가능해야 한다.
(b) 고객들이 값비싼 선택지를 고르는 것을 막는다.
(c) 설치하기 위해 상당한 투자액을 수반한다.
(d) 보수 관리를 위해 정기적으로 작동을 중단한다.

지텔프 치트키

질문의 키워드 self-service system과 관련된 부정적인 흐름을 파악한다.

해설 | 남자가 'they can be quite expensive to set up'이라며 키오스크를 설치하는 것이 상당히 비쌀 수 있다고 했다. 따라서 (c)가 정답이다.

Paraphrasing
be quite expensive to set up 설치하는 것이 상당히 비싸다 → involves a significant investment to set up 설치하기 위해 상당한 투자액을 수반하다

오답분석

(a) 남자가 키오스크에 기술적 결함이 발생하면 기술자가 문제를 해결할 때까지 돈을 전혀 벌 수 없다고 언급하기는 했지만, 이러한 일을 대비해 기술자가 항상 이용 가능해야 한다고 한 것은 아니므로 오답이다.

어휘 | involve[inváːlv] 수반하다 significant[signífikənt] 상당한 investment[invéstmənt] 투자액

43 특정세부사항 장·단점

난이도 ●●○

According to Tony, what is a positive aspect of the traditional ordering system?

(a) It enables special products to be promoted.
(b) It makes customers more likely to return.
(c) It allows more customers to be served.
(d) It lessens the workload for employees.

Tony에 따르면, 전통적인 주문 방식의 긍정적인 측면은 무엇인가?

(a) 특별한 상품이 홍보될 수 있게 한다.
(b) 고객들이 다시 돌아올 가능성을 높인다.
(c) 더 많은 고객들이 식사를 제공받을 수 있게 한다.
(d) 직원들의 업무량을 줄인다.

지텔프 치트키

질문의 키워드 traditional ordering system과 관련된 긍정적인 흐름을 파악한다.

해설 | 남자가 'Your staff members can take custom orders, answer questions, make small talk, and so on.'이라며 직원들이 맞춤형 주문을 받고, 질문에 답변하고, 담소를 나누는 등의 것들을 할 수 있다고 한 뒤, 'This increases customer satisfaction, which makes ~ people will revisit your restaurant.'라며 그것이 고객 만족도를 증대하고, 고객 만족 증대가 사람들이 식당에 재방문할 가능성을 높인다고 했다. 따라서 (b)가 정답이다.

Paraphrasing
people ~ revisit 사람들이 재방문하다 → customers ~ return 고객들이 다시 돌아오다

어휘 | serve[səːrv] (식사 등을) 제공하다 lessen[lésən] 줄이다 workload[wə́ːrkloud] 업무량, 작업량

44 특정세부사항 How

난이도 ●●○

How can the traditional ordering system negatively affect profits?

(a) by reducing the rate at which orders are processed
(b) by complicating the procedure for making payments
(c) by requiring additional training for employees
(d) by extending a restaurant's hours of operation

전통적인 주문 방식은 어떻게 수익에 부정적으로 영향을 미칠 수 있는가?

(a) 주문이 처리되는 속도를 줄임으로써
(b) 계산 절차를 복잡하게 만듦으로써
(c) 직원들에게 추가 교육을 요구함으로써
(d) 식당의 영업시간을 연장함으로써

지텔프 치트키

질문의 키워드 negatively affect와 관련된 downside 주변을 주의 깊게 듣는다.

해설 | 남자가 'it takes longer on average to process an order than in a self-service system'이라며 전통적인 주문 방식이 주문을 처리하는 데 셀프서비스 방식보다 평균적으로 더 오래 걸린다고 한 뒤, 'your business would likely generate less profit'이라며 그것으로 인해 여자의 사업이 적은 수익을 낼 가능성이 있다고 했다. 따라서 (a)가 정답이다.

Paraphrasing
takes longer ~ to process an order 주문을 처리하는 데 더 오래 걸리다 → reducing the rate at which orders are processed 주문이 처리되는 속도를 줄임

어휘 | complicate[káːmplikeit] 복잡하게 만들다 hours of operation 영업시간

45 추론 다음에 할 일

난이도 ●●○

What has Maria probably decided to do about her business?

(a) rely on employees to take orders
(b) calculate the initial expense of a promotion
(c) utilize kiosks operated by customers
(d) develop a menu with higher value items

Maria는 그녀의 사업에 관해 무엇을 하기로 결정한 것 같은가?

(a) 주문을 받기 위해 직원들에게 의존한다
(b) 홍보의 초기 비용을 계산한다
(c) 고객들에 의해 조작되는 키오스크를 활용한다
(d) 더 고가의 품목을 포함한 메뉴를 개발한다

지텔프 치트키

다음에 할 일을 언급하는 후반을 주의 깊게 듣는다.

해설 | 여자가 'Despite the initial expense, I think the option that leads to higher value orders would be best.'라며 초기 비용에도 불구하고 더 높은 가격의 주문으로 이어지는 선택지가 가장 좋을 것 같다고 한 것을 통해, Maria는 설치 비용이 비싸지만 고객이 더 높은 가격의 주문을 하는 경향이 있는 키오스크를 활용할 것임을 추론할 수 있다. 따라서 (c)가 정답이다.

PART 4(46~52) Explanation 옷장을 정리하는 5단계의 과정

인사 + 주제 제시

Hello, and welcome. I'm the founder and CEO of Caesar's Closets, and I'm glad you could make it. As you all know, summer has finally given way to fall, so it's time to update our closets. For most of us, [46]this means swapping out our seasonal clothes, which many people do not look forward to due to the disorder it creates. However, today, I'm going to teach you how to streamline the process.

1단계: 옷장 비우기

The first step is to take all the clothes out of your closet. This serves several purposes. Most importantly, it allows you to lay everything out and [47(a)]see exactly what you have. It also gives you the chance to [47(c)]wipe down all the surfaces in your closet and really [47(d)]get a sense of how much space you have available.

2단계: 자가 점검하기

Step two is to ask yourself a few questions about each item that you own, like: is this something I can see myself wearing in the future? Does it fit me properly? [48]Does it still represent the style I want to project to the world? If the answer to any of these questions is "no," then you probably don't need it and should get rid of it.

3단계: 처분하기

For step three, decide what to do with the clothes you no longer intend to keep. [49]If they're in relatively good shape, you can donate them to a charity. There are lots of organizations that are happy to accept items they can redistribute to struggling members of the community. Just do a quick search online.

안녕하세요, 환영합니다. 저는 Caesar's Closets사의 창립자이자 최고 경영자이며, 여러분이 참석해 주셔서 기쁩니다. 여러분 모두가 아시다시피, 여름이 마침내 가을로 바뀌었으므로, 옷장을 새롭게 해야 할 때입니다. 우리 대부분에게, [46]이것은 계절 옷을 교체하는 것을 의미하며, 이는 그것이 만들어 내는 어수선함 때문에 많은 사람들이 기대하지 않는 일입니다. 하지만, 오늘, 저는 여러분에게 그 과정을 간소화하는 방법을 가르쳐 드리겠습니다.

첫 번째 단계는 옷장에서 모든 옷을 꺼내는 것입니다. 이것은 여러 가지 목적에 기여합니다. 가장 중요하게는, 그것은 여러분이 모든 것을 펼쳐 놓고 [47(a)]무엇을 가지고 있는지 정확히 볼 수 있게 합니다. 그것은 또한 [47(c)]옷장의 모든 표면을 깨끗하게 닦고 실제로 [47(d)]여러분이 사용할 수 있는 공간이 얼마나 되는지 감을 잡을 기회를 줍니다.

두 번째 단계는 여러분이 보유하고 있는 각각의 옷에 대해 다음과 같은 몇 가지 질문을 하는 것입니다. 미래에 내 자신이 입고 있는 모습을 볼 수 있는 것인가? 나에게 잘 맞는가? [48]여전히 내가 세상에 보여주고 싶은 스타일에 해당하는가? 만약 이 질문들에 대한 대답이 하나라도 '아니다'라면, 여러분은 아마 그것이 필요하지 않은 것이므로 그것을 처분해야 합니다.

세 번째 단계는, 더 이상 갖고 있지 않기로 한 옷으로 무엇을 할지 결정하는 것입니다. [49]만약 그것들이 비교적 상태가 좋다면, 여러분은 그것들을 자선 단체에 기부할 수 있습니다. 생활고와 싸우는 사회 구성원들에게 재분배할 수 있는 물품을 기꺼이 받는 많은 단체가 있습니다. 온라인으로 빠르게 검색하기만 하면 됩니다.

	However, 49for items that are beyond help, it is best to send them to a recycling center where they can be repurposed. Now that I think about it, just the other day, my daughter came home with a new purse that had been made from an old pair of jeans.	하지만, 49도움이 안 되는 물품의 경우, 그것들이 다른 용도에 맞게 고쳐질 수 있는 재활용 센터에 보내는 게 최선입니다. 지금 생각해 보니, 며칠 전에, 제 딸이 낡은 청바지로 만들어진 새 지갑을 들고 집에 왔습니다.
4단계: 공간 활용하기	Step four involves maximizing the amount of closet space you have. 50Most closets have empty space under the hanging rods that is generally wasted. Why not put a dresser there? You'll still have all of your hanging room but none of the dead space under the clothes. You could also install shelves to hold shoes, purses, or other small objects.	네 번째 단계는 여러분이 가지고 있는 옷장 공간을 최대한 활용하는 것을 포함합니다. 50대부분의 옷장에는 거는 막대 아래에 보통 허비되는 빈 공간이 있습니다. 거기에 서랍장을 두는 게 어떠십니까? 여러분은 여전히 모든 거는 공간을 가질 것이며 옷 아래의 소용없는 공간은 없게 됩니다. 또한 신발, 지갑, 또는 다른 작은 물건을 둘 수 있는 선반을 설치할 수도 있습니다.
	Meanwhile, things like jewelry and neckties can be attached to the back of the closet door. You might need to install some bars, though. 51As for accessories you don't use often, they can be stored in clear plastic containers so they're protected but easy enough to find when you need them.	한편, 장신구와 넥타이 같은 것들은 옷장 문 뒤에 부착될 수 있습니다. 여러분이 막대 몇 개를 설치해야 할 수도 있긴 합니다. 51자주 사용하지 않는 액세서리에 대해서, 그것들은 투명한 플라스틱 보관함에 보관될 수 있어 보호되지만 필요할 때는 쉽게 찾을 수 있습니다.
5단계: 정리하기	In step five, you'll put your clothes back into the closet. However, you can do this in a more efficient way, too. 52Try organizing all of your clothing by color or type. For instance, hang all of your shirts, pants, and jackets in separate areas, and then put all of the similar colors together. Or you could place the garments you wear most often first on the bar so you can get to them with minimal effort. 52Arranging everything this way is a great time saver and will help you put outfits together quickly.	다섯 번째 단계에서는, 다시 옷장에 옷을 넣을 것입니다. 하지만, 이것 또한 더 효율적인 방법으로 할 수 있습니다. 52여러분의 모든 옷을 색깔이나 종류별로 정리하십시오. 예를 들어, 모든 셔츠, 바지, 그리고 재킷을 분리된 구역에 걸고, 그다음에 모든 비슷한 색깔을 함께 두십시오. 또는 가장 자주 입는 옷을 최소의 노력으로 가져올 수 있도록 막대의 맨 앞에 둘 수도 있습니다. 52모든 것을 이런 방식으로 정리하는 것은 많은 시간을 절약하게 하고 여러분이 옷을 빠르게 조합하는 것을 도와줄 것입니다.
끝인사	Thank you all for taking the time to listen today. I hope you've gotten some ideas on how to get your wardrobe in order. I wish you the best of luck in your decluttering efforts!	오늘 시간 내서 들어주신 모든 분들에게 감사드립니다. 옷장을 정리하는 방법에 대해 여러분이 아이디어를 얻으셨기를 바랍니다. 잡동사니들을 처리하려는 여러분의 노력을 응원합니다!

어휘 | give way to ~으로 바뀌다, 대체되다 swap[swɑːp] 교체하다, 바꾸다 disorder[disɔ́ːrdər] 어수선함, 무질서
streamline[stríːmlain] 간소화하다 represent[rèprizént] 해당하다, 보여주다 project[prɑ́ːdʒekt] 보여주다 get rid of ~을 처분하다
donate[dóuneit] 기부하다 charity[tʃǽrəti] 자선 단체 redistribute[rìːdistríbjuːt] 재분배하다
struggling[strʌ́gliŋ] 생활고와 싸우는, 고군분투하는 beyond help 도움이 안 되는 repurpose[rìːpə́ːrpəs] 다른 용도에 맞게 고치다
involve[invɑ́ːlv] 포함하다 maximize[mǽksimaiz] 최대한 활용하다 rod[rɑːd] 막대기, 대 dead space 소용없는 공간
garment[gɑ́ːrmənt] 옷, 의복 minimal[míniməl] 최소의 wardrobe[wɔ́ːrdroub] 옷장 declutter[diːklʌ́tər] 잡동사니를 처리하다

46 특정세부사항 Why

난이도 ●●○

According to the talk, why do some people dislike reorganizing their closets?

(a) because they have to deal with the resulting mess

담화에 따르면, 왜 일부 사람들은 자신의 옷장을 재편성하는 것을 싫어하는가?

(a) 그 결과로 생기는 난장판을 처리해야 하기 때문에

(b) because they possess too many items of clothing (c) because they lack the necessary space for new clothes (d) because they do not have the time required for the task	(b) 너무 많은 옷을 가지고 있기 때문에 (c) 새 옷을 위해 필요한 공간이 부족하기 때문에 (d) 그 일을 위해 요구되는 시간이 없기 때문에

지텔프 치트키

질문의 키워드 dislike가 not look forward로 paraphrasing되어 언급된 주변을 주의 깊게 듣는다.

해설 | 화자가 'this means swapping out our seasonal clothes, which many people do not look forward to due to the disorder it creates'라며 옷장을 새롭게 하는 것은 계절 옷을 교체하는 것을 의미하며, 이는 그것이 만들어 내는 어수선함 때문에 많은 사람들이 기대하지 않는 일이라고 했다. 따라서 (a)가 정답이다.

Paraphrasing

reorganizing ~ closets 옷장을 재편성하는 → update ~ closets 옷장을 새롭게 하다
the disorder it creates 그것이 만들어 내는 어수선함 → the resulting mess 그 결과로 생기는 난장판

어휘 | reorganize [riɔ́:rgənaiz] 재편성하다, 재조직하다 possess [pəzés] 가지다, 소유하다

47 Not/True Not 문제

난이도 ●●○

Which is not mentioned as a reason why people should empty their closet entirely? (a) to examine what is in their wardrobe **(b) to search for items that are missing** (c) to clean the surface of the closet (d) to see the amount of space available	사람들이 옷장을 완전히 비워야 하는 이유로 언급되지 않은 것은 무엇인가? (a) 옷장에 있는 것을 살펴보기 위해서 **(b) 없어진 물품을 찾기 위해서** (c) 옷장의 표면을 닦기 위해서 (d) 사용할 수 있는 공간을 확인하기 위해서

지텔프 치트키

질문의 키워드 empty ~ entirely가 take all ~ out으로 paraphrasing되어 언급된 주변을 주의 깊게 들으며 언급되는 것을 하나씩 소거한다.

해설 | (b)는 언급되지 않았으므로, (b)가 정답이다.

오답분석

(a) 화자가 옷장에서 모든 옷을 꺼내는 것은 무엇을 가지고 있는지를 정확히 볼 수 있게 한다고 언급하였다.
(c) 화자가 옷장에서 모든 옷을 꺼내는 것은 옷장의 모든 표면을 깨끗하게 닦을 기회를 준다고 언급하였다.
(d) 화자가 옷장에서 모든 옷을 꺼내는 것은 사용할 수 있는 공간이 얼마나 되는지 감을 잡을 기회를 준다고 언급하였다.

어휘 | entirely [intáiərli] 완전히 examine [igzǽmin] 살펴보다 missing [mísiŋ] 없어진, 실종된

48 특정세부사항 How

난이도 ●●●

How can one determine what pieces of clothing to get rid of? (a) by comparing them to the latest fashion trends (b) by making sure there are no duplicate items **(c) by checking whether they match personal tastes** (d) by observing what can fit into the wardrobe	어떻게 어떤 옷을 처분해야 할지를 결정할 수 있는가? (a) 그것들을 최신 패션 유행과 비교해 봄으로써 (b) 똑같은 물품이 없다는 것을 확실히 함으로써 **(c) 개인적인 취향과 맞는지 확인함으로써** (d) 어떤 것이 옷장에 어울릴 수 있는지 봄으로써

지텔프 치트키

질문의 키워드 get rid of가 그대로 언급된 주변을 주의 깊게 듣는다.

해설 | 화자가 'Does it still represent the style I want to project to the world?'라며 처분할 옷을 결정하기 위해 그 옷이 여전히 자신이 세상에 보여주고 싶은 스타일에 해당하는지에 대해 질문을 하라고 했다. 따라서 (c)가 정답이다.

Paraphrasing

represent the style I want to project to the world 자신이 세상에 보여주고 싶은 스타일에 해당하다 → match personal tastes 개인적인 취향과 맞다

어휘 | latest [léitist] 최신의 duplicate [djú:plikət] 똑같은, 복제한

49 추론 특정사실

난이도 ●●○

Based on the talk, why most likely would clothing be sent to a recycling center?

(a) It can be restored to a wearable condition.
(b) It can be sold to other people.
(c) It can help individuals in need.
(d) It can no longer be used for its original purpose.

담화에 따르면, 왜 옷은 재활용 센터로 보내질 것 같은가?

(a) 입을 수 있는 상태로 복원될 수 있다.
(b) 다른 사람들에게 팔릴 수 있다.
(c) 궁핍한 사람들에게 도움이 될 수 있다.
(d) 더 이상 원래의 용도로 사용될 수 없다.

지텔프 치트키

질문의 키워드 recycling center가 그대로 언급된 주변을 주의 깊게 듣는다.

해설 | 화자가 'If they're in relatively good shape, you can donate them to a charity.'라며 비교적 상태가 좋은 옷들은 자선 단체에 기부할 수 있다고 한 뒤, 'for items that are beyond help, it is best to send them to a recycling center where they can be repurposed'라며 도움이 안 되는 물품의 경우에는 다른 용도에 맞게 고쳐질 수 있는 재활용 센터에 보내는 것이 최선이라고 한 것을 통해, 상태가 좋지 않아 더 이상 원래의 용도로 사용될 수 없고 다른 용도에 맞게 고쳐져야 하는 옷들이 재활용 센터로 보내지는 것임을 추론할 수 있다. 따라서 (d)가 정답이다.

어휘 | restore [ristɔ́:r] 복원하다, 복구하다 in need 궁핍한 original [ərídʒənəl] 원래의

50 특정세부사항 What

난이도 ●●○

What can one do to increase the amount of available space in a closet?

(a) remove the bar for hanging clothing
(b) add storage furniture to empty places
(c) attach small accessories to the clothes they go with
(d) buy an extra closet that has a built-in dresser

옷장의 이용 가능한 공간을 늘리기 위해 무엇을 할 수 있는가?

(a) 옷을 걸기 위한 막대를 없앤다
(b) 빈 곳에 수납 가구를 추가한다
(c) 작은 액세서리를 그것들이 어울리는 옷에 붙인다
(d) 붙박이 서랍장이 있는 여분의 옷장을 산다

지텔프 치트키

질문의 키워드 increase가 maximizing으로 paraphrasing되어 언급된 주변을 주의 깊게 듣는다.

해설 | 화자가 'Most closets have empty space ~ wasted.'라며 대부분의 옷장에는 허비되는 빈 공간이 있다고 한 뒤, 'Why not put a dresser there?'라며 그 공간에 서랍장을 둘 것을 제안했다. 따라서 (b)가 정답이다.

Paraphrasing
empty space 빈 공간 → empty places 빈 곳
a dresser 서랍장 → storage furniture 수납 가구

어휘 | furniture[fə́:rnitʃər] 가구 go with ~과 어울리다

51 특정세부사항 What

난이도 ●●○

According to the speaker, what benefit do containers offer?

(a) They keep certain accessories within sight.
(b) They protect clothing from getting ruined.
(c) They maintain the security of valuable items.
(d) They are spacious enough for summer clothes.

화자에 따르면, 보관함이 제공하는 혜택은 무엇인가?

(a) 특정 액세서리를 보이는 곳에 보관한다.
(b) 옷이 손상되지 않게 보호한다.
(c) 귀중품의 보안을 유지한다.
(d) 여름옷을 위한 공간이 충분히 넓다.

지텔프 치트키

질문의 키워드 containers가 그대로 언급된 주변을 주의 깊게 듣는다.

해설 | 화자가 'As for accessories you don't use often, they can be stored in clear plastic containers so they're ~ easy enough to find when you need them.'이라며 자주 사용하지 않는 액세서리는 투명한 플라스틱 보관함에 보관될 수 있어 필요할 때 쉽게 찾을 수 있다고 했다. 따라서 (a)가 정답이다.

어휘 | within sight 보이는 곳에 ruin[rú:in] 손상시키다, 망가뜨리다 security[səkjúrəti] 보안, 안전 spacious[spéiʃəs] 넓은

52 특정세부사항 Why

난이도 ●●○

Why should one keep one's clothing sorted by color or type?

(a) to make deciding what to wear faster
(b) to determine what to add to a wardrobe
(c) to avoid buying clothing that is too similar
(d) to save time hanging clothing

왜 옷을 색깔이나 종류에 따라 분류해서 보관해야 하는가?

(a) 무엇을 입을지 결정하는 것을 더 빠르게 만들기 위해서
(b) 옷장에 무엇을 추가할지 결정하기 위해서
(c) 너무 비슷한 옷을 사는 것을 방지하기 위해서
(d) 옷을 거는 시간을 절약하기 위해서

지텔프 치트키

질문의 키워드 color or type이 그대로 언급된 주변을 주의 깊게 듣는다.

해설 | 화자가 'Try organizing all of your clothing by color or type.'이라며 모든 옷을 색깔이나 종류별로 정리하라고 한 뒤, 'Arranging everything this way ~ will help you put outfits together quickly.'라며 모든 것을 이런 방식으로 정리하는 것이 옷을 빠르게 조합하는 것을 도와줄 것이라고 했다. 따라서 (a)가 정답이다.

Paraphrasing
put outfits together quickly 옷을 빠르게 조합하다 → make deciding what to wear faster 무엇을 입을지 결정하는 것을 더 빠르게 만들다

어휘 | sort[sɔ:rt] 분류하다

05회 실전모의고사

문제집 p.20

정답 및 문제 유형 분석표

PART 1		PART 2		PART 3		PART 4	
27	(a) 특정세부사항	34	(b) 특정세부사항	40	(b) 주제/목적	46	(c) 특정세부사항
28	(c) 특정세부사항	35	(b) 특정세부사항	41	(c) 특정세부사항	47	(b) 추론
29	(c) 추론	36	(b) 특정세부사항	42	(d) 특정세부사항	48	(c) Not/True
30	(c) 특정세부사항	37	(d) 특정세부사항	43	(d) 특정세부사항	49	(d) 특정세부사항
31	(b) 추론	38	(a) 특정세부사항	44	(c) 특정세부사항	50	(b) 특정세부사항
32	(d) 추론	39	(c) 추론	45	(a) 추론	51	(d) 추론
33	(d) 특정세부사항					52	(a) 특정세부사항

취약 유형 분석표

유형	맞힌 개수
주제/목적	/1
특정세부사항	/17
Not/True	/1
추론	/7
TOTAL	26

PART 1 (27~33) Conversation 환송 파티에 관한 두 친구의 대화

안부 인사

F: Hi, Arthur. I can't believe I bumped into you here. Are you heading home from work?

M: Hey, Michelle! I'm actually on my way to the print shop. I'm going to pick up the invitations for Emma's party.

주제 제시: 환송 파티 준비

F: Oh, is her birthday coming up?

M: It's for her farewell party. She's moving to the Netherlands at the end of the month. Didn't you hear?

F: I had no idea.

M: You're not the only one. Emma hasn't told many people yet. She's been so busy getting ready to move abroad.

F: That's understandable.

M: [27]So that's why I'm planning this party. I want her to have a chance to see everyone before she leaves.

친구가 이사 하는 이유

F: Oh, that's nice. But why is she moving to the Netherlands?

M: She's going for work. Apparently, her company has branches all over the world, including South America and Asia. Recently, the company opened a new office in Amsterdam. From what I know, [28]the plan is for Emma to go there and train the new sales staff.

F: Wow, good for her. But will that be possible? [29]Does Emma speak Dutch?

여: 안녕, Arthur. 널 여기에서 마주치다니 믿을 수가 없네. 퇴근하고 집에 가는 길이야?

남: 안녕, Michelle! 난 사실 인쇄소에 가는 길이야. Emma의 파티를 위한 초대장을 찾아오려고.

여: 오, 곧 그녀의 생일이야?

남: 그녀의 환송 파티를 위한 거야. 그녀는 이번 달 말에 네덜란드로 이사 가거든. 못 들었어?

여: 난 전혀 몰랐어.

남: 너만 그런 게 아니야. Emma가 아직 많은 사람들에게 말하지 않았어. 그녀는 해외로 이사 갈 준비를 하느라 너무 바빴거든.

여: 그건 이해할 수 있지.

남: [27]그래서 내가 이 파티를 계획하고 있는 거야. 나는 그녀가 떠나기 전에 모두를 볼 기회를 가지길 바라거든.

여: 오, 그거 좋다. 그런데 그녀는 왜 네덜란드로 이사하는 거야?

남: 일 때문에 가. 듣자 하니, 그녀의 회사는 남미와 아시아를 포함해서, 전 세계에 지사가 있대. 최근에, 회사가 암스테르담에 새로운 사무소를 열었어. 내가 아는 바로는, [28]Emma가 그곳에 가서 새로운 영업 사원들을 교육하는 게 계획이라고 하더라.

여: 와, 그녀에게 잘됐네. 그런데 그게 가능할까? [29]Emma가 네덜란드어를 하니?

M: [29]She doesn't need to. Not in the office anyway. [29]Everyone will use English to communicate in the office.
F: That will still be a challenge though.
M: Well, she won't stay there forever. She'll work in the Amsterdam office for two years and then return home.

파티 장소 및 메뉴

F: I'm happy to hear that. So tell me about the party you're planning.
M: It will take place in two weeks. Earlier today, [30]I called a restaurant downtown and booked a separate room for the party. I ordered balloons and streamers online so I can decorate the space on the day of the party. However, I still need to finalize the menu.
F: What kind of food does the restaurant usually serve?
M: It specializes in Mediterranean cuisine. [31]The owner will offer a discount if we choose the course menu over the buffet option . . . but I'm leaning towards the latter. It comes with a chocolate fondue fountain.
F: Sounds delicious!
M: It should be. The restaurant has great reviews online.
F: I'm so excited.

식후 활동 및 선물

M: Same here. I also need to pick an after-dinner activity. I thought we could all go to a bowling alley or karaoke bar.
F: Either one would be fun. Emma really enjoys both. By the way, [32]should everyone get her a going-away gift?
M: I considered it, but [32]she probably won't have much room in her suitcases.
F: That makes sense. Anyway, I'm sure she'll love the party.

남녀가 다음에 할 일

M: I hope so. Hey, do you have time to come to the print shop with me? [33]After we pick up the invitations, we can discuss the after-dinner activity together. I could really use your insight on it.
F: Sure. Where should we go to talk?
M: Come to my house. I'll make you dinner.
F: Sounds good. I am kind of hungry anyway.
M: Thank you so much. And you will be the first one to get an invitation!
F: That would be an honor!

남: [29]할 필요가 없어. 어쨌든 사무실 안에서는 말이야. [29]모두가 의사소통하기 위해 사무실에서 영어를 사용할 거야.
여: 그래도 그건 여전히 어려울 것 같은데.
남: 음, 그녀가 거기에 영원히 있을 건 아니니까. 암스테르담 사무소에서 2년 동안 일하고 다시 집으로 돌아온대.
여: 그렇다니 다행이다. 자 그럼 네가 계획하고 있는 파티에 관해 이야기해 줘.
남: 그건 2주 후에 열릴 거야. 오늘 일찍, [30]시내에 있는 식당에 전화해서 파티를 위한 별실을 예약했어. 파티 당일에 내가 공간을 장식할 수 있도록 풍선과 색 테이프를 온라인으로 주문했어. 하지만, 난 아직 메뉴를 확정해야 해.
여: 그 식당은 주로 어떤 종류의 음식을 제공하는데?
남: 지중해식 요리를 전문으로 하는 곳이야. [31]주인은 우리가 뷔페 선택지 대신 코스 메뉴를 고른다면 할인을 제공할 것이지만... 난 후자로 기울고 있어. 그것에는 초콜릿 퐁뒤 분수가 나오거든.
여: 맛있겠다!
남: 그럴 거야. 그 식당은 온라인에서 좋은 평을 받고 있거든.
여: 너무 기대된다.
남: 나도 그래. 저녁 식사 후 활동도 골라야 해. 우리 다 같이 볼링장이나 노래방에 갈 수 있지 않을까 생각했어.
여: 둘 다 재미있을 거야. Emma가 둘 다 정말 즐기잖아. 그나저나, [32]모든 사람이 환송 선물을 사야 할까?
남: 생각해 봤는데, [32]아마 그녀의 여행 가방에 공간이 많지 않을 것 같아.
여: 그럴 수도 있겠네. 어쨌든, 그녀가 이 파티를 아주 좋아할 것이라고 확신해.
남: 나도 그러길 바라. 참, 나랑 같이 인쇄소에 갈 시간 있어? [33]초대장을 찾고 나서, 같이 저녁 식사 후 활동에 관해 상의할 수 있을 거야. 나는 그것에 관한 네 식견이 정말 필요해.
여: 그럼. 이야기하러 어디로 가야 하지?
남: 우리 집으로 가자. 저녁을 만들어 줄게.
여: 좋아. 어차피 조금 배고프기도 했거든.
남: 정말 고마워. 그리고 네가 초대장을 받는 첫 번째 사람이 될 거야!
여: 그거 영광이겠네!

어휘 | bump into (우연히) ~와 마주치다 farewell [fèrwél] 환송, 작별 understandable [ʌ̀ndərstǽndəbəl] 이해할 수 있는 apparently [əpǽrəntli] 듣자 하니, 외관상 branch [bræntʃ] 지사 Dutch [dʌtʃ] 네덜란드어 challenge [tʃǽləndʒ] 난제, 도전 separate [sépəreit] 따로 떨어진, 분리된 streamer [strí:mər] 색 테이프, 가느다란 장식 리본 decorate [dékəreit] 장식하다 finalize [fáinəlaiz] 확정하다 serve [səːrv] 제공하다 specialize in ~을 전문으로 하다 Mediterranean [mèditəréiniən] 지중해식의 cuisine [kwizí:n] 요리, 음식 going-away 환송의, 이별의 insight [ínsait] 식견, 통찰력

27 특정세부사항 Why

난이도 ●●○

According to the conversation, why is Arthur planning a party for Emma?

(a) so she can say goodbye to all her friends
(b) so she can celebrate her birthday
(c) so she can reveal her plan to open a print shop
(d) so she can apologize for her inattentiveness

대화에 따르면, Arthur는 왜 Emma를 위한 파티를 계획하고 있는가?

(a) 그녀의 모든 친구들에게 작별 인사를 할 수 있도록
(b) 그녀의 생일을 축하할 수 있도록
(c) 인쇄소를 개점하려는 계획을 발표할 수 있도록
(d) 그녀의 부주의를 사과할 수 있도록

지텔프 치트키

질문의 키워드 planning ~ party가 그대로 언급된 주변을 주의 깊게 듣는다.

해설 | 남자가 'So that's why I'm planning this party.'라며 자신이 파티를 계획하는 이유가 있다고 언급한 뒤, 'I want her to have a chance to see everyone before she leaves.'라며 그는 Emma가 떠나기 전에 모두를 볼 기회를 가지기를 바란다고 했다. 따라서 (a)가 정답이다.

Paraphrasing
everyone 모두 → all ~ friends 모든 친구들

어휘 | reveal [riví:l] 발표하다, 드러내다 inattentiveness [ìnəténtivnis] 부주의, 무뚝뚝함

28 특정세부사항 What

난이도 ●○○

According to Arthur, what will Emma do in the Netherlands?

(a) redecorate her firm's office
(b) work for a train company
(c) educate new employees
(d) transfer to a new department

Arthur에 따르면, Emma는 네덜란드에서 무엇을 할 것인가?

(a) 회사 사무실의 실내 장식을 새로 한다
(b) 철도 회사에서 일한다
(c) 새로운 직원들을 교육한다
(d) 새로운 부서로 이동한다

지텔프 치트키

질문의 키워드 Netherlands가 그대로 언급된 주변을 주의 깊게 듣는다.

해설 | 남자가 'the plan is for Emma to go there and train the new sales staff'라며 암스테르담에 있는 새로운 사무소에 가서 새로운 영업 사원들을 교육하는 것이 Emma의 계획이라고 했다. 따라서 (c)가 정답이다.

Paraphrasing
train the new ~ staff 새로운 사원들을 교육하다 → educate new employees 새로운 직원들을 교육하다

어휘 | redecorate [rì:dékəreit] 실내 장식을 새로 하다 firm [fə:rm] 회사 transfer [trænsfə́:r] 이동하다

29 추론 특정사실

난이도 ●●○

What can be said about Emma?

(a) She has never been to another country.

Emma에 관해서 무엇이 말해질 수 있는가?

(a) 한 번도 다른 나라에 가본 적이 없다.

(b) She has worked with Arthur for two years.
(c) She doesn't know how to speak Dutch.
(d) She helped her company open a branch in Amsterdam.

(b) Arthur와 2년 동안 일했다.
(c) 네덜란드어를 할 줄 모른다.
(d) 회사가 암스테르담에 지사를 여는 것을 도왔다.

지텔프 치트키

질문의 키워드 Emma와 관련된 주변 내용을 주의 깊게 듣는다.

해설 | 여자가 'Does Emma speak Dutch?'라며 Emma가 네덜란드어를 하는지를 묻자, 남자가 'She doesn't need to.'라며 Emma가 네덜란드어를 할 필요가 없다고 한 뒤, 'Everyone will use English to communicate in the office.'라며 모두가 의사소통하기 위해 사무실에서 영어를 사용할 것이라고 한 것을 통해, Emma가 네덜란드어를 할 줄 모른다는 것을 추론할 수 있다. 따라서 (c)가 정답이다.

30 특정세부사항 What

난이도 ●●○

What does the downtown restaurant provide to its customers?

(a) a space to enjoy karaoke
(b) free decorations for the party venue
(c) access to private rooms
(d) discounts on the buffet option

시내에 있는 식당은 고객에게 무엇을 제공하는가?

(a) 노래방을 즐길 수 있는 공간
(b) 파티 장소를 위한 무료 장식
(c) 전용 방에의 입장 허가
(d) 뷔페 선택지에 대한 할인

지텔프 치트키

질문의 키워드 downtown restaurant이 restaurant downtown으로 언급된 주변을 주의 깊게 듣는다.

해설 | 남자가 'I called a restaurant downtown and booked a separate room for the party'라며 시내에 있는 식당에 전화해서 파티를 위한 별실을 예약했다고 했다. 따라서 (c)가 정답이다.

Paraphrasing
a separate room 별실 → private rooms 전용 방

어휘 | venue [vénjuː] 장소

31 추론 특정사실

난이도 ●●○

Why most likely will Arthur choose the buffet option at the restaurant?

(a) because it specializes in Dutch cuisine
(b) because it includes a dessert option
(c) because Emma asked for several meal options
(d) because Emma prefers Mediterranean food

Arthur는 왜 식당의 뷔페 선택지를 고를 것 같은가?

(a) 네덜란드 요리를 전문으로 하기 때문에
(b) 디저트 선택지를 포함하기 때문에
(c) Emma가 여러 식사 선택지를 요청했기 때문에
(d) Emma가 지중해식 음식을 선호하기 때문에

지텔프 치트키

질문의 키워드 buffet option이 그대로 언급된 주변을 주의 깊게 듣는다.

해설 | 남자가 'The owner will offer a discount if we choose the course menu over the buffet option ~ but I'm leaning towards the latter.'라며 뷔페 선택지인 후자로 기울고 있다고 한 뒤, 'It comes with a chocolate fondue fountain.'이라며 뷔페 선

택지에는 초콜릿 퐁뒤 분수가 나온다고 한 것을 통해, 남자가 뷔페 선택지를 고르려는 이유가 그것이 디저트 선택지를 포함하기 때문임을 추론할 수 있다. 따라서 (b)가 정답이다.

Paraphrasing
comes with a chocolate fondue fountain 초콜릿 퐁뒤 분수가 나오다 → includes a dessert option 디저트 선택지를 포함하다

어휘 | meal [miːl] 식사

32 추론 특정사실

난이도 ●●○

What most likely is Arthur's reason for not giving gifts to Emma?

(a) He won't be able to order them before she leaves.
(b) He heard that she doesn't like receiving presents.
(c) He spent all of the money on the after-dinner activity.
(d) He thinks they will not fit in her luggage.

Emma에게 선물을 주지 않는 Arthur의 이유는 무엇인 것 같은가?

(a) 그녀가 떠나기 전에 선물을 주문할 수 없을 것이다.
(b) 그녀가 선물 받는 것을 좋아하지 않는다고 들었다.
(c) 저녁 식사 후 활동에 돈을 다 써 버렸다.
(d) 선물이 그녀의 여행 가방에 들어가지 않을 것이라고 생각한다.

지텔프 치트키

질문의 키워드 gifts가 gift로 언급된 주변을 주의 깊게 듣는다.

해설 | 여자가 'should everyone get her a going-away gift?'라며 모든 사람이 Emma의 환송 선물을 사야 할지를 묻자, 남자가 'she probably won't have much room in her suitcases'라며 아마 Emma의 여행 가방에 공간이 많지 않을 것 같다고 한 것을 통해, Arthur는 선물이 Emma의 여행 가방에 들어가지 않을 것이라고 생각하기 때문에 Emma에게 선물을 주지 않을 것임을 추론할 수 있다. 따라서 (d)가 정답이다.

Paraphrasing
suitcases 여행 가방 → luggage 여행 가방

어휘 | fit in ~에 들어가다

33 특정세부사항 Why

난이도 ●●○

Why does Arthur want Michelle to accompany him?

(a) to evaluate the sample invitation
(b) to help him carry the heavy bags
(c) to prepare dinner together for Emma
(d) to hear her opinions on the party

Arthur는 왜 Michelle이 그와 동행하기를 원하는가?

(a) 초대장 견본을 평가하기 위해서
(b) 무거운 가방들을 옮기는 것을 돕기 위해서
(c) Emma를 위한 저녁을 함께 준비하기 위해서
(d) 파티에 관한 그녀의 의견을 듣기 위해서

지텔프 치트키

질문의 키워드 accompany가 come ~ with로 paraphrasing되어 언급된 주변을 주의 깊게 듣는다.

해설 | 남자가 'After we pick up the invitations, we can discuss the after-dinner activity together.'라며 두 사람이 동행하여 초대장을 찾고 나서 같이 저녁 식사 후 활동에 관해 상의할 수 있을 것이라고 한 뒤, 'I could really use your insight on it.'이라며 저녁 식사 후 활동에 관한 여자의 식견이 정말 필요하다고 했다. 따라서 (d)가 정답이다.

Paraphrasing

insight 식견 → opinions 의견

오답분석

(c) 남자가 여자에게 저녁을 만들어 주겠다고 한 것이지 Emma를 위한 저녁을 함께 준비하자고 한 것이 아니므로 오답이다.

어휘 | accompany [əkʌ́mpəni] 동행하다 evaluate [ivǽljueit] 평가하다

PART 2 (34~39) Presentation 예술 소장품 보호 및 정리 플랫폼 홍보

주제 제시: 플랫폼 홍보

Hello, ladies and gentlemen. [34]I would like to introduce Secure Art, the first all-in-one digital platform for protecting and sorting pieces of art.

플랫폼 개발 계기

[34]As we all know, being an art collector involves a certain amount of risk. I know this better than most. Years ago, my collection was stored in what I believed to be a secure facility. Unfortunately, an earthquake caused a fire to break out, which not only damaged the artworks but also burned the paperwork that proved the authenticity, rightful ownership, and valuations of the pieces in my collection. Without these documents, it took months to file my insurance claims. [35]Using this experience as motivation, I decided to create this platform that organizes art and also protects collectors if disastrous situations like the one I faced arise.

기능1: 가격의 가시화

Let's start by talking about the platform's organizational features. From any computer or mobile device, you can view the value of individual works or your whole collection. Secure Art adds this information to printable financial reports, which will make filing taxes simple.

기능2: 정보 저장

Secure Art includes high-quality photos of the pieces and the appropriate documentation, all saved to our encoded cloud storage server. [36]Information related to the art, such as location, purchase details, valuation, condition, the origin of the work, and the line of ownership is also available on the server to facilitate insurance claims. In addition, because this information is in a digital format, it can be shared easily with appraisers, museum curators, and auction houses via an expiring or permanent link.

Secure Art also has an auction database that will help you choose the right auction house when it comes time to sell your artwork. You can explore our database

안녕하세요, 신사와 숙녀 여러분. [34]저는 예술 작품을 보호하고 구분하여 정리하는 최초의 일체형 디지털 플랫폼인 Secure Art를 소개해 드리고자 합니다.

[34]우리 모두가 알다시피, 예술 작품 수집가가 되는 것은 어느 정도의 위험을 수반합니다. 저는 이걸 누구보다 잘 알죠. 수년 전에, 제 소장품은 제가 안전한 시설이라고 믿었던 곳에 보관되어 있었습니다. 불행하게도, 지진이 화재를 발생시켰는데, 이는 예술품들을 훼손했을 뿐만 아니라 제 소장품에 있는 작품들의 진위, 합법적 소유권, 그리고 평가액을 입증하는 서류도 태워 버렸습니다. 이러한 서류들이 없어서, 보험금 청구에 수개월이 걸렸습니다. [35]이 경험을 동기로 삼아, 저는 예술 작품을 정리하고 제가 마주했던 것과 같은 재난 상황이 발생했을 때 수집가들을 보호하기도 하는 플랫폼을 만들기로 결심했습니다.

이 플랫폼의 구조적인 기능에 관한 이야기로 시작하겠습니다. 어떤 컴퓨터 또는 모바일 기기에서든, 여러분은 각각의 작품 또는 전체 소장품의 가치액을 보실 수 있습니다. Secure Art는 이 정보를 출력 가능한 재무 보고서에 추가하며, 이것은 세금 신고서 제출을 간단하게 만들 것입니다.

Secure Art는 작품의 고화질 사진과 적절한 서류를 포함하며, 모든 것은 저희의 암호화된 클라우드 저장 서버에 저장됩니다. [36]작품의 위치, 구매 정보, 평가액, 상태, 출처, 그리고 소유권 계보와 같이 예술 작품과 관련된 정보도 서버에서 이용 가능하여 보험 청구를 용이하게 합니다. 게다가, 이 정보가 디지털 형태로 있기 때문에, 감정인, 미술관 큐레이터, 그리고 경매 회사들과 기한이 있는 링크나 영구적인 링크를 통해 쉽게 공유될 수 있습니다.

Secure Art는 여러분이 예술 작품을 팔 시기가 되면 적당한 경매 회사를 고르도록 도울 경매 데이터베이스도 가지고 있습니다. 경매 회사들이 어떻게 돌아

기능3: 경매 지원

records that go back 30 years to see how the auction houses are performing. For example, you can find out if they sell above or below market estimates and check if they have experience selling pieces from an artist in your collection.

[37]Every week, our team of experts monitors the auction marketplace and compiles information based on your preferences and existing collection into a report. This report will include forthcoming auctions featuring artists already in your collection. You will also be alerted if a piece by one of your artists has been sold, and for how much.

기능4: 검색 필터

[38]When it's time to add to your collection, the database can assist with the purchasing process as well. To find artwork you would like to acquire, use the filters to search by artist, medium, country of origin, time period, or valuation. You can even set these filters to automatic, and you will receive alerts when a piece that meets your criteria goes up for sale at auction.

가입 권유

If interested, register today by visiting SecureArt.com to set up a free account, which comes with basic inventory features for up to 10 pieces of art. [39]By signing up for the Prestige Plan, for twenty dollars a month, you will have access to the auction database and all of our features for an unlimited number of artworks. If you are unsure of what subscription plan to get, I encourage you to use our promotional code "save art" to receive a free one-month trial of our Prestige Plan.

끝인사

Thank you all for listening. If you have any questions about how Secure Art can protect your collection, I'll be glad to answer them now.

가고 있는지를 확인하기 위해 30년 전으로 거슬러 올라가는 저희 데이터베이스 기록을 탐구하실 수 있습니다. 예를 들면, 여러분은 그것들이 시장 예상치보다 더 비싸게 파는지 혹은 더 싸게 파는지를 알아보실 수 있고 여러분의 소장품에 있는 화가의 작품을 판매한 경험이 있는지를 확인하실 수 있습니다.

[37]매주, 저희 전문가팀은 경매 시장을 모니터하고 여러분의 선호와 기존의 소장품에 기초한 정보를 하나의 보고서로 종합합니다. 이 보고서는 이미 당신의 소장품에 있는 화가들을 주요하게 다룰 다가오는 경매를 포함할 겁니다. 소장 중인 화가들 중 한 명의 작품이 팔리면, 얼마에 팔렸는지도 함께 알림을 받으실 수 있습니다.

[38]소장품을 추가할 때가 되면, 데이터베이스가 구매 절차를 도울 수도 있습니다. 매입하고 싶은 예술 작품을 찾기 위해서, 필터를 사용해 화가, 표현 수단, 출처 국가, 시대, 또는 평가액에 따라 탐색하세요. 심지어 이러한 필터들을 자동으로 설정할 수도 있으며, 여러분의 기준에 맞는 작품이 경매에 부쳐질 때 알림을 받으실 겁니다.

관심이 있으시다면, 오늘 SecureArt.com에 방문하셔서 최대 열 점의 예술 작품을 위한 기본 목록 관리 기능을 제공하는 무료 계정을 만들어 등록하세요. [39]고급 플랜에 가입하시면, 월 20달러로, 경매 데이터베이스와 모든 기능을 예술 작품 수에 제한 없이 이용하실 수 있습니다. 만약 어느 구독 플랜으로 해야 할지 확실치 않으시다면, 할인 코드 'save art'를 사용해 고급 플랜의 한 달 무료 체험 기회를 받아 보시기 바랍니다.

들어주셔서 감사합니다. Secure Art가 어떻게 소장품을 보호할 수 있는지에 관해 질문이 있으시다면, 지금 기꺼이 답변해 드리겠습니다.

어휘 | collection [kəlékʃən] 소장품, 수집물 secure [səkjúr] 안전한; 지키다 facility [fəsíləti] 시설 earthquake [ə́:rθkweik] 지진 authenticity [ɔ̀:θentísəti] 진위 rightful [ráitfəl] 합법적인 ownership [óunərʃip] 소유권 valuation [væljuéiʃən] 평가액, 가치 insurance [inʃúrəns] 보험금 claim [kleim] 청구; 요구하다 disastrous [dizǽstrəs] 재난의, 피해가 막심한 organizational [ɔ̀:gənizéiʃənəl] 구조적인 file a tax 세금 신고서를 제출하다 appropriate [əpróuprieit] 적절한 documentation [dɑ̀:kjumentéiʃən] 서류 encode [inkóud] 암호화하다 appraiser [əpréizər] 감정인 expiring [ikspáiəriŋ] 기한이 있는, 만료의 permanent [pə́:rmənənt] 영구적인 estimate [éstəmət] 예상치 compile [kəmpáil] 종합하다 preference [préfərəns] 선호 forthcoming [fɔ̀:rθkʌ́miŋ] 다가오는 alert [ələ́:rt] 알리다; 알림, 경보 medium [mí:diəm] 표현 수단, 매체 automatic [ɔ̀:təmǽtik] 자동의 criterion [kraitíriən] 기준 inventory [ínvəntɔ:ri] 목록 관리 prestige [prestí:ʒ] 고급의, 명망 있는 subscription [səbskrípʃən] 구독

34 특정세부사항 Who

난이도 ●○○

Who is the target audience of the talk?

(a) aspiring painters
(b) art collectors
(c) gallery owners
(d) museum curators

담화의 대상 청중은 누구인가?

(a) 장차 화가가 되려는 사람들
(b) 예술 작품 수집가들
(c) 미술관 소유주들
(d) 박물관 큐레이터들

지텔프 치트키

질문의 키워드 target audience와 관련된 주변 내용을 주의 깊게 듣는다.

해설 | 화자가 'I would like to introduce ~ digital platform for protecting and sorting pieces of art.'라며 예술 작품을 보호하고 구분하여 정리하는 디지털 플랫폼을 소개한다고 한 뒤, 'As we all know, being an art collector'라며 청중을 예술 작품 수집가와 동일시하고 있다. 따라서 (b)가 정답이다.

어휘 | aspiring [əspáiəriŋ] 장차 ~이 되려는, 포부가 있는

35 특정세부사항 What

난이도 ●●○

What was the speaker's motivation to develop Secure Art?

(a) to help others locate secure art storage facilities
(b) to protect art collectors following a disaster
(c) to create authentic rightful ownership documents
(d) to access his collection from a computer

Secure Art를 개발하려는 화자의 동기가 무엇이었는가?

(a) 사람들이 안전한 예술 작품 보관 시설을 발견하도록 돕는 것
(b) 재난 이후에 예술 작품 수집가들을 보호하는 것
(c) 인증된 합법적 소유권 증서를 만드는 것
(d) 컴퓨터로 그의 소장품에 접근하는 것

지텔프 치트키

질문의 키워드 motivation이 그대로 언급된 주변을 주의 깊게 듣는다.

해설 | 화자가 'Using this experience as motivation, I decided to create this platform that ~ protects collectors if disastrous situations like the one I faced arise.'라며 자신의 경험을 동기로 삼아 그가 마주했던 것과 같은 재난 상황이 발생했을 때 수집가들을 보호하는 플랫폼을 만들기로 결심했다고 했다. 따라서 (b)가 정답이다.

Paraphrasing
disastrous situations 재난 상황 → a disaster 재난

어휘 | locate [lóukeit] 발견하다, 찾아내다 authentic [ɔːθéntik] 인증된 document [dáːkjumənt] 증서

36 특정세부사항 What

난이도 ●●○

Based on the talk, what type of information is stored on the Secure Art cloud server?

(a) locations of auction houses
(b) current status of the artwork
(c) valuations of insurance claims
(d) potential buyers' contact information

담화에 따르면, Secure Art 클라우드 서버에는 어떤 종류의 정보가 저장되는가?

(a) 경매 회사들의 위치
(b) 예술 작품의 현재 상태
(c) 보험금 청구의 평가액
(d) 잠재적 구매자들의 연락처

지텔프 치트키

질문의 키워드 cloud server가 그대로 언급된 주변을 주의 깊게 듣는다.

해설 | 화자가 'Information related to the art, such as location, purchase details, valuation, condition, the origin of the work, and the line of ownership is also available on the server'라며 작품의 위치, 구매 정보, 평가액, 상태, 출처, 그리고 소유권 계보와 같이 예술 작품과 관련된 정보가 클라우드 서버에서 이용 가능하다고 했다. 따라서 (b)가 정답이다.

Paraphrasing
stored on the ~ cloud server 클라우드 서버에 저장되는 → saved to ~ cloud storage server 클라우드 저장 서버에 저장되는

어휘 | potential [pəténʃəl] 잠재적인

37 특정세부사항 What

난이도 ●●●

What does Secure Art's group of specialists do each week?

(a) analyze the performance of auction houses
(b) inspect the cloud server for information leaks
(c) take high-quality photos of artwork
(d) prepare a report about approaching auctions

Secure Art의 전문가 집단은 매주 무엇을 하는가?

(a) 경매 회사의 실적을 분석한다
(b) 정보 유출에 관해 클라우드 서버를 점검한다
(c) 예술 작품의 고화질 사진을 찍는다
(d) 다가오는 경매에 관한 보고서를 준비한다

지텔프 치트키

질문의 키워드 specialists가 experts로 paraphrasing되어 언급된 주변을 주의 깊게 듣는다.

해설 | 화자가 'Every week, our team of experts ~ compiles information ~ into a report.'라며 매주 전문가팀이 정보를 하나의 보고서로 종합한다고 한 뒤, 'This report will include forthcoming auctions featuring artists already in your collection.'이라며 이 보고서는 다가오는 경매를 포함할 것이라고 했다. 따라서 (d)가 정답이다.

Paraphrasing
forthcoming auctions 다가오는 경매 → approaching auctions 다가오는 경매

오답분석

(a) 화자가 Secure Art의 경매 데이터베이스에 경매 회사들이 어떻게 돌아가고 있는지 확인할 수 있는 기록이 있다고는 했지만, 전문가팀이 매주 경매 회사의 실적을 분석한다고 언급한 것은 아니므로 오답이다.

어휘 | performance [pərfɔ́:rməns] 실적 leak [li:k] 유출 approach [əpróutʃ] 다가오다

38 특정세부사항 When

난이도 ●●○

When can art collectors use the auction database filters?

(a) when it's time to buy pieces for their collections
(b) when they are ready to submit an insurance claim
(c) when it's time to share documentation with curators
(d) when they want to sell artwork to an auction house

예술 작품 수집가들은 언제 경매 데이터베이스 필터를 사용할 수 있는가?

(a) 수집을 위한 작품을 살 시기가 되었을 때
(b) 보험금 청구를 제출할 준비가 되었을 때
(c) 큐레이터들과 서류를 공유할 시기가 되었을 때
(d) 경매 회사에 예술 작품을 팔고 싶을 때

지텔프 치트키

질문의 키워드 filters가 그대로 언급된 주변을 주의 깊게 듣는다.

해설 | 화자가 'When it's time to add to your collection, the database can assist with the purchasing process as well.'이라며 소장품을 추가할 때 데이터베이스가 구매 절차를 도울 수 있다고 한 뒤, 'To find artwork you would like to acquire, use the filters'라며 매입하고 싶은 예술 작품을 찾기 위해 필터를 사용하라고 했다. 따라서 (a)가 정답이다.

Paraphrasing
add to ~ collection 소장품을 추가하다 → buy pieces for ~ collections 수집을 위한 작품을 사다

어휘 | submit[səbmít] 제출하다

39 추론 묘사

난이도 ●●○

How can the Prestige Plan be described?

(a) It is free for a year with the promotional code.
(b) It provides access to multiple auction databases.
(c) It requires regular fees to keep the subscription.
(d) Its features apply to a limited number of works.

고급 플랜은 어떻게 묘사될 수 있는가?

(a) 할인 코드를 이용하면 1년간 무료이다.
(b) 다수의 경매 데이터베이스에의 접근을 제공한다.
(c) 구독을 유지하기 위해 정기적인 요금을 요구한다.
(d) 기능들은 제한된 수의 작품들에 적용된다.

지텔프 치트키

질문의 키워드 Prestige Plan이 그대로 언급된 주변을 주의 깊게 듣는다.

해설 | 화자가 'By signing up for the Prestige Plan, for twenty dollars a month, you will have access to ~ artworks.'라며 고급 플랜에 가입하면 월 20달러에 경매 데이터베이스와 모든 기능을 예술 작품 수에 제한 없이 이용할 수 있다고 한 것을 통해, 고급 플랜은 구독 유지를 위해 20달러의 정기적인 요금을 요구할 것임을 추론할 수 있다. 따라서 (c)가 정답이다.

Paraphrasing
twenty dollars a month 월 20달러 → regular fees 정기적인 요금

어휘 | regular[régjələr] 정기적인

PART 3 (40~45) Conversation 공립학교와 홈스쿨링의 장단점 비교

주제 제시: 장단점 비교

M: Hey, Laura. [40]Jack turns four this year, so we need to decide what to do about his education.

F: I know, Mike. That's been on my mind a lot lately. The most obvious choice seems to be sending him to the local public school. But I'm thinking about homeschooling as well.

M: Yep, I heard that many parents choose to homeschool their children these days. But public school still has a lot of benefits.

공립학교 장점

F: You're right. The biggest plus is that the school system has professional teachers and an expertly designed curriculum.

M: That's true. Those are important considerations, but [41]school isn't just about classroom learning. Children who go to public schools have more opportunities for extracurricular activities like sports and clubs, too.

F: Jack would really enjoy those. He's already talking about playing on a soccer team someday. I wouldn't want him to miss out on the chance to do that.

M: It sounds like public school is a great option. Why are we looking at anything else?

공립학교 단점

F: Well, there are some downsides. Some issues would be the rigid schedule and the one-size-fits-all teaching style. Having to attend regular classes and do homework every day is hard on a kid.

M: Hmm . . . Those problems are worrisome. [42]He's never had to do things on a set timeline before, and we've always encouraged him to learn in unconventional ways, so he might not do well in that setting.

홈스쿨링 장점

F: Exactly. If we decide to homeschool him, I could teach him at a pace that is most suitable for him. In addition, [43]we would be free to do experiments or go on field trips to offer more hands-on education. I think that's the best part about homeschooling.

M: I agree. I also think homeschooling would allow him to get more personalized attention. If we send him to public school, he'll be in a class with around 30 other students. The teacher won't have much time to interact with him.

F: Exactly! Plus, I want to spend more time with him. I'm not sure if I'm ready to have him go out into the world yet.

M: True, but that brings me to what I see as the biggest disadvantage of homeschooling. He would be spending all of his time with us instead of building relationships on his own.

남: 저, Laura. [40]Jack이 올해 4살이 됐으니, 그의 교육에 관해 무엇을 할지 결정해야 해.

여: 알아, Mike. 그게 최근에 많이 신경 쓰였어. 가장 확실한 선택은 그를 지역 공립학교에 보내는 것 같긴 해. 하지만 난 홈스쿨링도 생각하고 있어.

남: 맞아, 요즘 많은 부모들이 자신의 자녀들을 홈스쿨링 하기로 선택한다고 들었어. 하지만 공립학교에는 여전히 많은 이점이 있어.

여: 당신 말이 맞아. 가장 큰 장점은 학교 시스템에 전문 교사와 전문적으로 설계된 교육 과정이 있다는 거지.

남: 맞아. 그런 것들이 중요한 고려 사항이긴 하지만, [41]학교가 교실에서 배우는 학업만을 위한 곳은 아니야. 공립학교에 다니는 아이들에게는 운동회와 동아리 같은 과외 활동의 기회도 더 많아.

여: Jack이 그런 것들을 정말 좋아할 텐데 말이야. 그는 벌써 언젠가 축구부에서 활동하는 것에 관해 이야기하고 있어. 난 그가 그것을 할 수 있는 기회를 놓치는 걸 원하지 않아.

남: 공립학교가 탁월한 선택인 것 같네. 다른 걸 왜 살펴보고 있어?

여: 글쎄, 몇 가지 단점이 있기도 해서. 몇몇 문제는 유연성이 없는 일정과 획일적인 수업 방식일 거야. 매일 정규 수업에 참석하고 숙제를 해야 하는 것은 아이에게 힘든 일이지.

남: 음... 그 문제들이 걱정스럽네. [42]이전에는 그가 정해진 시간표에 맞춰 무언가를 해야 했던 적이 한 번도 없었고, 우리가 항상 남다른 방법으로 배우라고 권해 와서, 그런 환경에서는 잘하지 못할 수도 있겠네.

여: 맞아. 만약 우리가 그를 홈스쿨링 하기로 결정한다면, 난 그에게 가장 적합한 속도로 가르칠 수 있어. 게다가, [43]우리는 더 많은 체험 교육을 제공하기 위해 자유롭게 실험을 하거나 견학을 하러 갈 수 있을 거야. 그것이 홈스쿨링의 가장 좋은 점이라고 생각해.

남: 나도 동의해. 또한 홈스쿨링이 그가 더 그에게 맞춰진 관심을 받을 수 있도록 해 줄 거라고 생각해. 우리가 그를 공립학교에 보낸다면, 그는 30명 정도의 다른 학생들과 한 반이 되겠지. 선생님이 그와 교류할 시간이 많지 않을 거야.

여: 바로 그거야! 더구나, 난 그와 더 많은 시간을 보내고 싶어. 그를 세상에 내보낼 준비가 됐는지 아직 모르겠어.

남: 맞아, 하지만 그게 내가 홈스쿨링의 가장 큰 단점이라고 생각하는 것으로 연결돼. 그가 스스로 관계를 쌓는 대신 우리와 모든 시간을 보내고 있을 거야.

홈스쿨링 단점	F: I thought about that too. But we could always sign him up for playgroups or recreational sports leagues with other kids his age. There are also homeschooling clubs that meet so the kids can socialize. M: Well, that would solve that problem, but [44]homeschooling is more expensive as well. We'd have to buy all the books and teaching materials. F: I hadn't really thought about the cost. That could be a major drawback, but given the benefits of homeschooling, it's a worthwhile investment.	여: 나도 그 생각을 했어. 하지만 우리는 그를 또래 아이들과 함께하는 놀이 학교나 오락 스포츠 리그에 언제든 가입시킬 수 있어. 아이들이 어울릴 수 있도록 만나는 홈스쿨링 클럽도 있고. 남: 음, 그러면 그 문제는 해결되겠지만, [44]홈스쿨링이 돈이 더 많이 들기도 해. 우리가 모든 책과 교재를 사야 할 거야. 여: 비용에 대해서는 별로 생각해보지 못했네. 그게 큰 단점이 될 수 있지만, 홈스쿨링의 장점을 고려하면, 가치 있는 투자야.
남녀의 결정	M: You're probably right. Given all of this, I know which option I prefer. The best choice is for him to learn in a setting where he gets more direct supervision and individualized classes. F: That's what I was thinking too. I'm glad we're in agreement. M: Great. [45]The bookstore across the street has a large education section. I'm sure we can find some useful information about homeschooling there. F: OK. [45]I think it's open now if you're not busy.	남: 당신 말이 맞을지도 몰라. 이 모든 것을 고려해 볼 때, 내가 어떤 선택을 선호하는지 알겠어. 가장 좋은 선택은 그가 좀 더 직접적인 지도와 개별화된 수업을 받는 환경에서 학습하는 거야. 여: 나도 그렇게 생각하고 있었어. 우리가 의견이 일치해서 기뻐. 남: 좋아. [45]길 건너에 있는 서점에 큰 교육 코너가 있어. 그곳에서 홈스쿨링에 대한 유용한 정보를 분명히 찾을 수 있을 거야. 여: 좋아. [45]당신만 바쁘지 않으면 지금 문을 연 것 같아.

어휘 | be on one's mind 신경이 쓰이다 obvious [ɑ́:bviəs] 확실한, 명백한 expertly [ékspə:rtli] 전문적으로 consideration [kənsìdəréiʃən] 고려 사항 extracurricular [èkstrəkəríkjələr] 과외의 rigid [rídʒid] 유연성이 없는 one-size-fits-all 획일적인 worrisome [wə́:risəm] 걱정스러운 unconventional [ʌ̀nkənvénʃənəl] 남다른, 틀에 박히지 않은 suitable [sú:təbəl] 적합한 experiment [ikspérimənt] 실험 hands-on 체험의, 직접 해보는 recreational [rèkríeiʃənəl] 오락의 socialize [sóuʃəlaiz] 어울리다 teaching material 교재 worthwhile [wə̀:rθwáil] 가치 있는 supervision [sù:pərvíʒən] 지도 individualized [ìndivídʒuəlaizd] 개별화된 agreement [əgrí:mənt] 일치

40 주제/목적 대화의 주제

난이도 ●○○

What are Laura and Mike discussing in the conversation?

(a) what device to buy for homeschooling their child
(b) what education option to choose for their child
(c) how to get their child into a prestigious school
(d) how to learn more about homeschooling

대화에서 Laura와 Mike는 무엇에 관해 논의하고 있는가?

(a) 그들의 자녀를 홈스쿨링 하기 위해 어떤 기기를 사야 할지
(b) 그들의 자녀를 위해 어떤 교육 선택지를 고를지
(c) 그들의 자녀를 어떻게 명문 학교에 입학시킬지
(d) 홈스쿨링에 대해 어떻게 더 배울지

지텔프 치트키

대화의 주제를 언급하는 초반을 주의 깊게 듣고 전체 맥락을 파악한다.

해설 | 남자가 'Jack turns four ~, so we need to decide what to do about his education.'이라며 그들의 아들인 Jack의 교육에 관해 무엇을 할지 결정해야 한다고 한 뒤, 대화 전반에 걸쳐 어떤 교육 선택지를 고를지 논의하는 내용이 이어지고 있다. 따라서 (b)가 정답이다.

어휘 | prestigious [préstidʒəs] 명문의

41 특정세부사항 What

난이도 ●●○

According to Mike, what is a non-academic aspect of public schools?

(a) the opportunity to experience diverse career paths
(b) the low cost of getting access to well-designed facilities
(c) the chance to participate in extracurricular activities
(d) the interaction with people of different backgrounds

Mike에 따르면, 공립학교의 비학업적인 측면은 무엇인가?

(a) 다양한 진로를 경험할 수 있는 기회
(b) 잘 설계된 시설을 이용하는 데 드는 적은 비용
(c) 과외 활동에 참여할 수 있는 기회
(d) 서로 다른 배경을 가진 사람들과의 상호작용

지텔프 치트키

질문의 키워드 non-academic이 isn't just about ~ learning으로 paraphrasing되어 언급된 주변을 주의 깊게 듣는다.

해설 | 남자가 'school isn't just about ~ learning'이라며 학교가 학업만을 위한 곳이 아니라고 한 뒤, 'Children ~ have more opportunities for extracurricular activities like sports and clubs, too.'라며 공립학교에 다니는 아이들에게는 과외 활동의 기회도 더 많다고 했다. 따라서 (c)가 정답이다.

Paraphrasing
opportunities 기회 → the chance 기회

어휘 | diverse[daivə́:rs] 다양한 participate in ~에 참여하다 background[bǽkgraund] 배경

42 특정세부사항 Why

난이도 ●●●

Why does Mike think that his child would not do well in a school environment?

(a) because he is not used to being in unfamiliar settings
(b) because he reads at a slower pace than other children
(c) because he has difficulty socializing with new people
(d) because he was never required to follow a fixed schedule

왜 Mike는 그의 아이가 학교 환경에서 잘하지 못할 것이라고 생각하는가?

(a) 낯선 환경에 있는 것에 익숙하지 않기 때문에
(b) 다른 아이들보다 읽는 속도가 느리기 때문에
(c) 새로운 사람들과 어울리는 것을 어려워하기 때문에
(d) 정해진 일정에 따르도록 요구받은 적이 없었기 때문에

지텔프 치트키

질문의 키워드 not do well이 그대로 언급된 주변을 주의 깊게 듣는다.

해설 | 남자가 'He's never had to do things on a set timeline before, ~ so he might not do well in that setting.'이라며 아이가 정해진 시간표에 맞춰 무언가를 해야 했던 적이 한 번도 없었기 때문에 공립학교의 환경에서는 잘하지 못할 수도 있다고 했다. 따라서 (d)가 정답이다.

Paraphrasing
a set timeline 정해진 시간표 → a fixed schedule 정해진 일정

어휘 | be used to -ing ~에 익숙하다

43 특정세부사항 장·단점

난이도 ●●○

According to Laura, what is the greatest advantage of homeschooling?

(a) Parents can supervise their children thoroughly.
(b) Children can learn subjects only they have an interest in.
(c) Parents are able to speed up the learning process.
(d) Children are able to actively take part in education.

Laura에 따르면, 홈스쿨링의 가장 큰 장점은 무엇인가?

(a) 부모가 아이들을 철저히 감독할 수 있다.
(b) 아이들이 관심을 갖는 과목만 배울 수 있다.
(c) 부모가 학습 과정의 속도를 높일 수 있다.
(d) 아이들이 교육에 활동적으로 참여할 수 있다.

지텔프 치트키

질문의 키워드 homeschooling과 관련된 긍정적인 흐름을 파악한다.

해설 | 여자가 'we would be free to do experiments or go on field trips to offer more hands-on education'이라며 그들의 아이에게 더 많은 체험 교육을 제공하기 위해 자유롭게 실험을 하거나 견학을 하러 갈 수 있을 것이라고 한 뒤, 'I think that's the best part about homeschooling.'이라며 그것이 홈스쿨링의 가장 좋은 점이라고 생각한다고 했다. 따라서 (d)가 정답이다.

Paraphrasing

the greatest advantage 가장 큰 장점 → the best part 가장 좋은 점
hands-on education 체험 교육 → actively take part in education 교육에 활동적으로 참여하다

어휘 | supervise [sú:pərvaiz] 감독하다 thoroughly [θə́:rəli] 철저히 actively [ǽktivli] 활동적으로, 적극적으로 take part in ~에 참여하다

44 특정세부사항 Which

난이도 ●●○

Based on the conversation, which feature of homeschooling causes it to have a higher cost than public school?

(a) the expense of booking study areas
(b) the price of joining homeschooling social clubs
(c) the need to provide educational resources
(d) the requirements of public sports leagues

대화에 따르면, 홈스쿨링의 어떤 특징이 공립학교보다 비용이 더 많이 들게 하는가?

(a) 학습 구역의 예약 비용
(b) 홈스쿨링 사교클럽 가입비
(c) 교육 자료를 공급할 필요성
(d) 공공 스포츠 리그의 필수품

지텔프 치트키

질문의 키워드 a higher cost가 more expensive로 paraphrasing되어 언급된 주변을 주의 깊게 듣는다.

해설 | 남자가 'homeschooling is more expensive as well'이라며 홈스쿨링이 돈이 더 많이 든다고 한 뒤, 'We'd have to buy all the books and teaching materials.'라며 모든 책과 교재를 사야 한다고 했다. 따라서 (c)가 정답이다.

Paraphrasing

books and teaching materials 책과 교재 → educational resources 교육 자료

어휘 | requirement [rikwáiərmənt] 필수품

45 추론 다음에 할 일

난이도 ●○○

What will Laura and Mike probably do after the conversation?

(a) visit a local business
(b) check out a bookstore's website
(c) update a class schedule
(d) call an education consultant

대화 이후에 Laura와 Mike가 할 일은 무엇일 것 같은가?

(a) 지역 사업체를 방문한다
(b) 서점의 웹 사이트를 살펴본다
(c) 수업 일정을 갱신한다
(d) 교육 상담가에게 전화한다

지텔프 치트키

다음에 할 일을 언급하는 후반을 주의 깊게 듣는다.

해설 | 남자가 'The bookstore across the street has a large education section.'이라며 길 건너에 있는 서점에 큰 교육 코너가 있다고 한 뒤, 'I'm sure we can find some useful information about homeschooling there.'라며 그곳에서 홈스쿨링에 대한 유용한 정보를 분명히 찾을 수 있을 것이라고 하자, 여자가 'I think it's open now if you're not busy.'라며 지금 문을 연 것 같다고 한 것을 통해, Laura와 Mike는 대화 이후에 지역 서점에 방문할 것임을 추론할 수 있다. 따라서 (a)가 정답이다.

Paraphrasing
The bookstore across the street 길 건너에 있는 서점 → a local business 지역 사업체

어휘 | consultant[kənsʌ́ltənt] 상담가

PART 4 (46~52) Explanation 조기 은퇴를 위한 6단계의 과정

주제 제시: 조기 은퇴

Everyone dreams of living a life of leisure in retirement. However, for those of us in [46]the FIRE movement, meaning Financial Independence, Retire Early, the goal is to reach that level sooner. Today, on WQQZ Radio's Financial Freedom Hour, [46]I'm going to tell you how you can retire ahead of schedule.

모두가 은퇴해서 한가로운 삶을 사는 것을 꿈꿉니다. 하지만, [46]경제적 독립과 조기 은퇴라는 의미의 FIRE 운동을 하는 사람들에게, 목표는 그 수준에 더 빨리 도달하는 것입니다. 오늘, WQQZ 라디오의 「Financial Freedom Hour」 코너에서, [46]저는 여러분에게 예정보다 일찍 은퇴할 수 있는 방법에 대해 알려드릴 것입니다.

1단계: 은퇴 시기 설정

The first step is deciding when you want to retire. At present, the average retirement age is 65, but that may seem too far off. [47]The more ambitious and confident you are in your ability to live frugally, save, and invest aggressively in the present, the lower you can set your target age of retirement.

첫 번째 단계는 은퇴하고 싶은 때를 정하는 것입니다. 오늘날, 평균 은퇴 나이는 65세이지만, 그건 너무 멀리 떨어져 보일지도 모릅니다. [47]현재를 검소하게 살고, 저축하며, 적극적으로 투자하는 능력에 여러분이 더 의욕적이고 자신 있으실수록, 은퇴 목표 나이를 더 낮게 설정하실 수 있습니다.

2단계: 은퇴 자금 계산

Step two requires you to calculate how much money is needed to fund each year of your retirement. [48(c)]This will, of course, be different for everyone due to individual spending habits and lifestyles, as some buy clothes or go out to eat more often than others. You can base it on your current budget, but you should factor in how each cost will rise or fall in the future. Also, don't forget to figure in new expenses like medical fees that are likely to arise as you age.

두 번째 단계는 은퇴 시 매년 자금을 대는 데 돈이 얼마나 필요한지 계산하는 것을 요구합니다. [48(c)]물론, 이것은 개인의 소비 습관과 생활 방식으로 인해 사람마다 다를 것인데, 어떤 사람들은 다른 사람들보다 더 자주 옷을 사거나 외식을 하기 때문이죠. 여러분의 현재 예산에 기초를 두실 수 있지만, 미래에 각 비용이 얼마나 상승하거나 하락할지를 고려하셔야 합니다. 또한, 여러분이 나이가 들면서 발생할 가능성이 있는 의료비 같은 새로운 비용을 계산하는 것도 잊지 마십시오.

3단계: 부채 청산

In the next step, you'll [49]start to prepare your finances for retirement. The best way to do this is to eliminate any debt you may be carrying, such as credit cards, car payments, and, if possible, your mortgage. Doing this may require you to take some extreme measures. If you can't afford to pay things off currently, perhaps you could get a side job or begin doing freelance work in your spare time. Applying the extra money you earn could wipe your bills out much more quickly.

4단계: 자금 축적

Step four involves actually putting away money for your future. To do this, you'll want to save as much as you possibly can. While this often includes maximizing income, another option is cutting expenses. For instance, instead of buying coffee on your way to work, take advantage of the free coffee in the office. This alone will save you $5 a day, which comes out to around $1,300 a year! If you scrutinize your spending habits, [50]you will find many other places where you can do away with small costs, which really add up.

5단계: 현명한 투자

Step five is to invest wisely. Create an investment portfolio that balances safe, long-term growth with riskier money-making opportunities that can rapidly increase your net worth. [51]You should also look into investments that provide you passive income—or money that does not require you to work for it—such as stocks that make annual payments to their investors. These not only increase in value over time but also provide you with cash payments that you can use to fund your retirement.

6단계: 진행 상황 확인

And, [52]the last step is to regularly check on your progress. Evaluate your finances periodically to ensure that you're saving enough for your retirement. If you want more expert advice, hire a financial advisor who can help you adjust your retirement pathway to meet your changing plans for the future.

끝인사

Follow these steps, and you'll be well on your way to FIRE. Thank you for listening to our program and we wish you luck on your journey toward financial freedom.

다음 단계에서, 여러분은 [49]은퇴 자금을 준비하기 시작할 것입니다. 이것을 하기 위한 가장 좋은 방법은 여러분이 가지고 있을 수 있는 빚을 모두 없애는 것인데, 신용카드, 차 할부금, 그리고 가능하다면 주택 담보 대출과 같은 것들 말이죠. 이것을 하려면 몇 가지 극단적인 조치를 취해야 하실 수도 있습니다. 만약 지금 그것들을 청산할 여력이 없다면, 아마 부업을 구하거나 여가 시간에 프리랜서 일을 시작할 수 있습니다. 여러분이 벌어들인 가외 수입을 사용하는 것은 청구서들을 훨씬 더 빠르게 없애 버릴 수 있습니다.

네 번째 단계는 실제로 여러분의 미래를 위해 돈을 모으는 것을 수반합니다. 이것을 하기 위해서, 여러분은 가능한 한 많이 저축하는 것을 원하실 겁니다. 이것은 주로 수입을 최대한 활용하는 것을 포함하지만, 또 다른 선택은 지출을 줄이는 것입니다. 예를 들어, 출근길에 커피를 사는 것 대신, 사무실에 있는 무료 커피를 이용하십시오. 이것만으로도 여러분은 하루에 5달러를 절약할 것이고, 이것은 일 년에 약 1,300달러가 됩니다! 유심히 여러분의 소비 습관을 보시면, [50]적은 비용을 없앨 수 있는 다른 많은 부분들을 찾으실 것이고, 이것들은 분명 쌓일 겁니다.

다섯 번째 단계는 현명하게 투자하는 것입니다. 안전하고 장기적인 성장과 순자산을 빠르게 늘릴 수 있는 돈벌이가 되는 더 위험한 기회가 균형을 이루는 투자 포트폴리오를 구성하십시오. 투자자들에게 매년 지불하는 주식과 같이 [51]일하지 않고 버는 돈인 불로소득을 제공하는 투자도 조사하셔야 합니다. 이것들은 시간이 지나면서 가치가 오를 뿐만 아니라 여러분이 은퇴 자금으로 쓸 수 있는 현금 지불도 제공합니다.

그리고, [52]마지막 단계는 여러분의 진행 상황을 정기적으로 확인하는 것입니다. 은퇴를 위해 충분히 저축하고 있는지 확실히 하기 위해 [52]여러분의 자금을 주기적으로 평가하십시오. 더 많은 전문가의 조언을 원하신다면, 변화하는 미래 계획에 맞춰 은퇴 경로를 조정하는 데 도움을 줄 수 있는 재정 자문가를 고용하십시오.

이 단계들을 따라오시면, 여러분은 FIRE를 거의 다 이루어 가고 계실 겁니다. 저희 프로그램을 들어주셔서 감사드리며 경제적 자유를 향한 여러분의 여행에 행운을 빌겠습니다.

어휘 | **leisure** [líːʒər] 한가로움, 느긋함 **retirement** [ritáiərmənt] 은퇴 **financial** [fainǽnʃəl] 경제의, 재정상의 **independence** [ìndipéndəns] 독립 **ambitious** [æmbíʃəs] 의욕적인 **confident** [kɑ́ːnfidənt] 자신 있는 **frugally** [frúːgəli] 검소하게 **aggressively** [əgrésivli] 적극적으로, 공격적으로 **factor in** ~을 고려하다 **figure** [fígjər] 계산하다 **eliminate** [ilímineit] 없애다 **car payment** 차 할부금 **mortgage** [mɔ́ːrgidʒ] 주택 담보 대출 **extreme** [ikstríːm] 극단적인 **measure** [méʒər] 조치 **pay off** 청산하다 **put away** (돈을) 모으다 **take advantage of** ~을 이용하다 **scrutinize** [skrúːtənaiz] 유심히 보다, 세밀히 조사하다 **do away with** ~을 없애다 **balance** [bǽləns] 균형을 이루다; 균형 **money-making** 돈벌이가 되는 **net worth** 순자산 **passive income** 불로소득 **stock** [stɑːk] 주식 **periodically** [pìriɑ́ːdikəli] 주기적으로, 정기적으로 **advisor** [ədváizər] 자문가

46 특정세부사항 What

난이도 ●●○

According to the speaker, what is FIRE?

(a) an independent retirement account
(b) a leisurely club for recent retirees
(c) a campaign to stop working earlier
(d) a popular financial aid program

화자에 따르면, FIRE는 무엇인가?

(a) 독립된 퇴직 계좌
(b) 최근 은퇴자를 위한 한가로운 동호회
(c) 더 일찍 일을 그만두기 위한 운동
(d) 유명한 재정 지원 프로그램

지텔프 치트키

질문의 키워드 FIRE가 그대로 언급된 주변을 주의 깊게 듣는다.

해설 | 화자가 'the FIRE movement, meaning Financial Independence, Retire Early'라며 경제적 독립과 조기 은퇴라는 FIRE 운동의 의미를 언급한 뒤, 'I'm going to tell you how you can retire ahead of schedule'이라며 예정보다 일찍 은퇴할 수 있는 방법에 대해 알려 준다고 했다. 따라서 (c)가 정답이다.

Paraphrasing
the ~ movement 운동 → a campaign 운동
retire ahead of schedule 예정보다 일찍 은퇴하다 → stop working earlier 더 일찍 일을 그만두다

어휘 | leisurely [léʒəli] 한가로운

47 추론 특정사실

난이도 ●●●

What trait is most likely shared among people who want to retire earlier?

(a) having personal target dates for promotions
(b) having the capability to manage spending habits
(c) being willing to quit their job immediately
(d) being able to invest all of their savings

더 빨리 은퇴하기를 원하는 사람들 사이에서 어떤 특징이 공유되는 것 같은가?

(a) 승진을 위한 개인적인 목표 시기를 가지는 것
(b) 소비 습관을 관리하는 능력을 갖추는 것
(c) 기꺼이 당장 직장을 그만두는 것
(d) 저축한 돈을 모두 투자할 수 있는 것

지텔프 치트키

질문의 키워드 retire earlier가 lower ~ target age of retirement로 paraphrasing되어 언급된 주변을 주의 깊게 듣는다.

해설 | 화자가 'The more ambitious and confident you are in your ability to live frugally ~, the lower you can set your target age of retirement.'라며 현재를 검소하게 살고, 저축하며, 적극적으로 투자하는 능력에 더 의욕적이고 자신이 있을수록, 은퇴 목표 나이를 더 낮게 설정할 수 있다고 한 것을 통해, 더 빨리 은퇴하기를 원하는 사람들 사이에 공유되는 특징은 소비 습관을 관리하는 능력을 갖추는 것임을 추론할 수 있다. 따라서 (b)가 정답이다.

Paraphrasing
your ability to live frugally, save 검소하게 살고, 저축하는 능력 → the capability to manage spending habits 소비 습관을 관리하는 능력

어휘 | trait [treit] 특징, 특성 capability [kèipəbíləti] 능력, 역량 immediately [imí:diətli] 당장, 즉시

48 Not/True True 문제

난이도 ●●○

According to the talk, which statement is true about retirement budgets?

(a) They cannot be predicted due to price changes.
(b) They fluctuate due to market variation.
(c) They vary depending on the person.
(d) They should be updated each year.

담화에 따르면, 은퇴 예산에 대해 사실인 진술은 무엇인가?

(a) 물가 변동 때문에 예측될 수 없다.
(b) 시장 변동 때문에 수시로 변한다.
(c) 사람에 따라 다르다.
(d) 매년 갱신되어야 한다.

지텔프 치트키

보기의 키워드와 담화의 내용을 대조하며 듣는다.

해설 | (c)는 화자가 'This will ~ be different for everyone due to individual spending habits and lifestyles'라며 은퇴 예산은 개인의 소비 습관과 생활 방식으로 인해 사람마다 다를 것이라고 언급했으므로 담화의 내용과 일치한다. 따라서 (c)가 정답이다.

Paraphrasing
budgets 예산 → how much money is needed 필요한 돈
be different for everyone 사람마다 다르다 → vary depending on the person 사람에 따라 다르다

오답분석

(a) 화자가 미래에 각 비용이 얼마나 상승하거나 하락할지를 고려해야 한다고는 언급했지만, 물가 변동 때문에 은퇴 예산이 예측될 수 없다고는 언급하지 않았다.
(b) 화자가 시장 변동에 관한 내용은 언급하지 않았다.
(d) 화자가 은퇴 예산이 매년 갱신되어야 하는지는 언급하지 않았다.

어휘 | fluctuate [flʌ́ktʃueit] 수시로 변하다 variation [vèriéiʃən] 변동, 변화

49 특정세부사항 What

난이도 ●●○

What is the best way to prepare one's finances for early retirement?

(a) eliminating one's credit card
(b) selling one's car to wipe the bill out
(c) asking for more money from one's employer
(d) paying off financial obligations

조기 은퇴를 위한 자금을 준비하는 가장 좋은 방법은 무엇인가?

(a) 신용카드를 없애는 것
(b) 청구서를 없애기 위해 차를 파는 것
(c) 고용주에게 더 많은 돈을 요구하는 것
(d) 재정적 부채를 청산하는 것

지텔프 치트키

질문의 키워드 prepare ~ finances가 그대로 언급된 주변을 주의 깊게 듣는다.

해설 | 화자가 'start to prepare your finances for retirement'라며 은퇴 자금을 준비하기 시작할 것이라고 한 뒤, 'The best way to do this is to eliminate any debt you may be carrying'이라며 이것을 하기 위한 가장 좋은 방법은 빚을 모두 없애는 것이라고 했다. 따라서 (d)가 정답이다.

Paraphrasing
eliminate any debt you may be carrying 가지고 있을 수 있는 빚을 모두 없애다 → paying off financial obligations 재정적 부채를 청산하는 것

오답분석

(a) 화자가 신용카드 빚을 없애라고는 언급했지만, 신용카드 자체를 없애라고 언급하지는 않았으므로 오답이다.

(b) 화자가 차 할부금을 없애라고는 언급했지만, 차를 팔라고 언급하지는 않았으므로 오답이다.

어휘 | financial obligations 재정적 부채

50 특정세부사항 How

난이도 ●●○

According to the speaker, how does reducing small expenditures benefit one's budget?

(a) It is easier to make smaller sacrifices.
(b) It leads to larger accumulated savings.
(c) It does not require long-term cuts.
(d) It shows savings on a daily basis.

화자에 따르면, 소액 지출을 줄이는 것이 어떻게 예산에 도움이 되는가?

(a) 더 작은 희생을 하는 것이 더 쉽다.
(b) 더 많이 축적된 저축액으로 이어진다.
(c) 장기적인 삭감을 요구하지 않는다.
(d) 저축액을 매일 보여준다.

지텔프 치트키

질문의 키워드 small expenditures가 small costs로 paraphrasing되어 언급된 주변을 주의 깊게 듣는다.

해설 | 화자가 'you ~ can do away with small costs, which really add up'이라며 적은 비용을 없앨 수 있는 다른 많은 부분들을 찾을 수 있으며, 그 비용들이 분명 쌓일 것이라고 했다. 따라서 (b)가 정답이다.

Paraphrasing
small costs ~ add up 적은 비용이 쌓이다 → leads to larger accumulated savings 더 많이 축적된 저축액으로 이어지다

어휘 | expenditure [ikspénditʃər] 지출, 소비 sacrifice [sǽkrifais] 희생 accumulate [əkjúːmjəleit] 축적하다, 모으다 on a daily basis 매일

51 추론 특정사실

난이도 ●●●

Why most likely should one consider adding passive income investments to one's portfolio?

(a) They will eventually be worth more than one's salary.
(b) They increase in value faster than other types of investments.
(c) They can't be accessed until retirement age is reached.
(d) They can be a source of money when one stops working.

왜 포트폴리오에 불로소득 투자를 추가하는 것을 고려해야 할 것 같은가?

(a) 결국 월급보다 더 가치 있어질 것이다.
(b) 다른 종류의 투자보다 더 빠르게 가치가 오른다.
(c) 은퇴 나이에 도달해서야 이용할 수 있다.
(d) 일하는 것을 멈추는 시기에 자금원이 될 수 있다.

지텔프 치트키

질문의 키워드 passive income이 그대로 언급된 주변을 주의 깊게 듣는다.

해설 | 화자가 'You should also look into investments that provide you passive income—or money that does not require you to work for it'이라며 일하지 않고 버는 돈인 불로소득을 제공하는 투자를 조사해야 한다고 한 것을 통해, 일하는 것을 멈추는 시기에 자금원이 될 수 있기 때문에 포트폴리오에 불로소득 투자를 추가하는 것을 고려해야 할 것임을 추론할 수 있다. 따라서 (d)가 정답이다.

오답분석

(b) 화자가 불로소득의 예시로 언급한 주식이 시간이 지나면서 가치가 오른다고는 했지만, 다른 종류의 투자보다 더 빠르게 가치가 오르는지는 언급하지 않았으므로 오답이다.

어휘 | worth [wəːrθ] ~의 가치가 있는

52 특정세부사항 What

난이도 ●●○

What is the final step of the process?

(a) reviewing one's financial status often
(b) correcting errors in one's budget
(c) meeting financial advisors periodically
(d) predicting coming economic changes

이 과정의 마지막 단계는 무엇인가?

(a) 재정 상태를 자주 검토하는 것
(b) 예산에 있는 오류를 바로잡는 것
(c) 재정 자문가를 주기적으로 만나는 것
(d) 다가오는 경제 변화를 예측하는 것

지텔프 치트키

질문의 키워드 final step이 last step으로 paraphrasing되어 언급된 주변을 주의 깊게 듣는다.

해설 | 화자가 'the last step is to regularly check on your progress'라며 마지막 단계는 진행 상황을 정기적으로 확인하는 것이라고 한 뒤, 'Evaluate your finances periodically'라며 자금을 주기적으로 평가하라고 했다. 따라서 (a)가 정답이다.

Paraphrasing
Evaluate ~ finances periodically 자금을 주기적으로 평가하다 → reviewing one's financial status often 재정 상태를 자주 검토하는 것

어휘 | correct [kərékt] 바로잡다

MEMO

MEMO

MEMO

해커스 지텔프 LEVEL 2 실전모의고사 청취 5회

초판 3쇄 발행 2023년 5월 15일
초판 1쇄 발행 2022년 4월 29일

지은이	해커스 어학연구소
펴낸곳	㈜해커스 어학연구소
펴낸이	해커스 어학연구소 출판팀
주소	서울특별시 서초구 강남대로61길 23 ㈜해커스 어학연구소
고객센터	02-537-5000
교재 관련 문의	publishing@hackers.com
동영상강의	HackersIngang.com
ISBN	978-89-6542-473-4 (13740)
Serial Number	01-03-01

전문직 합격을 향한 지름길!

회계사·세무사 1위
해커스 경영아카데미

[세무사 1위] 주간동아 선정 2022 올해의 교육 브랜드 파워 온·오프라인 세무사 부문 1위 해커스
[회계사 1위] 주간동아 2023 한국브랜드만족지수 회계사 부문 1위

합격생들이 소개하는 **해커스 경영아카데미**

세무사
최연소합격자

신*환 합격생

원재훈 교수님의 강의를 통해 합격할 수 있다는 확신이 생겼습니다.

원재훈 선생님의 기본서를 정말 많이 반복하여 보았고 판례도 최대한 많이 보았습니다.
암기는 원재훈 선생님께서 강조한 것을 위주로 했습니다.

회계사
18개월 단기합격자

민*현 합격생

해커스 회계사 학원은 저에게 '합격의 지름길' 이었습니다.

김원종 교수님의 교재와 기본강의, 객관식강의, 동차강의를 추천하고 싶습니다.
교수님이 어려운 개념들을 쉽게 풀어 주시면서 동시에 풀이 공식도 같이 알려주시기
때문에 재무회계에 흥미를 느끼며 공부를 할 수 있었습니다.

합격생을 만드는 **해커스 경영아카데미 전문시스템**

취약부분 즉시 해결!
교수님께 질문하기
게시판 운영

무제한 수강 가능+
PC 및 모바일
다운로드 무료

철저한 관리 시스템
미니퀴즈+출석체크
진행

* 강의 다운로드, 미니퀴즈 및 출석체크 혜택은 특정 종합반에 제공되며 모집 시기별로 변경될 수 있습니다.

| 회계사 환급반 | | 세무사 환급반 |

회계사·세무사
합격하고 환급받기!

해커스 경영아카데미
cpa.Hackers.com